U0911390

本书受四川大学创新火花项目库资助（项目编号：2018hhf-16）

虚拟品牌社区
文本情感线索效用研究

李桂华　著

中国社会科学出版社

图书在版编目（CIP）数据

虚拟品牌社区文本情感线索效用研究/李桂华著．--北京：中国社会科学出版社，2019.9

ISBN 978－7－5203－5280－2

Ⅰ.①虚…　Ⅱ.①李…　Ⅲ.①品牌营销—研究　Ⅳ.①F713.50

中国版本图书馆 CIP 数据核字(2019)第 221900 号

出 版 人　赵剑英
责任编辑　刘晓红
责任校对　周晓东
责任印制　戴　宽

出　　版　中国社会科学出版社
社　　址　北京鼓楼西大街甲 158 号
邮　　编　100720
网　　址　http：//www.csspw.cn
发 行 部　010－84083685
门 市 部　010－84029450
经　　销　新华书店及其他书店

印刷装订　北京市十月印刷有限公司
版　　次　2019 年 9 月第 1 版
印　　次　2019 年 9 月第 1 次印刷

开　　本　710×1000　1/16
印　　张　15.25
插　　页　2
字　　数　235 千字
定　　价　86.00 元

凡购买中国社会科学出版社图书，如有质量问题请与本社营销中心联系调换
电话：010－84083683
版权所有　侵权必究

目　录

第一章　网络世界的非理性主义

第一节　“让信息被消费者发现”

网络环境是一片信息海洋，“让信息被消费者发现”已成为信息传递的最大“瓶颈”。在自然界中，动物们依靠气味、声音、脚印等线索追踪猎物，那么，在网络环境下，消费者依赖怎样的线索来捕捉自己的信息目标?

根据研究，个体对信息某些特征的感知能够促进个体的各种推理行为（Otte，1974)，且人的感觉既对环境线索进行组合，又会对这些线索信息展开认知加工（可能是无意识的）以察觉环境变化（Allard，2001)。线索信息的这种推理促进作用是联想、偏好、条件反射等心理规律作用结果。网络环境下复杂信息情境使人们更加依赖线索。根据觅食理论（Foraging Theory)，对于网络上的信息觅食者来说，面对大量的网络链接，用户的任务要求他们对未见的事物进行预测，而线索信息意味着一些可侦测和使用的暗示性词语，但事实上，线索信息与它们所链接的信息资源的关系往往是不确定的（Engel and Blackwell，1986)。这使网络上的信息寻觅过程往往是一个非理性的过程。

网上的非理性行为比比皆是，这与网络交流的特性有关。由于网上交流必须以冰冷的电脑屏幕为中介，缺乏面对面交流的亲切感。为弥补这个缺陷，网民们比现实环境中更加倾向于用情感性语言，甚至发明了各种符号和数字组合的表情语言。加之网络的自由、开放唤醒了人们的自我意识，激发了对情感、欲望等非理性因素的关注，使他们借以交流的网络语言经常带有鲜明的情感色彩。而根据符号互动论，信息表达的非理性与信息接收的非理性会互为推动。

一　非理性主义

所谓非理性主义是哲学领域相对于理性主义的一种认识论。今天这一认识论越来越被人们所重视，且已经在心理学、经济学等领域衍生出各种理论。

相对于强调逻辑、强调程序、强调精确的理性主义，非理性主义指“一种强调直觉、直观或无意识、本能、欲望、冲动、情感、意志、体验等心理因素在精神活动中的作用与地位而否认或贬低理性的相应地位的哲学学说”（《中国伦理学百科全书·现代西方伦理学卷》）。甚至一些哲学家提出，在人类社会中实际上发挥着主导作用的可能是非理性，而不是理性。如 LeDoux 所言，“情绪可以淹没意识，因为在我们的进化史上大脑从情绪系统到认知系统的联结强于从认知系统到情绪系统的联结”。

早期的心理学认为情感是认知的反应，但今天心理学领域的认知—情感关系研究越来越支持情感具有独立作用这一观点。如发现情感或者情绪激发可能并不要求认知评估（Wilke，2001），且情绪对认知的影响具有双重作用，既影响人们想什么（信息效应），又影响人们怎样想（加工效应）（Kahneman，2003）。而 Zajonc（1980）、Bargh（1984）和 LeDoux（1996）等则反复证明，对刺激物的情绪反应常常比认知评估来得既快又及时，这种即时的情绪反应为生物体的行为选择提供了依据，使生物体的快速行动成为可能（Ohman and Soares，1998）。

经济学领域认为，人是“认知的吝啬鬼”，对处理复杂信息的有限能力迫使他们奉行“认知的经济学”，即形成简单化的思维模式。因而 Simon（1965）提出替代期望效用理论的“有限理性”模型，认为个体决策不是完全建立在数学和逻辑基础之上，而是建立在人的情感、理念和经验基础上。基于该理论，Thaler（1985）则提出决策行为的“心理账户”（Mental Accounting）理论。认为人们会在心理上无意识地把财富划归不同账户进行管理，而不同的心理账户有不同记账方式和心理运算法则。心理账户的非替代性是心理账户最本质的特征。根据这一理论，情感可能被放在单独的账户中，作为一种独立的、重要的、不可替代的因素影响个体决策。

然而，现有研究涉及技术服务环境下的消费者行为往往以理性主义及其所派生的技术接受理论、计划行为理论等为理论基础。

二 符号互动论

符号互动论是当前社会学核心理论之一。它认为，我们的世界是一个由话语组成的符号世界，是由记号、解释者和客体对象所组成的三重聚合，而在这样的世界里，意义是从符号互动中突生出来的，而语言是连接自我与“他人”、自我与社会的重要纽带，因此不关注语言是不可想象的（特纳，2003）。在生活中，语言不仅展开了自我，而且也把自我带入了社会。因为，人们不仅在谈语言，而且更为重要的是语言在说我们（刘少杰，1999）。

符号互动论认为情感也是一个符号互动的产物。一方面，一个人情感的表露并非个人内心自生，而由处在一定互动关系中的对象价值所决定，被交流对象所左右、所控制，是人际交往的产物。另一方面，情感也必须以符号为意义承载物。如库利（1999）认为，若没有物体外部特征的帮助情感不能被体会到。语言、声调、脸部表情等构成了情感迹象，这些符号对理解内心情感“起着打开门的把手作用”。如查戎的比喻，“别人究竟说你是朋友，还是说你是魔鬼并不重要，而对方是以轻蔑的口气还是以深情的方式来说却非常重要”。

网络情境下人类个体被“符号化”，而且其互动范围、速度都得到了极大提升。个体在网络所构筑的空间中需要筛选、接受、消化更多的符号，因而不得不进行“选择性理解”（苏振东，2011）。也因为此，符号的设计对互动的意义也就更加重要。按照符号互动论，若欲理解、认知人类的各种举动，则需探析个体隐含或外显的行为（Magill，1977）。正是因为文本情感表达的表象存在，其能够被浏览者所捕捉，从而发挥影响推理的线索作用。因而，文本的情感表达被认为是塑造文本情感线索的方法（Saariluoma et al.，2009）。

第二节 线索理论

那么，信息为什么会成为线索？以及信息如何能够成为线索，使其所承载的意义在非理性世界里脱颖而出？从线索视角来观察信息效用的“线索理论”对此已形成了系统理解和一系列相关理论成果，并被广泛运用于营销学领域。

一 什么是线索？

线索（CUE）即编码者释放并被解码者接受的、作为评估标准的信号（Laibson，2001）。在营销学领域，线索则指涉及消费者感知的产品或服务的明确特征或属性（Zeitham，Valarie，1988）。而 Crane 和 Clarke（1988）认为，线索是外在于消费者的一种特性、事件、品质或者物品，它们也可以归类为一种刺激因素。如科特勒（1997）的解释：“乘客怎么知道飞机的安全性能呢？他只能根据机窗是否明净，座椅是否有污渍来判断。”如其所说，对顾客而言，他们往往运用一些并非技术指标的指标对一种产品做出判断，这些指标即线索。线索为消费者提供了对一种产品产生印象的基础。

信息对消费者的影响的研究是消费者心理和行为研究的重要领域。目前相关理论主要有信息传达者和信息接受者两个研究视角。信息传达者视角的相关研究主要以信号理论（Signal Theory）为基础（Kirmani，Rao，2000），信息接受者视角的研究则以线索利用理论（Cue Utilization Theory）为基础（Cox，1967；Olson and Jacoby，1972）。信号主要对应于由自然选择所维系的信息的形态性、行为性或生理性特征；而线索则主要对应于为促进各种推理行为的、能用来作为未来活动指引的信息内容性特征（Otte，1974；Hasson and Oren，2000）。

二 线索理论的缘起

线索理论的提出是推理理论（Inference Theory）、框架理论（Schema Theory）、可见性理论（Affordances Theory）等认知科学理论的综合运用结果（Baker，Parasurama and Voss，2002）。推理理论认为，人们

对未知的判断基于其从接触到的线索中所接受的信息（Huber and McCann，1982；Nisbett and Ross，1980）；框架理论认为，框架是从体验中所提取的、对前知识进行组织化的认知结构，它将指导推理和预测，有助于形成人们在新的情境下的期望（Fiske，1982）；可见性理论则是一种学习理论，它认为人们将物理环境作为一种有意义的本体来感受，而且这种直接感受本身也会向他们传递信息（Gibson，1979）。

线索理论在接受框架理论、推理理论、可见性理论的同时，强调一些信息能被个体所感受和利用，且个体将对其通过双向认知加工进而推理，并影响最终判断。具体来说，线索理论认为感觉是一种混合物，它对来自感觉接收器的环境线索进行组织，并对其展开认知加工以察觉环境变化。而在这一过程中既需要展开数据驱动的、自下而上的感觉信息分析，又需要进行概念驱动的、自上而下的“无意识推理”（Allard，2001）。一个著名的例子是 Bruner 和 Potter 1964 年所做的一个实验。参与者被要求识别模糊化的日常事物（比如飞鸟）幻灯片。实验参与者被分为几组，向每组先展示不同的先导性幻灯片，包括非常模糊的幻灯片、中等模糊的幻灯片、较清晰的幻灯片三种，然后要求各组识别相同模糊程度的目标幻灯片。结果发现，尽管要求识别的对象相同，但目标幻灯片识别的正确率却因初始先导性幻灯片模糊程度而不同。初始幻灯片非常模糊组其目标幻灯片识别正确率也最低。因而他们得出结论，参与者的前期推理的因果联系会被强化，非常模糊幻灯片可能使感受者对幻灯片所表征对象做不正确推理，以至于当展现更多信息时他们仍然被导向不正确的感知。

线索理论也获得了经济学领域认同。在经济学看来，线索和消费商品的重复匹配将构建基于线索的互补性，即线索的出现将提升消费的边际效用（Laibson，2001）。同时，线索可能减少信息查找的边际成本（或放大其边际收益），从而对消费者价值感知和查找意图产生积极作用（Stigler，1961；Nelson，1974）。

信息为什么会具备线索作用？当前研究给出了以下解释。

第一种说法是，线索作用的形成与联想有关。心理学的研究发现，人们会从一个事物联想到另外一个事物，从一个概念联想到其他概念，这些联想既可能是逻辑的，也可能是非逻辑的。概括起来说，只要可以进入顾客心智活动，使顾客对产品质量或产品价值产生联想的各种表象的、实物或非实物的各种符号、概念都可能成为顾客对产品形成印象的线索，即构成产品形象的轮廓性要素（Janiszewski and Osselaer，2000）。

第二种说法是，线索与偏好有关。如果一个线索已经与过去的消费相联系，那么，这个线索可能成为当前此类消费的补充（Kruschke，2001a；Kruschke，Kappenman and Hetrick，2005），如面包的香味与面包房。因而，线索被作为习惯养成行为的重要前因。

第三种说法是，线索作用本质上就是条件反射。甚至有经济学研究者认为，条件反射在消费问题领域则称为线索激发反应。对消费事件而言，这种反应经常成为功能性的准备或补给，并高效地形成有机体的欲望。而且相关线索加工会独立于其他外生变量（Laibson，2001）。

线索理论有许多分支理论，本书对其中的线索利用理论、线索启动理论两个理论进行了应用。

三 线索理论研究相关理论成果

（一）线索利用理论（Cue Utilization Theory）

线索利用理论首先由 Cox（1962）提出，他认为线索就是“信息”（如价格、颜色、销售人员态度等），而且线索对消费者有两方面的价值——预测价值（Predictive Value）和信心价值（Confidence Value）。预测价值是消费者联想连接的程度，它表示了这个线索的可靠性以及消费者把它用来判断产品质量的准确程度。信心价值是消费者对自己能够正确地判断和使用线索能力的信心程度。

Olson 和 Jacoby（1972）扩展了 Cox 的研究，提出线索利用二阶段模型（详见第五章），并增加了线索内部性和外部性（I/E）维度。内部线索“内部于产品，如果不改变产品本身的物理特征，它们就不能被改变或者控制”（Olson and Jacoby，1972），内部线索包括产品大小、形状、味道等（Peterson，1970）。外部线索是“与产品有关、但不是物理产品构成部分的属性”（Olson and Jacoby，1972）。外部线索包括营销组合的各类相关信号，如价格（Leavitt，1954）、品牌名称（Allison and Uhl，1964）、包装、商店名字（Wheatley et al.，1981）、颜色（Peterson，1977）和零售商的商店声誉（Vahie and Paswan，2006）等。

与内部线索相比，外部线索比较容易获得、容易接近，认知过程也更简单。因而在质量评价时消费者更加依赖这些外部线索。同时，与产品分类有关的内部线索（如口味、面料等）也有较高的预测价值和信心价值（Olson，1972；Olson and Jacoby，1972）。而在产品技术含量高，消费者不易理解和把握时，消费者倾向于利用外部线索评价产品（Miyazaki，Grewal and Goodstein，2005）。

（二）线索启动效应理论（Cue－priming Effect）

越来越多的学者开始关注如何主动地影响个体的判断和评价，而线索启动效应理论即这种关注下的成果。线索启动效应指对某个线索的加工会因先前对它或者相关刺激的加工而易化，这是不同于外显记忆的无意识的记忆形态（Henson，2003）。大量研究已证明了言语材料和非言语材料都可能具有启动效应。如 Mattler（2007）研究发现，启动性刺激短时出现将促进随后出现的视觉目标的加工。而 Chang（2004）则将其用于产品原产国对消费者认知的作用研究，发现当产品信息不确定时，消费者更可能依赖原产国信息来推理产品质量和进行产品评估。

对线索启动效应的研究发现，线索和行为配对的重复发生将导致线索激发反应。对消费事件而言，这种反应经常成为功能性准备，并高效地形成有机体的欲望（Laibson，2001）。尤其是面对功能与质量都不确定的各种产品，消费者没有时间，也没有完全信息和足够的能力去比较产品类别中的多个竞争品牌，只能利用一定的线索作为度量产品质量的工具，这时候线索往往发挥启动效应（Dawar and Parker，1994）。

同时，也有研究提出线索也可能具有负启动效用。Tipper 等（1985）研究分心物的加工特点，并提出在目标选择期间，分心物也同时受到加工。这种加工表现为分心物的内部表征受到抑制，亦即当启动性分心物作为随后的探测显示中的目标时，被试对其的反应时间延长。这种现象称为负启动效应。

Jorg 和 Ulrich（1999）提出可以通过两种策略鉴别线索启动是否作用于个体：加工分析策略和结果分析策略。并建议可以用线索启动作用来解释个体面临选择任务时的策略选择。

四 线索理论的应用

（一）产品质量线索

当前对线索理论应用最多的是产品质量感知研究领域（Dodds et al.，1991；Zeithaml，1988；Rao and Moroe，1989；Degeratu et al.，2001）。因为其基本观点是产品由一系列能够评价产品质量的信号组成，线索是产品属性的函数，而产品属性包括内部属性和外部属性。如 Richardson 等认为，线索的预测价值是消费者认为或者感知一个线索预示产品质量的程度，是消费者把一个给定的信号与产品质量相连接的程度，表示了这个线索的可靠性，以及消费者把它用来判断产品质量的准确程度；信心价值则是消费者对自己能够正确地判断和使用线索能力的信心程度（Richardson et al.，1994）。

Zeithaml（1988）认为，消费者在评估产品质量时的线索不是固定不变的，竞争、促销、消费者需求偏好和其他信息的变化将导致消费者对同一产品的评估线索发生变化。他认为，消费者在以下三种情况将更多地使用内部线索：在消费地点时；购买之前且产品是“搜索产品”时；内部线索有更高的预示价值时。同时，消费者在以下三种情况将更多地使用外部线索：内部线索不容易获得时；当内部线索需要更多努力和时间搜索时；产品质量难以评估时。并提出消费者在产品质量评估过程中将利用已经拥有的信息从内外部信息线索中分离出产品评价信息。

迄今为止，基于线索利用理论的研究已覆盖了产品营销领域的广泛命题，如价格线索对商品质量感知影响研究（Rao and Monroe，1989）、品牌原产地对商品质量感知的影响等（Miyazaki，Grewal and Goodstein，2006）。我国学者王新新和杨德锋（2007）对线索利用理论进行了引进，认为对感知质量的研究可以分为单线索研究和多线索研究。单线索研究多是对价格的研究，研究价格—质量关系。多线索研究中又增加了其他线索对感知质量的影响。王波（2008）利用线索利用理论对手机感知价值进行了研究。发现在多线索研究下，制造原产地、品牌原产地、品牌名称和价格对感知质量有显著正向影响。感知质量和价格对感知价值有显著的影响。感知价值对购买意向有显著的正向影响。研究显示，在评价产品质量时，消费者会既使用内部线索也使用外部线索

(Jacoly, Olaon and Haddock, 1973; Simonson, 1989; Szybillo and Jacoly, 1974)。

（二）服务线索

线索理论也被广泛应用于服务营销领域。Parasuraman, Zeithaml 和 Berry（1985）认为，服务较高的风险水平是由于购买决策前可获得的信息非常有限，由于消费者对服务产品质量和价值的判断更加困难，因而更倾向于通过各种线索来进行服务质量推理。也正因如此，消费者评估消费对象时，会致力于设计性的、社会性的、氛围性的环境线索，因为他们相信这些线索会提供关于产品相关属性（如质量、价格、整体购物体验）的可靠信息（Bitner, 1992）。例如，一个消费者进入一个有着瓷砖地板、爆米花气味、荧光光线、播放流行音乐的商店，可能从记忆中获取一个折扣店的图示，并且推理这个商店的商品价格低廉、质量平平，以及商店提供较少服务。实验研究支持了关于来自环境线索的信息影响消费者对服务提供者感知的观点（Baumgarten and Hensel, 1987），并显示环境线索将帮助消费者对服务机构进行归类（Ward, Bitner and Barnes, 1992）。

研究者们已经证实了外部线索对服务质量的推断作用是不言而喻的（Crane and Clarke, 1988）。其中尤其集中于店铺环境线索（如音乐、气味、价格等）研究。如 Baker 等对商店的氛围线索进行了综合性研究，发现氛围线索总是与情感反应相关联，且也能影响消费者对人际服务质量的感知（Donovan and Rossiter, 1982; Greenl and McGoldrick, 1994; Wakefield and Baker, 1998）。而关于服务质量和商店环境感知之间联系的认识学者们并未达成一致（Baker, 1987; Bitner, 1992; Greenland and McGoldrick, 1994; Kotler, 1973）。如 Baker 等的研究显示，商店的各种环境线索在不同程度上对商店的选择标准产生作用，并影响了消费者购物意向；Richardson 等（1994）对商店品牌的大样本调查则发现，消费者对商店品牌的评估主要被商品展示的外部线索所驱动，而不是内部线索。

同时，已有较多学者将线索理论运用于餐馆服务研究。如我国学者陈国平基于 Sweeney 和 Johnson 的研究把消费者经常习惯性使用的信息进一步归纳为五大类线索（整体价位、整体声誉、员工仪容和举止、地理位置便捷性、整体服务环境），并以这五大类线索为输入信号构造模型。认为一个标准的服务购买决策过程就是，消费者利用服务线索分别对服务风险、服务体验预期进行考量，形成主观上的预感，然后以感知风险和服务体验预期为中介，再对服务的价值进行权衡，从而达成购买意愿。

（三）网络环境下的线索理论应用

在消费者难以亲身体验产品的网络环境下，消费者更需要依赖信息来进行间接推理，对网上商家进行评价和判断，因而线索利用行为可能更加深入。但事实上，迄今为止将线索理论运用于网络环境的研究极少。

Longstreet（2010）将线索利用理论用于检验网站各质量维度的相对重要性。对包括信息与任务匹配性、量身定做的信息、信任、反应、易理解性、直觉操作、可视化吸引力、创新、情感吸引力、一致形象、在线完备性、相对利益等在内的诸维度进行了比较。

我国学者邱凌云（2008）的研究中涉及了网络口碑的情感线索效用。其研究发现，在网上口碑中使用情感线索可以使口碑接收者产生更为强烈的移情反应。并推理情感线索有助于口碑传递者更加直观地表明自己的态度，明确网上口碑的信息效价，减少信息的模糊性，进而帮助口碑接收者对所评价的产品或者服务进行分类。

另有研究发现，被各种网络线索引起的高水平阅读和唤醒度将倾向于增加消费者满意度和趋近行为（Eroglu，Machleit and Davis，2003）；网络设计刺激也可作为线索影响消费者行为意图（Wu，Cheng and Yen，2008）。

（四）文本信息的线索作用研究

近年的营销学研究发现，文本信息也可能发挥线索作用。

所谓文本，指有着文字的物理存在（Bevir，2002）。也就是说，对于文本而言，其边界是语言。文本语言采用一定的结构或形式才能体现说话主体的情感，文本语境意义的产生是语用者阅读文本的结果，因而文本语境又是文本与语用者相互作用的构成物。

Nielsen 等（2010）对文本性广告的情感性标题所进行的研究发现，情感性文本标题使阅读者产生对广告对应品牌的更显著品牌认知。也就是说，情感性信息会影响阅读者对信息内容中品牌信息的认知加工。而Schellekens 等（2010）研究发现运用抽象语言的口碑和运用具象语言的口碑的信息接受状况均不同。语言抽象状况影响接收者对信息生产者产品观点的推理，且语言抽象状况能够影响接收者对有疑问的产品的购买；在接受了语言更抽象的正面口碑后产品购买意图会更高。

但当前营销学领域文本信息线索作用研究刚起步，尤其是很少有研究应用线索理论展开网络文本信息线索作用的系统验证。

五　线索理论相关研究总结

线索理论侧重于从消费者推理角度分析信息对消费者感知和行为的作用，该理论应用于营销研究有利于对各类营销要素效用的深入观察和评价，研究成果可直接作为营销方案决策依据。但是，目前对线索理论的应用尚有局限。我们将相关研究汇总为表 1－1。

表 1－1　　线索理论及其应用研究

研究类型	研究主题	研究者	主要观点
线索理论研究	线索利用理论	Cox，1962； Olson 和 Jacoby，1972； Miyazaki，Grewal 和 Goodstein，2005	线索对消费者有预测价值和信心价值；且可以分为内部线索和外部线索两类
	线索启动理论	Dawar 和 Parker，1994； Jorg 和 Ulrich，1999； Henson，2003； Mattler，2007； Chang，2004； Laibson，2001	对某个线索的加工会因先前对它或者相关刺激的加工而易化；言语材料和非言语材料都可能具有启动效应；可以通过两种策略鉴别线索启动是否作用于个体：加工分析策略和结果分析策略
线索理论在营销领域的应用	产品质量线索	Dodds 等，1991； Zeithaml，1988； Rao 和 Moroe，1989； Degeratu 等，2001； Richardson 等，1994	线索是产品属性的函数，而产品属性包括内部属性和外部属性；线索的预测价值是消费者认为或者感知一个线索预示产品质量的程度；信心价值则是消费者对自己能够正确地判断和使用线索能力的信心程度

续表

研究类型	研究主题	研究者	主要观点
线索理论在营销领域的应用	服务线索	Parasuraman，Zeithaml，Berry 和 1985； Baker，1987； Bitner，1992； Baumgarten 和 Hensel，1987； Ward，Bitner 和 Barnes，1992	消费者更倾向于通过各种线索来进行服务质量推理；消费者评估消费对象时，会致力于环境线索；环境线索将帮助消费者对服务机构进行归类；消费者对商店品牌的评估主要被商品展示的外部线索所驱动，而不是内部线索
	网络环境线索	Longstreet，2010； 邱凌云，2008	网站线索预示各质量维度，且对消费者作用程度不同；使用情感线索的网上口碑可以使口碑接收者产生更强烈的移情反应
	文本情感线索	Nielsen 等，2010； Schellekens 等，2010	文本性广告的情感性标题将使阅读者进行更深入的信息加工，并产生更强烈的品牌认知；运用抽象语言的口碑和运用具象语言的口碑对信息接收者有不同影响

首先，多数研究应用线索理论观察信息的营销效用，但研究通常并未探索线索效用产生机理。

其次，将线索理论运用于服务营销的研究虽然已有开展，但侧重于对物理环境的线索价值研究，对各类人文环境的服务营销线索价值探讨较少。其中，尤其文本线索对消费者行为作用的研究鲜见。

再次，网络商务环境下消费者更需要依赖各类信息线索进行服务预测，但目前相关研究刚刚起步，存在大量研究空白。尤其是尚无对某一特定服务线索进行深入探讨的研究成果。

最后，文本信息也具有线索作用，但相关研究刚刚起步，有待发展。

第三节　虚拟社区的"标题党"

虚拟社区已成为消费者获取商品信息、受到消费者信赖的渠道，是口碑信息传播的重要空间，越来越多的企业和经营者利用这一信息渠道影响消费者，"标题党"行为就是这一环境下的产物，尤其是利用网络世界消费者的非理性，将标题情感化成为虚拟社区"标题党"广泛使用的营销手段。

一　虚拟社区

虚拟社区是存在于互联网环境中、以电子工具为媒介、供人们围绕某种兴趣/需求进行在线交流与互动的网络共同体（Armstrong and Hagel，1996）。同时，也可将虚拟社区视为一种社会集合。一旦有了足够数量的群众在网络上进行了足够的质量和数量的讨论，并付出了足够的情感，从而得以发展形成的群体即虚拟社区（Rheingold，1993）。虚拟社区的参与者往往是自愿参与，这与通常意义上的现实社区显然不同（Bagozzi and Dholakia，2002）。

对虚拟社区绩效的研究提出虚拟社区绩效影响因素主要可以归纳为四类：①技术特征（感知有用性、感知易用性）（Bhattacherjee，2001；付丽丽、吕本富、裴瑞敏，2009；Hu et al.，2009）；②服务特征（方便、安全、信任、熟悉、愉悦、审美）（Gefen，2002）；③信息特征（工具、个性化、信息质量）（范晓屏，2009；Lin，2007；Dholakia，Bagozzi and Pearo，2004）；④社会特征（联系、自我发现、情感联系、共享规则、社会强化）（Cheung and Lee，2009；McMillan and Chavis，2003；Joon Koh and Young - Gul Kim，2003；Rourke et al.，2001；Swan，2002；Mathwick，Wiertz and Ruyter，2008）。可以看到，多项研究已发现了虚拟社区对消费者的情感价值（如提出了感知愉悦、娱乐价值、情感响应、情感联系等影响因素），但研究主要强调的是人与人之间情感互动，没有专门的以信息情感特征为前因对象的研究成果。同时，相关研究主要以理性行为模型及其衍生的计划行为模型、技术接受模型为基础，即便是涉及情感价值的研究也多是将其纳入理性行为思维路线中，作为认知的派生产物展开研究。

二 虚拟社区与口碑传播

虚拟社区是开放、自由的信息场，既能满足用户“目的性”信息查找的需要，也能够适应用户“扫描性”信息查找的需要，因而已成为用户信息生活的重要构成（Ellis et al.，2004）。

中国网民规模已达4.85亿人，其中论坛/BBS用户达1.4亿人，社交网站用户达2.3亿人（中国互联网络发展状况统计报告，2011）。[①]而且，大量消费者会搜索虚拟社区来支持他们的购买决策。如CR－Nielsen（2009）对中国消费者的一项调查报告显示，在对诸如IT、通信、数码、航空旅游、汽车等高信息化产品的信息获取中，互联网扮演了绝对优势的传媒地位，在如服饰、化妆、珠宝首饰等个性化时尚用品的信息获取中，互联网与杂志媒体同为重要的信息传播渠道，其数据统计发现网络论坛信息量可能会刺激汽车销量。[②] 而罗兰贝格2010年中国消费者调查报告显示，从最初的兴趣产生到购后行为，在当前中国消费者购买决策的每一阶段网络口碑都起着巨大的作用（见图1－1）。虚拟社区作为网络口碑产生的丰沃土壤，已成为一支重要的营销力量。

虚拟社区管理者采取积极措施优化信息资源配置（如推出精华帖、管理帖排序）有助于用户接近优质信息，促进社区快速发展（Porter and Donthu，2008）。但相关决策必须基于对信息特征及其影响力的深刻了解。

三 标题党

“标题党”是一个贬义性的网络新词，其英文Click－bait Headlines的字面意义是：引诱点击标题，其本质上是一种试图依赖大肆渲染式标题以吸引点击量的网络营销手段（王馥芳，2018）。有学者提出，标题党具有很大的危害性，甚至可能破坏信息生态（陈昌凤、华曲子，2017）。

---

① 中国互联网管理中心：《中国互联网络发展状况统计报告（2011）》，2012年2月10日，http：//www.cnnic.net.cn/research/bgxz/tjbg/201101/P020110221534255749405.pdf。

② CR－Nielsen：《中国时尚网络媒体影响力与广告价值》，2012年2月10日，http：//www.cr－nielsen.com/marketing/200908/27－1358.html。

	最初的兴趣	品牌意识	产品选择	产品评价	购买决定	购买后行为
网络口碑的影响	34.6%	56.3%	41.5%	36.2%	58.7%	47.5%
原因	“我看到很多人在网上讨论这个产品”	“网上经常讨论，所以我认识这些牌子”	“我应该在那些网上经常讨论的品牌中做选择”	“我可以获得很多建议，从而选出最好的产品”	“根据建议，我会买这个”	“购买后，我会去看其他用户的经历，这样我就可以更好地使用我买的产品”

图1－1　网络口碑在中国消费者购买决策过程每一个阶段的影响

资料来源：罗兰贝格：《品牌与口碑：深入理解如何打动今日的中国消费者——中国消费者报告》，2010，http：//www. slideshare. net/CIC_ China/2010 －4863346。

更有学者发现，网络媒体的“标题党”正在向传统媒体渗透，部分报纸和电视媒体的编辑也在新闻标题制作中学起了“标题党”的做法（阮晓鹰、孙愈中，2016）。为此，国家网信办甚至已经开展了针对“标题党”的专项整治行动，并印发《互联网新闻信息标题规范管理规定（暂行）》，通过行政手段加强了约束与规范。

事实上，“标题党”并不是新现象，早在传统媒体时代就已经广为存在。20世纪初，美国就曾出现过黄色新闻潮，与“标题党”现象有类似之处。人类进入互联网时代，稀缺的注意力资源与丰富的传播资源之间的矛盾已成为信息传播活动的一个主要矛盾。这一矛盾是“标题党”泛滥的根源。因为“信息如何出现”将成为能否被受众注意、接触、转发、互动的关键。

也有学者提出，“标题党”概念最初是网络传播中网民的自我创造，具有调侃、戏谑、恶搞、解构、反抗等网络文化特征，此后才被用来指代信息的不正当竞争行为。“标题党”有时巧妙地利用了受众的心理期待和传播想象，主要从情感上打动受众，而且重点在于利用话语和视觉的感官刺激（涂凌波，2017）。从这个意义上来说，“标题党”仍是一个灰色地带。

近期新闻传播领域对“标题党”现象非常关注，已经涌现了一批对新闻标题“标题党”现象的研究，但信息学、营销学等其他领域尚缺乏对此现象的关注。事实上，“标题党”现象广泛存在于信息世界，对商业信息传播环境也已产生重要影响。

本书对多个成功虚拟品牌社区的跟踪观察显示，虚拟社区推荐的精华帖大多数是情节生动、情感色彩鲜明的发帖。如“淑女情缘”网站原本是汇集了淑女屋、依恋等品牌的虚拟品牌社区服务平台，但却因其浓重的情感氛围被评为“网络十大女性情感社区”之一，而帖标题是其渲染情感色彩的重要信息点。更有迹象表明，类似网站中发帖者惯于对帖标题进行强烈的情感表达设计以赢得浏览者注意，即便是其帖内容与标题并不相符。显然，情感表达强化已成为虚拟社区成员个人营销的常用手段。

那么，虚拟品牌社区情境下的文本信息情感表达对浏览者行为会有怎样的作用？这些作用如何产生？文本信息情感表达对虚拟品牌社区的营销有怎样的价值？以上问题的回答对高效的虚拟品牌社区服务管理应产生深刻作用，有待研究探索。

第四节　文本情感线索

本书的焦点是虚拟品牌社区中“标题党”利用文本情感线索的深层次原因，那么，应如何理解文本情感线索？

一　情感（Affection）

情感和情绪一直被心理学家认为是影响人类行为的一个重要方面。情感（Affection）是一种欲表露的源于本能的心理能量的释放过程（Freud，1916）。情绪（Emotion）代表着感情性反应的过程。两者指的是同一过程和同一现象；在不同的场合作不同的使用时，指的是侧重于这同一过程、同一现象所侧重的不同方面（孟昭兰，2005），如形容词 Emotional 的牛津英语词典解释为“having and expressing strong feelings”（拥有或表现出强烈的感情），在汉语则常被翻译为“情感的”。

情感研究中有基本情绪论和维度论两种不同研究途径。基本情绪论认为情绪有几种原型，其他情绪是在基本情绪的基础上演化和综合而来（Ekman，1992）。而维度论是用几个维度空间来描述人类的情感。

关于情绪维度的认识有若干种。Wundt（1896）提出情绪的三维度说，即愉快—痛苦维度、紧张—松弛维度、激动—平静维度。其中愉快—痛苦维度指示了心理能量的指向，紧张—松弛维度表明了心理能量的充实水平，激动—平静维度则指示了心理能量的变化。后续Schloberg（1954）将其发展成愉快—不愉快、注意—拒绝、激活水平三维度。Izard（1974，1977）从对情绪情境做自我评估的众多数据中进行筛选，确定了4个维度：愉快度、紧张度、机动度和确信度。而Russell等则认为，人的情感由愉悦维度和唤醒维度这两个独立维度组成（Russell，1980，2003；Lang，2005）。Barrett等（2007）将情绪分为过程（如唤起、支配）和结果（如高兴、开心）两个部分。本书将情绪维度研究成果整理如表1-2所示。

表1-2　情绪的维度

数量	情绪维度	提出者
2	愉快维度、唤醒维度	Russell等（1980）
	过程（如唤起、支配）和结果（如高兴、开心）	Barrett等（2007）
3	愉快—痛苦维度、紧张—松弛维度、激动—平静维度	Wundt（1896）
	愉快—不愉快、注意—拒绝、激活水平	Schloberg（1954）
4	快乐度、紧张度、冲动度、确信度	Izard（1974，1977）
6	责任、控制度、预计努力、愉悦度、注意力、确定性	Smith等（1985）

人们普遍认同的是“大二”（Big Two）模式，即情绪有愉悦度和唤醒度二维度。所谓唤醒度（arousal）是指个体的激活或活动水平，即个体是处于怎样一种警醒或活动反应状态（符国群，2000）。Thayer（1978）认为唤醒在情感与思想产生过程中起到关键作用。而唤醒是极为复杂的现象，涉及活力（energy）与紧张（tension）两个维度及其两者之间的关系。“活力”维度，是指从“充满活力”（cncrgized）到“疲劳”（fatigue）不同水平的反应，这一维度与个体生理活性及认知活动的许多方面相联系。紧张维度指从主观的内部紧张到平静连续体上不

同水平的情感反应。有学者认为，高唤醒度将导致低水平的加工以及对精细加工的减弱（Mueller，1979；Schmeck and Spofford，1982），从而影响信息被反映（Eysenck，1982）。

二 情感信息

“情绪即信息假设”（affect as information）（Schwarz and Clore，1983；Clore，Wyer，Dienes，Gasper，Gohm and Isbell，2001）认为情绪可以作为一种信息线索直接影响判断。那么，情绪信息的线索作用怎样发挥？对此，大量研究从不同角度展开了探索，其中主要涉及三个方面：注意的情感信息偏向、情感信息对认知加工的影响、情感信息对行为的作用。

（一）情感信息线索作用的产生——注意的情感信息偏向

刺激—反应理论认为，个体对特定功能刺激具有敏感性，并由此对行为产生激励作用或积极后果。例如，当闻到食物的香味或感到刚出炉的黄澄澄的面包时，你会顿生饥饿之感。Zajonc（1980）则提出了情感优先性假说，认为与刺激评价有关的情感系统与认知系统是相互独立的，情感反应只需要最少量的刺激，并能够在相当短的时间内发生（Murphy and Zajonc，1993）。从此，情感刺激的线索作用开始受到广泛关注。

信息刺激发生线索作用的前提是其能够被个体所感知，尤其是能够被个体所注意。注意是一个选择过程，关于选择性注意的竞争偏向理论（Biased Competition）认为，感觉资源的捕获不仅被刺激本身所影响，而且被那些竞争者，以及被作用于刺激代表性的更高的控制系统所影响。因而，注意对对象的捕获这一选择过程是大量的、潜在的“偏向”因素竞争的结果（Desimone and Duncan，1995）。研究发现，情感刺激具有显著的注意力吸引作用，即刺激的情感质量将引起注意偏向性。其原因在于，在情感引发的注意环境下，情感材料的内在特征（如感知差别和生物准备）可能有利于清晰度的促成，从而导致自下而上的注意优先（Calvo et al.，2008）。

实验研究证明了“注意的情感信息偏向性”推理。如研究发现，与不带情绪色彩的刺激相比，具有情绪色彩的刺激更能吸引注意或占用注意资源，引起注意偏向（Yiend，2009）；与不带情绪含义的刺激相比，具有情绪含义的刺激更能吸引注意或占用注意资源，引起注意偏向（Lang，1995；彭晓哲、周晓林，2005）；情感性广告标题更易于吸引阅读者注意力，并导致其注意力的定向转移（Nielsen et al.，2010）；而更多研究发现了注意的“负性偏向”特征，即消极情感信息更容易引起注意（Charash and Mckay，2002；罗跃嘉等，2006）。

（二）情感信息线索作用的机理——情感的诱发及其对认知加工的影响

对情感信息作用的研究不但发现情感信息诱发个体情感的作用，而且发现情感信息对其他信息的语义加工也会产生影响。而这两个作用导致了情感信息对个体推理的影响。

一方面，研究发现情感信息具有唤醒作用。Bowera 等（1981）和 Zajonc（1980）认为，情绪独立于认知，它并不是认知加工的结果，而是最低的感知输入刺激的结果；Lang 等（1993）提出词汇情感强度与个体的唤醒之间有强相关关系；而积极情绪理论（Positive Mood Theory）指出，能够诱发积极情绪的线索是非常广泛的，并且此种线索可以激发人们记忆中已经存在的其他积极情绪材料（Fredrickson，2001），Ledoux（2000）的研究也表明，个体对于感官刺激的情绪反应经常比认知评估来得快且及时。

另一方面，研究发现情绪信息对其他信息的认知加工也会产生影响，而且情绪信息的色彩、效价、强度等都可能作为线索影响个体对其他信息的认知加工。如 Pratto 和 John 研究发现，情感色彩往往使阅读者注意到相关信息，而一旦注意了情感信息的情感色彩之后，阅读者的注意力继而会发生从“色彩”到“意义”的转移（Pratto and John，1991）；Freud 等研究显示，一定强度水平的情绪状态具有促进认知加工的效果（Freud et al.，1916）；Peng 等研究显示，情绪信息相对独立于概念信息，并对信息本身的加工有重要的调节作用，尤其情绪效价能够对词汇加工产生重要的影响（Peng et al.，2006）；朱丽萍等研究发现，极端正性情绪易化对名词的加工，增强名词加工的优势效应；而中等和极端负性情绪干扰对名词的加工，削弱名词加工的优势效应（朱丽萍、袁加锦、李红，2011）。其中，情绪信息的色彩和效价对认知加工作用研究较为广泛，而情绪信息强度的认知加工作用研究相对较少。

而至于情感线索怎样影响认知，则产生了激活扩散模型、复合线索理论、分布记忆模型等相关解释。如激活扩散模型理论认为，情绪一旦被激活，就具有大范围改变大脑程序的能力，其中包括：改变知觉和注意的方向；改变目标和动机的权重；概念结构的变化；对记忆过程重新定向；改变沟通方式；激活行为和决策规则等（Cosmides and Tooby，2000）。

（三）情感信息线索作用的确认——情感信息对评价和决策行为的影响

如前所述，信息刺激是否具有线索作用，主要看其是否对评价、决策等推理行为产生影响。当前，广告学、语义认知学等各领域针对情感信息的行为影响已展开大量研究，情感信息对评价和决策行为的作用已得到证明。如 Pham（1998）发现，由于“跟着感觉走”启发式（消费者通过情感来得到关于当前状况的信息），事件情绪经常会转移为不相关的购买意向；邱凌云（2008）研究发现，在网上口碑中使用情感线索可以使口碑接收者产生更为强烈的移情反应；Nielsen 等（2010）的研究发现，广告的情感性语义标题能够使阅读者产生对对应品牌的更显著品牌认知，即情感信息会影响阅读者对信息内容中品牌信息的认知加工；Muehling 和 Sprott（2004）发现，广告呈现时激起的受众情感反应会转移给该广告所传播的产品；Knutson、Wimmer 和 Kuhnen 等（2008）则发现，积极情绪可以降低人们的感知风险，并促使人们进行具有更高风险的行为。

那么，情感信息线索对决策和评价行为的作用与其他认知线索的作用有何区别？对此研究者们做出了一些解释，其典型看法如下：

第一种看法是，情绪能够以不同于认知加工的方式作用于行为，从而帮助人们更好地完成决策过程（Loewenstein et al.，2001）。情绪强度达到一定水平时，情绪能够直接越过认知过程和理性分析直接作用于行为，使人们常常会“失去控制地”或产生“并非本意使然”的冲动（Bazerman，Tenbrunsel and Wade-Benzoni，1998）。因此，有学者提出情感是行动机制中的“勇气”（Elster，2009）。

第二种看法是，情感会成为决策加速的因素。有证据显示，个体对决策选择的主观情感反应常常是人们抉择的依据（Slovic，Finucane，2007）。因为，尽管某些决策环境中分析过程很重要，但在复杂、不确定和充满危险的世界里，依赖情感和情绪做出判断和决策却不失为一个更快捷、更简单、更有效的方法（Epstein，1994）。

第三种看法是，情感自身具有评估意义。Kahneman 等（1994，1999）认为，自动的情感评估值（Affective Valuation）是很多判断和行为的主要决定因素；不同目标属性的各自衡量尺度中均嵌进了相同的情感评估值。而个体头脑中物体和事件的表征会激起不同水平的情感体验，这种体验被称为“情感池”（Affect Pool），无论个体是否能够意识到，情感池都会对所有的表征做出积极或消极的标记，并据此做出判断和决策（Slovic，Finucane and Peters，2007）。

第四种看法是，情绪具有浸润作用。情绪浸润（Affectinfusion）是指这样一种过程，在这一过程中，情绪影响或成为个体建构性加工的一部分，它有选择地影响个体的学习、记忆、注意和联想，并最终使个体的认知结果向着与情绪相一致的方向倾斜（Forgas，1995a）。如广告呈现时激起的受众情感反应会转移给该广告所传播的产品。

但是，当前并没有围绕情感信息线索效用的系统研究。

消费者行为学基础理论也早已将情感纳入研究范围。根据消费者“认知—情感—行为”理论，消费者对客观事物的认知性评估会影响人们的情感，进而影响人们的行为（Oliver，2000；Seiders，1998）。显然，这一推理并未涉及情感的独立作用。

三　情感线索（Emotional Cue）

语言学认为，语言的意义本身可以分为理性意义和情感意义。其中理性意义是事物或物质内容（人们据以表达思想，进行交际的基础），而情感意义指语言在传递客观信息的同时所表达的说话人的主观信息。也就是说，情感意义是附加于理性意义之上的语义成分，是语言的潜在语用特征，在具体语境中得以体现。

同时，语言的情感意义通常也能够被接收者所感知。这一感知过程可以理解为编码和解码两个阶段。信息编码阶段，语言发出者会在使用一系列情感线索（如情感图标、情感词）时向接收者传递自己的情感。

这些包含着情感线索的信息通过计算机媒介到达接收者。而接收者通过对这些信息的解码能感知信息发出者的情感类型和强度（Boonthanom, 2004），即通过对情感线索的解码来体验信息发出者的情感状态（Planalp, 1998）。语言的情感意义一旦被接收者接受，并对其推理产生作用，这些情感意义就成为情感线索。

在情感计算领域，为了对情感线索进行高效识别，Saariluoma 等已建立了情感线索的本体。本体即概念化的、明确的规范说明（Gruber, 1993）。情感线索本体分为三个模块，分别代表接受者情感察觉的三种层次：情感模块（Emotion Module）、情感线索模块（Emotional Cue Module）、媒介模块（Media Module）。其中情感模块定义了被情感线索所表达的情感，情感线索模块表示媒介属性方面在情感外化表达，媒介模块描述对情感线索而言重要的基本媒介属性。图 1－2 代表了情感模块及其与情感线索之间的关系：每一个情感可能有一个或更多的情感线索，这些线索被不同的媒介所表达。当一个具体情感被塑造，哪一个情感线索涉及其中主要由交流渠道的可获得性所决定。根据该模型，情感线索被情感的外化表征所塑造。而本书中，情感线索也是强调情感表达对于接受者的线索意义，与该本体具有内涵上的一致性。

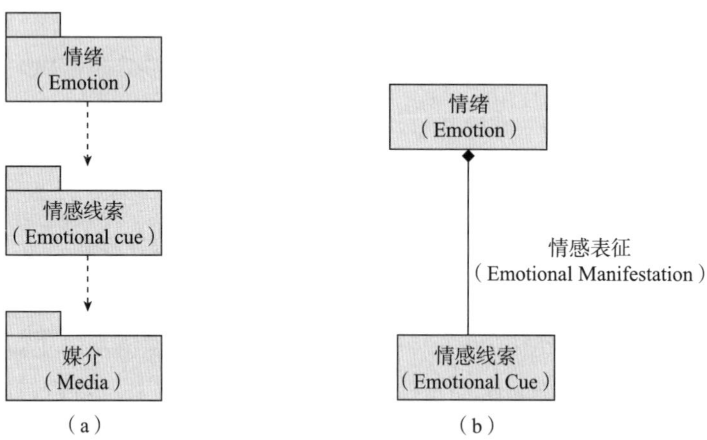

图 1－2　情感线索本体结构和情感、情感线索模块

资料来源：Saariluoma. P. , Kuuva. S. , Laitinen. T. , Parkkisenniemi. J. , Rimppi. A. , An Ontology for Description of Emotional Cues. 8th European Academy of Design Conference, 2009。

四　文本情感线索（Text Emotional Cue）

（一）文本（Text）

网络信息资源按其媒体形式可分为文本信息、图片信息、音频信息、视频信息、三维虚拟影像等。其中文本信息是最基本的一种媒体存储形式。

关于文本有多种定义。广义上的文本表示以一种符码或一套符码通过某种媒介从发话人传递到接受者那里的一套记号（王先霈、王又平，《文学批评术语辞典》）。按照这一理解，可以把文本视为社会中可以找到的任何一种表达方式。狭义上的文本，则指有着文字的物理存在（Bevir，2002）。如《简明牛津英语字典》里文本即被定义为“任何书写或印刷品的文字形式”。也就是说，文本的边界是语言，文本语言采用一定的结构或形式才能体现说话主体的情感（魏屹东等，2008）。

本书的文本主要指狭义理解的文本。在虚拟品牌社区中，帖子是其主要信息单元，也包含着最重要的文本内容。帖子又由帖标题和帖内容构成。由于网络超文本的立体特性，帖标题和帖内容两者可以在不同时空独立存在。因而，本书的文本特指虚拟品牌社区中帖标题和帖内容中所包含的文字物理存在。

（二）文本情感线索（Text Emotional Cue）

根据以上概念，本书提出文本情感线索概念，并将其定义为：信息中所蕴含，并能被阅读者所接收的、与情感表达方式有关的文字信号。

语言有五种社会功能：信息功能、指示功能、表达功能、酬应功能、美学功能。其中，表达功能主要指表达讲话人或写文章的人的感情或态度。语言传递信息时，理性意义占有突出的地位，而在使用指示和表达功能时，理性意义却常常从属于联想意义，并且必须服务于联想意义（利奇，1987）。本书的“文本情感线索”强调的是文本中所蕴含的语言在实现其信息功能时会同时发挥表达功能、美学功能、酬应功能、指示功能，而且这些功能的实现会影响个体对其他信息的理解。因而，文本情感线索实质上指情感的文字形式外化。

情感诉求信息除了广告形式外，还以各种其他形式广泛存在于新闻报刊、电子杂志、网络论坛等媒介中，并发挥着特定的营销作用。在网络已成为重要营销平台的今天，尤其是随着社会性网络软件以及社区、论坛等开放性交流平台的普及，情感特性在个人博客、评论等文本形式的信息资源中日益突出，如何从 Web 文本中进行情感挖掘，获取情感倾向已成为商务智能领域的热点问题，相关研究成果比较丰富。

文本中所蕴含的情感信息可能具有线索作用。对这一观点主要有两种理论解释。“优先加工”观点认为，语言中所蕴含的情绪信息不但可以帮助人们理解他人，更好地表达自己，而且情感性符号往往能够被优先加工（Flykt and Esteves，2001）。因而，语言符号被认为是情感的重要刺激物。而“浸入式经历者框架”（The Immersed Experiencer Frame，IEF）认为，理解者就是所描述情境的一位浸入式经历者。语言作为一套线索设备，使理解者建构起对所描述情境的经验模拟。当读到或听到一个词汇时，该词汇的经验表征及其衍生物（动作、知觉、情感表征，以及它们之间的联结）将被激活（Zwaan，2004）。

较多研究专门探讨了语言的情绪效价对信息加工的作用。如 Staats 和 Staats（1957）研究发现，当消极词或积极词与无意义词配对呈现后，会影响与之配对的无意义词的情绪色彩。Houwer、Baeyens 和 Eelen（1994）要求被试对中性词和阈下呈现的积极词或者消极词进行配对学习，结果发现学习后被试对中性词的评价发生了改变，即情绪词改变了中性的情绪色彩。Hermans 等（2001）采用情绪价判断和词汇命名任务均发现了词汇的情绪启动效应。Maralos 等研究了情绪语境条件下对词汇信息的提取。实验将句子语境分为积极语境、消极语境和中性语境。结果表明，在词汇信息提取过程中，不同的情绪语境能够激活不同的神经网络。我国邱凌云（2008）则研究发现，“爽”“喜欢”“满意”和“心情愉快”等这些情感词可以在网上口碑传播过程中帮助口碑传播者传递情感，从而使口碑接收者感知到口碑传播者的情感状态，并进一步影响之后的信息处理和说服过程。

由于文本情感的强大认知作用，文本情感分析已成为人工智能研究的重要领域。在该领域，所谓情感分析（sentiment analysis）指确定说话人或作者对某个特定主题的态度，其中，态度可以是判断或者评估，情绪状态，或者有意传递的情感信息（王洪伟等，2010）。因而，文本情感分析领域研究的重点是情感倾向性的判断，即判断作者的观点是褒义的、积极的，还是贬义的、消极的。因而又被称为文本情感分类。

而当前研究对在线评论的情感语义及其效用进行了一定探索。如Liu等（2005）、Hu等（2004）提出在线评论按形式可分为三类：评论分别列出产品的优点和缺点；评论列出优点和缺点，同时进行自由评论；无固定格式的自由评论。研究发现了线上评论的情感性内容对企业绩效有一定预测作用。如发现，43.5%的阅读者在阅读一个负面评价后会“总是”或“多数情况下”抑制购买。而读了一个正面评价信息后仅28%的人会“总是”或“多数情况下”购买某产品（Thurau and Walsh，2003）。而Dunhan（1997）等从主客观表达形式的角度对评论内容进行了分类研究，结果发现对体验型商品而言，采用第三人称语气等客观形式表达的评论比采用第一人称语气等主观形式表达的评论说服力更强；Dellarocas等（2007）指出，极端正面和负面评论对消费者的影响力显著高于中性评论；Herr（1991）等探讨了评论内容的趣味性对说服效果的影响，发现生动有趣的评论比平铺直叙的评论对消费者购买态度的影响更大。然而，当前线上评论研究虽然针对信息内容特点的效用展开了一定研究，线上评论研究的主要因变量是消费者产品购买意向，未对线上评论内容特点与线上服务方感知的相关性展开探讨。

总的来看，虽然已有领域触及文本情感线索的作用，并对文本情感分析的技术方法做了较多探索，但有关学者所指出，网络文本情感的商业价值研究尚非常欠缺，严重影响了相关技术成果的推广。因为，虽然相关技术可以实现和改进对在线评论的自动处理能力，却无法回答在线商品信息对企业和消费者将产生怎样的影响，以及如何有效管理和利用这些信息等问题（张紫琼等，2010）。国外也有学者针对此现象指出，对于消费者什么时候用什么语言，以及这种语言应用上的差别影响其他的信息接收者这些方面的研究目前非常缺乏（Schellekens，Verlegh and Smidts，2010）。

心理学对情绪对认知的作用研究已不断发展，许多新理论得以建立，期待营销学的引进。但根据以上分析，目前将相关理论成果运用于以文本信息为主要载体的营销环境的研究还存在以下缺陷。

首先，对视觉性情感信息的研究是广告研究对情感信息研究的重点。尽管语义性情感信息研究已经出现，但这些仅局限在平面广告研究领域，其研究成果对其他领域研究和实践的指导性有限。已建立的各种研究理论是否适用于语义性情感诉求信息？语义性情感诉求信息是否有自己的独特效用规律？这些问题都有待回答。

其次，虽然文本情感分析成果已比较丰富，但关于网络文本情感的商业价值研究几为空白，影响了相关技术成果的推广。如文本情感研究相关学者所提出的相关技术虽然可以实现和改进对在线评论的自动处理能力，却无法回答在线商品评论对企业和消费者将产生怎样的影响，以及如何有效管理和利用这些在线评论等问题。比如，针对在线评论缺少对其他影响商品销售因素的控制，在线商品评论与销售情况的影响关系及其作用机制的研究尚需进一步深入，企业应如何管理和利用在线商品评论的研究仍略显不足（张紫琼等，2010）。

再次，现有的文本情感分析的重点是通过文本情感的语言特征来揣摩作者的态度，即从能指到所指。而信息情感是信息接收者与文本本身共同作用的产物，即意指。对营销而言，建立在意指基础上的信息情感的语用才是其关注的焦点。而目前的文本情感分析并未涉及此话题。

最后，目前的文本情感研究将情感主要定位于“褒贬倾向”，尚未形成对文本情感的综合观察。但实际上情感的维度除了愉快维度外，还有唤醒维度等其他维度。

由于网络营销环境下文本信息的营销传递应用价值大幅提升，目前情感诉求广告的研究成果虽然对认识网络环境下情感信息作用有一定参考价值，但网络文本信息的应用情境与传统广告的应用情境不同，情感诉求广告的研究成果不能作为直接的理论解释。对网络特定情境下文本情感信息的研究期待开展。

有研究发现，虚拟社区中的高质量内容将促进成员分享价值和兴趣（Balasubramanian and Mahajan，2001；Ridings et al.，2002），因而，虚拟社区参与者需要了解特定信息属性的效用，对信息进行科学鉴别和积极管理。

第二章　虚拟品牌社区

第一节　信息视角的消费者—品牌关系建立过程

品牌信息是品牌特征的外显化，因而，企业管理者往往将品牌信息作为刺激因素作用于消费者行为，“品牌信息刺激—消费者品牌认知反应”的关系研究成为企业信息管理、广告信息传播、营销管理等不同领域的重要命题。近年国外该领域研究集中出现，但国内研究相对缺乏。本节从品牌的信息属性角度认识消费者—品牌关系建立过程，并对各环节影响因素展开分析。

一　品牌信息与消费者—品牌关系

关于品牌属性有关系说、资产说、符号说种种，而将品牌视为一种信息凝结的信息说是其中一种。由于消费者认知能力有限，无法通过感知选择抵制信息过载（Jacoby et al.，1974），因而仅仅依赖少量的可获取信息作出购买决策，并倾向于使用一个品牌名称而不是其他信息线索作为决策依据（Jacoby et al.，1977）。对消费者而言，品牌名就是一个信息块，消费者通过使用品牌名回忆起质量、可及性、保证、广告支持等其他大量属性。从这一意义上看，品牌是一种速记工具（Haines，1974），即品牌作为一种信息凝结的信息属性构成了消费者依赖品牌做出购买选择的基本原因。

从信息属性角度讨论品牌，可以将品牌的各种表象从不同角度归纳为各类信息：从信息产生方式角度将品牌信息分为经过设计的品牌信息

（如企业方发布的产品信息、服务信息、广告信息等）和未经设计的品牌信息（如顾客方发布的口碑信息）；从信息隐含态度角度将品牌信息分为正面信息、负面信息、中立信息；从信息语义特征角度将品牌信息分为客观信息和主观信息等。观察品牌信息的一般使用意义，笔者认为可从信息制造者和接受者两方面来理解品牌信息内涵：对信息制造者而言，品牌信息是对品牌特性的表征，对信息接受者而言，品牌信息即能够改变消费者品牌认知接受系统的刺激。

Fournier 等（2001）提出了品牌关系发展动态模型，包括从品牌受到关注，消费者与品牌相互熟悉、共同成长、相互陪伴，到关系解体和关系复合六个阶段。这是一个生命周期性的认识。但从微观上看，消费者与品牌的关系建立有赖于一系列琐碎的品牌信息接触：看到有人提了一个漂亮的购物袋，上面是某品牌的清晰印记；办公室喝咖啡的时候，同事端了一个有某品牌标记的杯子等。因而，消费者—品牌关系最初建立的过程实际上是消费者品牌信息接触、理解和内化过程，或者说是一个消费者品牌信息行为过程。

消费者品牌信息行为源于消费者对相关信息的需求。Kochen（1977）提出，个体对信息的需求有三个层次：客观状态的信息需求、主观状态的信息需求、表达状态的信息需求。其中，主观状态的信息需求可能由于信息本身的重要性而被自觉认识，也可能由外界提示被唤起。由于信息本身重要性而被自觉认识的信息需求，其后续信息行为即主动信息行为，而特定信息刺激后才认识到的需求之后续行为是被动信息行为。消费者品牌信息行为也应包括自发产生的主动品牌信息行为与被品牌信息刺激促发的被动品牌信息行为两种。比较而言，市场营销研究领域更多关心后者，对前者的研究相对缺乏。

由于消费者品牌信息行为过程通常需要经过信息查找（Seeking）、信息接触（Contact）、信息加工（Processing）、信息回忆（Recalling）、信息使用（Use）、信息交流（Communication）各环节，我们称消费者品牌信息行为过程为 SCPRUC 过程。其中，主动品牌信息行为过程与被动品牌信息行为过程有以下不同之处：主动品牌信息行为者在信息接触前还有个以该信息为目标的品牌信息查找环节；主动品牌信息行为过程比被动品牌信息行为过程多一个选择环节——品牌信息接触前的信息渠道选择（前选择），这一选择导致特定信息被接触；更多主动品牌信息行为者会在品牌信息接触及加工后直接完成品牌信息使用；而更多被动品牌信息行为者在品牌信息接触和信息加工后会暂时存储品牌信息，适当的时候再回忆调取，并付诸使用（见图2－1）。

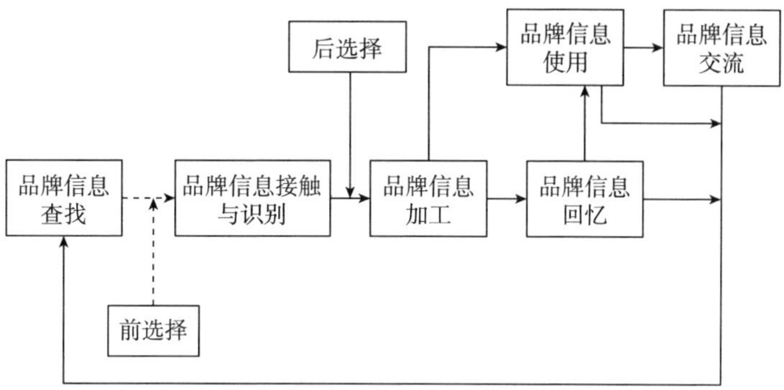

图2－1　消费者品牌信息行为过程

无论是哪一类品牌信息行为过程，消费者在其行为过程中的末端环节——品牌信息回忆、品牌信息使用、品牌信息交流，经常会发现信息的不充分，从而引起新一轮信息查找（见图2－1）。消费者品牌信息行为的循环过程正是消费者—品牌关系的成长轨迹，而各环节信息刺激效果效应直接作用于消费者—品牌关系质量。

二　品牌信息行为各阶段影响因素及其作用

SCPRUC 过程各环节消费者的认知任务不同，品牌信息认知的心理机制也不同。

（一）信息查找行为

Kiel 和 Layton（1981）研究发现，消费者商品信息查找行为有三个维度：信息源维度、品牌维度、时间维度。也就是说，消费者的主动商品信息查找对象总是会不同程度地将品牌作为信息标志物之一。那么，消费者购前为什么要查找品牌信息？怎样查找品牌信息？相关研究成果如图2－2所示。

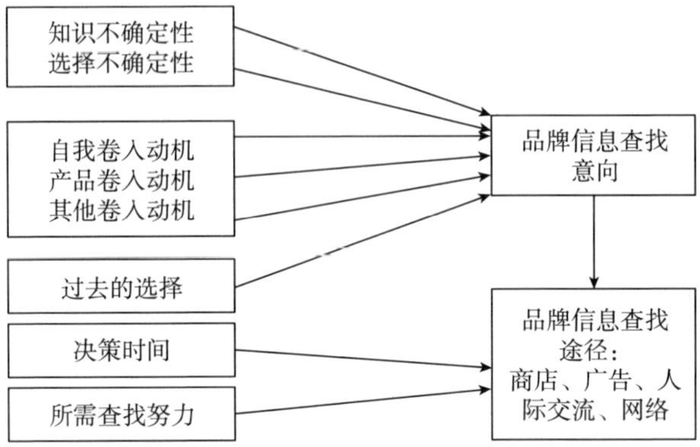

图 2-2 品牌信息查找的影响因素

Urbany 等（1989）认为，引起消费者品牌信息查找行为的前因是两个不确定——知识不确定性（替代方案信息的不确定）和选择不确定性（选择哪一个替代方案的不确定）。他们认为，选择不确定越大，查找信息的可能性越大，知识不确定则对查找行为起弱的负面作用。具体到口碑信息查找行为，Schifman 和 Kanuk（1994）发现，口碑信息查找往往出于三种动机——自我卷入动机（降低风险、减少查找时间）、产品卷入动机（了解怎样消费一种产品，以及市场上哪些产品是新的）、其他卷入动机（消费的社会功能）。Bennet 和 Mandel（1969）则证明，积极强化消费者过去的品牌选择将减少消费者购前信息查找的数量。

而针对消费者品牌信息查找策略的研究结论随时间推移发生着变化：过去品牌信息传递的理想渠道依次是商店、大众媒体、人际交流源，但今天包括网络在内的口碑传播渠道变得越来越重要。20 世纪六七十年代研究发现，广告也可充当信息查找源（Udell，1966；Thoreli，1971）；多数顾客在查找过程中拜访三家或更少的商店（Thoreli，1971；Brandt and Day，1972；Claxton et al.，1974）；人们依赖人际交流源频率超过依赖大众媒体（Udel，1966；Thoreli，1971）。而 2002 年 Kozinets 发现，越来越多的消费者将其他消费者视为更客观的信息来源，使用网络工具来接触其他消费者以获得与自己决策相关的信息（2002）；Lebo（2004）发现，超过 75% 的顾客是线上线下多渠道购物者，他们在一个渠道收集产品信息，而在另一个渠道购买。

（二）信息接触与识别行为

信息接触环节研究的一个核心问题在：当顾客接触品牌信息时，他们是否能识别其中的正面信息？图 2 -3 显示了目前对品牌接触环节品牌信息识别前导变量的认识。

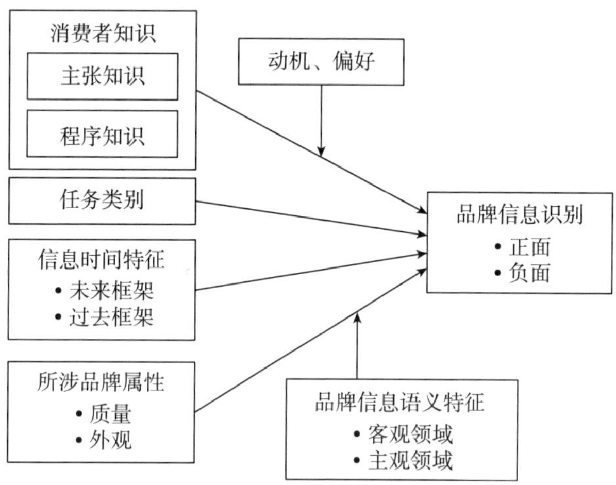

图 2 -3 品牌信息识别的影响因素

很多研究已发现消费者接触信息时负价信息会产生更大影响。Wyer（2008）指出，其原因不仅在于负价信息被赋予更大权重，而且因为查找信息的消费者所本能地采取的加工程序。他们以贴在窗户上的菜单对消费者决定是否去吃饭的作用为例指出，消费者的判断可能受到典型价格所联想到的语义概念（高档或是低档）、查找信息的程序（先发现便宜食品价格还是昂贵食品价格）等因素的影响。如果消费者内在的信息识别程序导致其基于较高价格进行判断，那他将认为餐馆较贵而不愿意选择它。该研究验证了两类知识（主张知识和程序知识）对信息识别的共同作用。其中，消费者识别信息的程序知识通常是基于相关程序的可行性和可接近性，而程序可接近性将受到该识别程序使用频率和是否最近使用的影响。因而，需要提高正价信息的可接近性，训练消费者的相关程序知识的养成。

信息内容特征也将影响其被理解和识别的可能性，其中包括信息内容的时间特征、语义特征等。Grant 和 Tybout（2008）研究发现，当品牌信息发布采取未来框架加以描述时，消费者的品牌评价将更倾向于企业和市场状况的有利信息本身；而当信息发布采取过去框架时，品牌评价主要关注企业“倡导”发布有利信息的一面。Le 和 Le 则证明，主观信息（如关于“我喜欢这个产品吗?”的描述）和客观信息（如关于“这个产品好吗?”的描述）对品牌相关属性的认知作用不同，因为消费者对品牌不同属性的认知途径不同：质量往往通过客观领域推导，外观往往通过主观领域推导。因而，品牌信息提供者应积极使用未来框架描述品牌信息，并针对不同的属性设计不同的品牌信息语义内容。

除此之外，Keaveney（1995）还证明，当人们发现一个新的服务供应者时，正面口碑是主要的信息源。也就是说，消费者任务影响其品牌信息识别。

（三）信息加工行为

成功的信息沟通不仅需要信息被传递，还需要信息被理解。而信息加工行为即消费者理解信息和管理信息流的相关行为。社会认知和认知心理学的许多研究者已提出了各种双向加工模型以理解认知加工的不同类型，如集中加工—精细加工、启发式加工—系统式加工、相关加工—单项加工等。那么，什么时候消费者会采取哪一种信息加工方法来加工特定品牌信息呢? Foard 和 Kemler（1984）提出，采纳不同品牌信息加工策略的前因变量可以被分为三类：刺激因素、任务因素、个体因素。刺激因素中，产品特性声明的数量影响消费者是采取相关加工策略还是单项加工策略（J. Meyers - Levy，1991）；信息源的可信度和论点质量则影响加工策略的本质（Chaiken and Maheswaran，1994）。同时，品牌广告信息研究发现，品牌信息类型和顾客所用的信息处理方式之间的一致性也被认为是信息理解的重要前因；如广告形式与顾客的信息加工过程模式相匹配会促进广告信息的可处理性（Thompson and Hamilton，2006）。特别是品牌间的属性比较增进了消费者对涉及竞争者的产品利益评估，将鼓励消费者将品牌与另一个品牌联系评价（Rose et al.，1993）。学者们进一步提出，当消费者使用分析加工模式时，比较性广告比之非比较性广告效果更佳；而当顾客使用意象加工过程时，非比较性广告效果更佳。也就是说，为了影响消费者品牌行为，必须使信息不但易于获取，而且便于加工（解释信息的容易性）（Bettman and Kakkar，1977）。任务因素中，目标（Aaker and Le，2001）、不同选择的可比性（Johnson，1984）、任务重要性（Chaiken and Maheswaran，1994）等因素分别被证明可用来预测顾客信息加工策略。研究者也揭示了个体因素（如性别、卷入水平、文化导向）等对品牌信息加工的作用。

2005 年，Pankaj 和 Sharmistha 提出关系因素这一新前因变量，发现处于交易关系的人们比处于社会关系的人们更加关注品牌细节及其他特征信息（见图 2－4）。

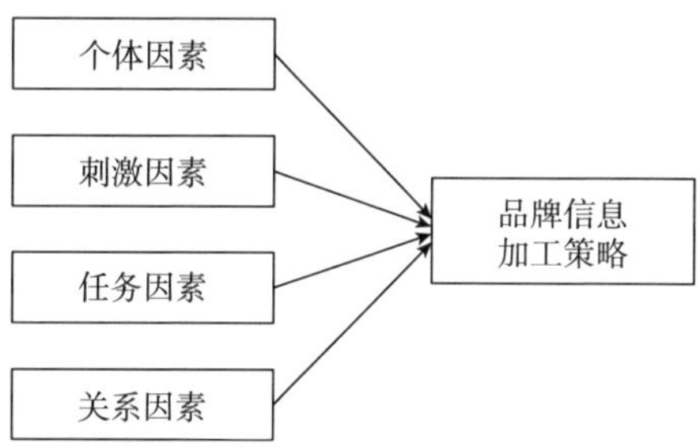

图 2－4 品牌信息加工策略的影响因素

（四）信息使用行为

品牌信息使用行为即品牌信息效用发生过程。在这一环节，顾客既可能使用相关品牌信息于某个购买选择，也可能通过吸收该信息改变自己对品牌的认知，影响其后续品牌购买或选择行为。具体来说，信息效果按照它发生的逻辑顺序可分为三个层面：①认知层面的效果。即外部信息作用于人们的知觉和记忆系统，引起人们知识量的增加和知识构成的变化。②心理和态度层面的效果。即作用于人们的价值观念和价值体系而引起情绪或感情的变化。③行动层面上的效果。即情绪或感情变化通过人们的言行表现出来。Mehta 等（2008）总结了广告信息的三种效应：告知效应，即告知顾客产品属性，形成其对品牌质量的评价；改造效应，即通过增进其对后续消费体验的评价来影响顾客对品牌质量的评估；说服效应指即使没有提供任何明确的信息，也能直接影响顾客的利益，但对品牌信息效用本身及其前因的研究并不多见。

Hennig – Thurau 和 Walsh 发现网络评论对抑制产品购买有强烈的作用：43.5%的阅读者在阅读一个负面评价后会“总是”或“多数情况下”抑制购买；但读了一个正面评价信息后仅28%的人会“总是”或“多数情况下”购买某产品。同时，品牌信息对原产品品牌认知的作用将受到现存观念的调节。当持有强烈观念的个体面对新的冲突信息时，他们将会感受到更多的不和谐，并有更强的消除这一不和谐的压力（Festinger，1957；Fishbein and Ajzen，1981）。

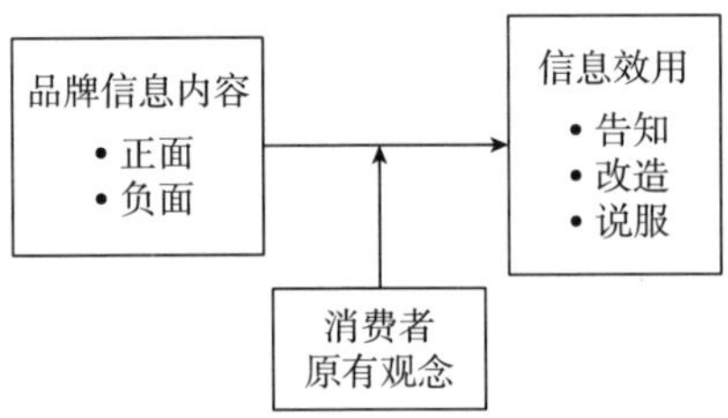

图 2－5 信息效用的影响因素

（五）品牌信息交流行为

现代信息社会的主要标志之一是信息交流越来越频繁。早有研究证明，生活在一起的人，由于有更多的互动和交流的机会，会有更加一致的品牌选择（Reingen et al.，1984）。事实上，已有越来越多的顾客成为品牌信息的提供者。研究发现，20%的顾客曾为如何使用产品的讨论做出贡献（Granitz and Ward，1996）。57%的人们是基于一个人际推荐来访问一个新网站（朱比特公司，1999）。而越高的品牌口碑扩散与越高的品牌未来排序有关，但这种扩散的作用随时间减弱（Godes and Mayzlin，2004）。

那么，人们为什么会向他人交流自己对品牌的看法？哪些人更愿意交流品牌信息，更愿意交流哪些品牌信息？Hennig – Thurau 和 Walsh（2003）通过对网络观点平台的调查，提取出了五个顾客动机因子：获取与购买有关的信息、社会取向、成为社区成员、获取报酬、学习产品的消费。研究表明，更少的人制造品牌的负面信息，但他们会经常做。

而不满意的顾客比非常满意的顾客更倾向于发布对品牌的看法；且人们发布的关于品牌的正面信息通常是关于现行的、主使用品牌，发布的负面信息通常是关于过去品牌和未拥有品牌的信息（Holmes and Let, 1977）。

（六）信息回忆行为

越来越多的研究发现，消费者应用信息的过程依赖信息在记忆方面的可接近性（Feldman and Lynch, 1988；Forster and Liberman, 2007；W-yer, 2008）。因为品牌信息是否容易进入回忆可能是品牌选择的基础（Wanke et al., 1997；Menon and Raghubir, 2003）。那么，哪些情况下品牌更容易被回忆？研究发现了包括检索容易性、信息内容、使用频率、最近使用情况等在内的几种品牌信息回忆影响因素。

Wanke 等 1997 年提出了“检索容易性”这一概念。而 Tybout 等研究发现，检索容易性和信息内容均作用于信息回忆，但哪一个将起主要影响作用则由知识可近性加以协调。当相关品牌的知识不易接近或者高度可近时（两种端状态），消费者的品牌判断将基于信息内容产生。而当知识有一定的可接近性时（中间状态），检索容易性将对判断产生主导性影响，检索体验所造就的容易性感知会影响到品牌判断。因而，为降低消费者的品牌判断风险，要么应对品牌知识进行充分的传递，要么在品牌信息传递时干脆不涉及知识性内容。

另有学者认为，人的记忆系统既集成事件信息也集成关于事件重复的信息（Haberstroh, Betsch, 2002；Jonides and Naveh - Benjamin, 1987），因而品牌本身及其信息出现的频率将被观察者无意识地加工（Fang et al., 2007）。同样，Smith（1990）和 Wyer（2004）也发现，品牌信息被使用频率和最近使用情况将决定品牌信息可接近性。这也证实将品牌融入消费者生活，以使品牌信息通过更多通道进入消费者视野的原因所在。

第二节 虚拟品牌社区及其品牌营销价值

研究显示，过去品牌信息传递的理想渠道依次是商店、大众媒体、人际交流源，但今天包括网络在内的口碑传播渠道变得越来越重要。目前，不少企业已建立虚拟品牌社区，在保留高忠诚度消费者、提供新消费者品牌信息等方面都显示了突出价值。因为，互动过程中信息交流的高针对性将带来高效率信息加工，促进品牌信息回忆，并提高品牌识别效率。

一　虚拟品牌社区

当人们以品牌为基础聚集在互联网上某一特定的虚拟空间内进行信息交换和情感分享，并形成较为稳定的社会关系时，虚拟品牌社区就产生了（Rheingold，2000）。Abdelmajid 和 Lionel（2004）将虚拟品牌社区定义为基于与特定品牌的关联而形成的自选择、分层化、非地理边界的消费者聚集。虚拟品牌社区是虚拟社区和品牌社群的交叉概念领域。鉴于虚拟品牌社区主要寄生于互联网，本书基于其他学者阐述将其定义为“由于对特定品牌的兴趣在互联网中出现的消费者聚集”。在我国虚拟品牌社区也被译为品牌在线社区、虚拟品牌社群、品牌虚拟社群等。

消费信息获取便利性提升使更多消费者将其他消费者视为客观信息来源，并通过网络接触获得购买决策相关信息（Kozinets，2002）。而虚拟品牌社区不但能使消费者收集到高质量品牌信息，而且还能使其生产、传播信息，因而成为品牌爱好者和潜在消费者共同青睐的信息交换场所。同时，虚拟品牌社区中的内容沉淀会形成巨大长尾，强力影响和左右其他消费者，并影响品牌承诺（Carlson et al.，2008）、品牌购买意向（Thompson and Sinha，2008）和品牌忠诚（Casaló，Flavián and Guinalíu，2008），因而越来越多的企业也开始利用虚拟品牌社区间接促进营销效率和效果（Kalaignanam and Varadarajan，2006；Szmigin and Reppel，2004）。消费者与品牌方的共同推动导致虚拟品牌社区已逐渐成长为一种独立的网络服务业态。

所有的虚拟品牌社区均有四个共同特点：①围绕着社区成员共同的商品化的产品或服务而建立（Muniz and Leblanc，2001）；②具有相对稳定性，因为成员具有强烈的对公共主体和目标的承诺（Cova，1997；Maffesoli，1996）；③作为社会谈判场所，反映主流文化，鼓励成员对品牌的自主诠释（Holt，1997）；④社区成员有高度的认同感，以及对商业前景的理解（Muniz and Leblanc，2001）。

二 品牌社群研究

鉴于虚拟品牌社区作为特定品牌的消费者聚集这一特性，因而被认为也隶属于品牌社群，且现有虚拟品牌社区研究在很大程度上继承了品牌社群研究的视角和观点。

2001 年，Muniz 和 O'Guinn 提出并阐释了品牌社群的概念，认为品牌社群是“某品牌仰慕者中以一定的社会结构而存在的特定非地理边界社群，品牌社群成员能持续地、广泛地影响品牌社群的观念及活动”。McAlexander、Schouten 和 Koenig（2002）对这一概念做了修正，认为顾客与企业、顾客与产品、顾客与品牌、顾客与顾客四类关系都应纳入这一概念范畴，并提出了一种新的品牌社群模型——品牌社群的焦点消费者中心模型。

那么，品牌社群对消费者和品牌经营者的价值何在？对品牌经营者而言，其对品牌社区的兴趣可能基于许多理由，包括品牌社区对会员的感知和活动的影响能力；品牌社区能使产品保持与时尚的一致性（Muniz and Schau，2005）；快速鉴别信息（Brown，Kozinets and Sherry，2003）；了解顾客对新产品、竞争行为等的评价；扩大与高忠诚度顾客的合作和交往机会（Franke and Shah，2003）。Hoeffler 和 Keller（2002）指出，品牌社群意识的培育将有利于基于顾客的品牌资产的创建；薛海波和王新新（2008）以哈雷品牌社群为例，提出了品牌社群创建的四个核心要素，即塑造生动形象的品牌故事、培育独特的品牌文化、提供可识别的品牌要素、使消费者彼此交流和聚集成为一种需要。

品牌社群对消费者也能带来利益。McAlexander 等（2002）认为，通过品牌社群，消费者可以分享诸如知识、情感和物质等方面的资源；周志民（2005）从价值性质和价值方向两个维度，提出了品牌社群为顾客带来的四种价值（财务利益、社交利益、服务利益、形象利益）。Schouten 等（2007）认为，与没有加入品牌社群的消费者相比，加入品牌社群并获得非凡体验的消费者与产品、品牌、公司及其他同类消费者的关系更加紧密，可以产生强烈的社群认同和社群意识，进而会提高对品牌的认同和忠诚度。Schau 等（2009）的调查则进一步发现虚拟品牌社区的十二种活动类型，并将其归纳为四类：社会联播、印象管理、社群承诺、品牌使用。

由于品牌社群与品牌的天然关系，品牌社群与品牌之间具有相互作用。研究发现，对品牌的认知将影响对品牌社区的心理感受，对品牌社区的心理感受又将作用于品牌承诺（Carlson et al.，2008）。Bagozzi（2006）从消费者参与品牌社区的社会和心理角度出发，认为社区认同能够影响消费者的品牌认同，进而影响品牌的相关购买行为。更具体的研究发现，品牌社群不但能够增进成员的忠诚度，而且将产生对竞争品牌的反向忠诚感。参与品牌社群和会员持续性将对被选择品牌新产品采纳，也对竞争品牌新产品采纳产生影响（Thompson and Sinha，2008）：高水平的参与和长期的会员身份不仅会增加采纳被选品牌新产品的可能性，而且关于是否一个竞争者的新产品在市场上是否第一的负忠诚将相伴而生。而对于一个双重会员而言，对其中一个品牌社群的高水平参与将增加采纳来自竞争品牌新产品的可能性。因而，品牌社群需要采取措施增进品牌社群对企业新产品的采纳，而限制不利于品牌社群的负面作用产生（Thompson and Sinha，2008）。田阳、王海忠和王静（2010）研究发现，顾客社区体验是虚拟品牌社区中产生品牌依恋的核心中介变量，但不同的体验维度对品牌依恋的影响不同：情感体验对品牌依恋有直接正向的影响，感知体验对品牌依恋的直接影响不显著，只能通过情感体验间接地影响品牌依恋。

三　虚拟品牌社区的营销价值

对虚拟品牌社区内相关活动的调查分析显示，虚拟品牌社区对品牌营销有多方面促进作用：通过社会纽带构建促进或改善品牌边界、创造积极品牌印象和品牌情感、对消费者进行品牌使用培训、推动品牌定制化等（Schau et al.，2009）。而更多研究显示，虚拟品牌社区还具有帮助企业产品保持与时尚的一致性（Muniz and Schau，2005）、了解顾客对新品和竞争行为的评价、扩大与忠诚消费者的合作和交往机会（Franke and Shah，2003）、优化产品支持和服务传递（Walden，2000）等功能。

虚拟品牌社区的诸多作用导致已有许多企业建立了自己的虚拟品牌社区，通过提供关于购前、购中，甚至产品或服务品牌购后的大量信息对其成员的需求做出反馈，而基于虚拟品牌社区的促销和广告活动效果也非常突出（Oh and Kim，2004）。然而，近期调查显示，大部分中国消费者（68%）更愿意在第三方论坛上与公司互动，而非在其官方网站或博客上（仅25%）（罗兰贝格公司，2010）。[①] 面对这一现象，一些企业已经开始放弃对虚拟品牌社区的直接经营，转而通过参与和影响消费者主导虚拟品牌社区来间接影响消费者（Porter and Donthu，2008）。

第三节　虚拟品牌社区类型

一　虚拟社区的类型

虚拟社区分类是对不同类型虚拟社区特征的分析结果。研究者们从很多角度对虚拟社区进行了分类（见表2－1）。如Armstrong和Hagel（1996）根据社区成员的目的将虚拟社区分为交易社区、兴趣社区、幻想社区和关系社区。Tsuyoshi和Atsushi（2003）根据管理者和社区主题范围两个维度将所有消费性虚拟社区分为九种类型：从社区管理者角度分为企业、消费者和第三方，从社区主题角度分为主题围绕一个特定的品牌、主题围绕一个产品或服务类别、主题围绕参与者的某种特质。Plant（2004）按营利性、开放性和管制程度三个维度把虚拟社区分为营利性开放式管制社区、营利性私人管制社区、非营利性开放式管制社区、非营利性私人管制社区、营利性管制空间与非营利性管制空间交叠的社区。而Jang等（2008）认为，就虚拟品牌社区而言，主持者（Hoster）是最重要的分类因素，因为他们导致不同的运营机制。按主持者可将虚拟品牌社区分为消费者自愿发起的消费者主导社区和由产品企业或品牌主发起的官方主导社区。

目前虚拟社区研究涉及虚拟社区主体、社区发展、社区互动等各领域。如围绕虚拟社区主体及其行为的研究有社区参与、角色行为、发帖行为、浏览行为、社区价值、成员联结等命题；围绕社区成长的研究有

---

① 罗兰贝格：《品牌与口碑：深入理解如何打动今日的中国消费者》，《中国消费者报告》，2010，http：//www. slideshare. net/CIC_ China/2010－4863346。

成长动力、发展阶段、价值创造模式、社区扩散等命题；围绕社区互动的研究有互动类型、互动模式、互动内容、类互动等命题。且这些研究已针对交易社区、实践社区、学习社区、品牌社区等各类社区分别展开。虚拟品牌社区作为其分支研究领域之一兴起较晚。

表 2－1　　虚拟社区的分类

分类依据	虚拟社区类别	提出者
社区成员的目的	交易社区、兴趣社区、幻想社区和关系社区	Armstrong 和 Hagel（1996）
社区管理者	企业管理社区、消费者管理社区、第三方管理社区	Tsuyoshi 和 Atsushi（2003）
社区发起者	成员启动社区、组织启动社区	Porter（2004）
	消费者启动社区、官方（品牌主）启动社区	Jang 等（2008）
社区主题	围绕品牌社区、围绕产品或服务类别社区、围绕参与者某种特质的社区	Tsuyoshi 和 Atsushi（2003）
营利性、开放性和管制程度	营利性开放式管制社区、营利性私人管制社区、非营利性开放式管制社区、非营利性私人管制社区、营利性管制空间与非营利性管制空间交叠的社区	Plant（2004）

虚拟社区研究涉及社区绩效的研究变量通常是社区再访意向、社区黏度、社区承诺、社群感等。其中 Cheung 和 Lee 的研究认为目标的价值、自我发现、娱乐价值、社会卷入、维持人际交互等因素影响访问者满意、承诺、群体规范，并进而影响其再访意图（Cheung and Lee，2009）。而 Wang 等（2004）提出虚拟社区价值维度包括功能价值、心理价值、社会价值和享乐价值，这些观点具有一定代表性。

二　虚拟品牌社区的类型

当前存在各种形态的虚拟品牌社区（如独立论坛、讨论小组、品牌博客、品牌微博等），对虚拟品牌社区有多种分类方式，但发起者（Sponsor）是分类的最重要因素，因为他们导致不同的运营机制（Porter，Donthu，2008）。通常基于发起者将虚拟品牌社区分为两种主要类型：消费者自愿发起的消费者主导社区（Consumer - initiated Communities）和产品企业或品牌主发起的官方主导社区（Company - initiated Communities）（Jang et al.，2008）。

研究者们对官方主导虚拟品牌社区进行了具体定义。如 Porter 等（2008）在观察官方主导虚拟品牌社区时将具有以下两个特点的社区作为官方主导社区：其一，企业主导虚拟社区可能居于内部（以企业网站为基础）或外部（链接到一个独立的网址），但无论哪种方式，主导企业会通过在社区主页上使用其企业名字或 LOGO 来标识自己是主导者。其二，组织和控制社区的企业会在企业主导虚拟社区内追求自己的商业目标（Kannan et al.，2000）。由于官方主导和消费者主导虚拟品牌社区是二分法界定，尽管没有学者对消费者主导虚拟品牌的具体形态做出明确界定，但事实上，通常将除官方主导虚拟品牌社区外的其他虚拟品牌社区统称为消费者主导虚拟品牌社区（Porter and Donthu，2008）。

当前消费者主导虚拟品牌社区主要有两种建设方式：第三方平台网站方式和独立网站方式。

第三方平台方式指虚拟品牌寄生于特定第三方社区平台之中（如天涯、新浪等）。其下按管理机制又可分为两种：一种是由第三方网络服务商构建服务平台并在平台上构建具体品牌社区，经过一定时间的培育，当社区成长到一定规模后再招募社区成员作为版主进行具体的社区管理（如中关村在线、爱卡、淑女情缘等）；另一种是第三方服务平台具有一定影响力后，赋予高级社区成员在平台中建立特定品牌社区并对其进行监管的权利（如豆瓣网、搜狐社区等）。因而，第三方平台方式的虚拟品牌社区存在两个层次的服务供应者——平台管理者和社区管理者。通常平台管理者主要承担对社区管理者的监管责任，而社区管理者则承担对社区成员的监管责任和对社区内容的管理责任。

独立网站方式指具有独立域名的虚拟品牌社区。这种社区主要由品牌爱好者自建。即由特定品牌爱好者自建一个虚拟品牌社区网站并对社区成员进行管理，一旦社区规模扩大，则在社区成员中招募助手进行管理。

关于虚拟品牌社区的分类见图 2 –6。

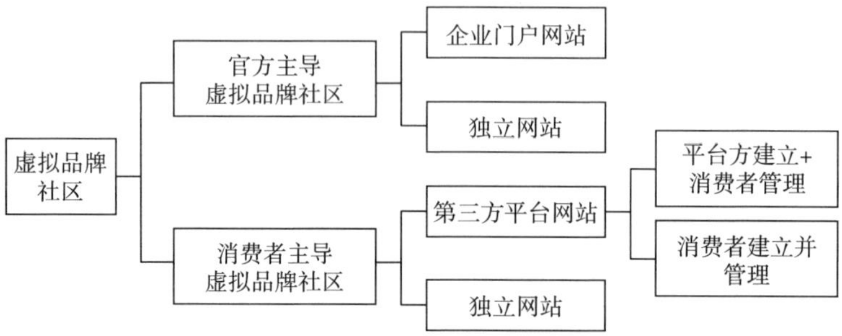

图 2 –6　虚拟品牌社区分类

三　对虚拟品牌社区类型的研究

当前更多研究围绕官方主导虚拟品牌社区展开，关于消费者主导虚拟品牌社区研究鲜见。相关研究发现，虽然官方主导社区在提供关于产品及其使用的细节信息方面有优势，但由于网站被企业控制，来自消费者的不受欢迎的观点可能被阻碍。因而，比之消费者主导社区，在官方主导社区中让消费者有不愉快体验的品牌弱点更少遭到暴露（Jang et al. ，2008）。而 Heehyoung Jang 等（2008）对手机、汽车类虚拟品牌社区研究发现，信息质量仅对消费者主导虚拟品牌社区的社区承诺发生正向作用，而对官方主导虚拟品牌社区的社区承诺没有显著影响。

调查发现，消费者主导虚拟品牌社区具有更大的消费者吸引力（罗兰贝格公司，2010）。事实上一些消费者主导虚拟品牌社区也已成长为著名服务品牌（如爱卡、汽车之家、中关村在线等）。但尽管当前消费者主导虚拟品牌社区对消费者市场有更大影响力，现有虚拟品牌社区研究却主要站在品牌方视角、以官方主导虚拟品牌社区为研究对象展开，消费者主导虚拟品牌社区营销管理活动缺乏理论指导。而本书正是以消费者主导虚拟品牌社区为研究对象，以虚拟品牌社区服务供应者为主要研究视角的研究探索。

第四节 虚拟品牌社区绩效研究

一 虚拟品牌社区绩效研究现状

由于虚拟品牌社区兼具虚拟社区和品牌社群两方面的特性，其绩效指标主要有两方面：一是社区绩效，主要包括社区承诺、社区再访等；二是品牌绩效，主要包括品牌承诺、品牌购买等。研究者分别选择其中不同指标展开研究（见表2-2）。

表2-2　　虚拟品牌社区绩效前因研究成果

自变量	中介变量	提出者与提出时间	环境	因变量
品牌社群认同、品牌关系质量	规范的社区压力、社区参与	Algesheimer，Dholakia和Herrmann，2005	汽车俱乐部	会员继续意图、会员推荐意图、会员参与意图、品牌忠诚意图、品牌相关购买意图、社区成员持久性、社群推荐行为、社群参与行为
信息质量、系统质量、互动、报酬		Jang，Olfman，Ko，Koh和Kim，2008	品牌在线社区：手机、汽车	社区承诺、品牌忠诚
线下品牌社群参与、线上品牌社群参与	品牌社群感	刘雁妮、贺和平、周志明和彭保华，2010	品牌游戏社群	满意
财务价值、社交价值、信息价值和娱乐价值	社群意识	金立印，2007	汽车虚拟品牌社区	社群忠诚度
总价值期待、总成本期待、总价值体验、总成本体验	让渡价值期待、品牌社群参与度、让渡价值体验	周志民，2005	无确切社区类型	品牌社群忠诚度

续表

自变量	中介变量	提出者与提出时间	环境	因变量
品牌社群实践		Schau，Muñiz 和 Arnould，2009	九个品牌社群	消费机会、活力、价值
品牌社群参与度、参与时间、双重参与		Thompson 和 Sinha，2008	AMD、Intel 品牌在线社区	品牌新产品采纳、竞争对手新产品采纳
品牌体验	品牌社区	吴水龙、刘长琳和卢泰宏，2009	动感地带	品牌忠诚

一系列研究发现，感知社区价值对消费者行为有显著影响，因而，虚拟品牌社区感知社区价值研究被高度重视并已产生较丰富的研究成果。感知社区价值指消费者对参与虚拟品牌社区所获得净收益（收益和付出成本之差）的主观感知。Sicilia 和 Palazón（2008）利用使用和满意范式分析了西班牙地区的可口可乐虚拟品牌社群参与者的需求动机，他们认为虚拟社群的参与者主要获取了功能价值、社会价值和娱乐价值；金立印（2007）证明品牌在线社区最重要的是信息价值和社交价值，其次是娱乐价值和财务价值，这与传统环境下的品牌社群以财务价值为首的价值排序有所不同。田阳等（2010）发现，虚拟品牌社群的信息质量、系统质量、交流互动和活动回报四个特征是影响消费者在品牌社群中获得的体验的重要因素。而信息质量对感知体验和情感体验都有直接的正向影响，并指出，应当把带给消费者良好的情感体验放在首要位置。

综合现有研究，可以发现对虚拟品牌社区感知价值维度的研究主要涉及包括功能价值（包括信息价值等）、社交价值（或称心理价值）、娱乐价值（或称享乐价值）、财务价值在内的几个维度（见表 2－3）。

虚拟品牌社区对产品品牌绩效的影响研究则是其绩效研究的一个延伸。

表 2-3　品牌社群与虚拟品牌社区价值维度研究成果

范畴	价值维度	提出者	时间
品牌社群	分享知识、情感和物质等方面资源	McAlexander	2002
	情感维度、社会维度、功能维度	Surachartkum，Tonkun 和 Patterson	2007
虚拟品牌社区	信息价值、社交价值、娱乐价值、财务价值	金立印	2007
	信息质量、系统质量、交流互动、活动回报	Jang 等	2008
	功能价值、社会价值、娱乐价值	Sicilia 和 Palazón	2008
	功能价值、社会价值、心理价值、享乐价值	杨伟文和刘新	2010
	信息质量、系统质量、交流互动和活动回报	田阳等	2010

由于品牌社群与品牌的天然关系，品牌社群与品牌之间具有相互作用。研究发现，对品牌的认知将影响对品牌社区的心理感受，对品牌社区的心理感受又将作用于品牌承诺（Carlson et al.，2008）。Bagozzi（2006）从消费者参与品牌社区的社会和心理角度出发，认为社区认同能够影响消费者的品牌认同，进而影响品牌的相关购买行为。

更具体的研究发现，品牌社群不但能够增进成员的忠诚度，而且将产生对竞争品牌的反向忠诚感。参与品牌社群和会员持续性将对被选择品牌新产品采纳，也对竞争品牌新产品采纳产生影响（Thompson and Sinha，2008）：高水平的参与和长期的会员身份不仅会增加采纳被选品牌新产品的可能性，而且会导致对竞争者新产品使用的负忠诚。而且，对于一个双重会员而言，对一个品牌社群的高水平参与将增加采纳来自敌对品牌新产品的可能性。因而，品牌社群需要采取措施增进品牌社群对企业新产品的采纳，而限制不利于品牌社群的负面作用产生（Thompson and Sinha，2008）。

虚拟品牌社区品牌营销绩效的产生，其相关因素主要是品牌价值，消费者期待、消费者参与、行业特点等因素也起到了一定中介和协调作用。

二　当前虚拟品牌社区绩效研究特点

现有关于虚拟品牌社区绩效的研究主要具有以下几个特点：

首先，研究主要以品牌方为利益视角，且主要将消费者品牌认知、产品购买意向等作为绩效指标。然而，消费者主导虚拟品牌社区具有更大消费者影响力，在这种社区中，服务供应者的利益与消费者个体、品牌方的利益取向均有错位。以品牌方为利益视角的研究对消费者主导虚拟品牌社区服务营销指导意义有限。

其次，当前对虚拟品牌社区前因的研究主要将感知社区价值作为自变量展开研究，涉及感知社区价值如何达成的研究鲜见。如发现虚拟品牌社区的娱乐价值、功能价值等，但价值的产生、价值间的相互促进作用等问题未深入研究。

再次，虚拟品牌在线社区的构成因素有多方面（信息、设计、管理等），现有研究并未将相关因素剥离单独研究，以致研究成果不能对实践操作提供更具可操作性的指导。

最后，相关研究主要以理性行为模型及其衍生的计划行为模型、技术接受模型为基础，即便是涉及情感价值的研究也多是将其纳入理性行为思维路线中，作为认知的派生产物展开研究。

三　为什么需要研究虚拟品牌社区文本情感线索?

虚拟社区管理者能够通过高效的内容管理来促进社区成长（Ridings et al.，2002），而虚拟品牌社区的信息内容不但能够满足人们解决问题的功能性需求，也同时满足人们的娱乐需求和社交需求（Algesheimer et al.，2005；金立印，2007；Sicilia and Palazón，2008）。虚拟品牌社区中的消费者会一边收获品牌信息以满足相关信息需要，一边通过交流收获情感价值，这种情感收获甚至有可能会成为他们再次光顾的更重要理由（McAlexander，Schouten and Koening，2002；杨伟文、刘新，2010）。因而，信息所蕴含的感性表达成为虚拟品牌社区信息内容的重要构成。

现有虚拟品牌社区研究主要站在品牌方视角，重点讨论品牌绩效，很少涉及社区服务绩效。虚拟品牌社区服务供应者（包括第三方平台管理者和社区管理者）的营销决策缺乏理论指导。而虚拟品牌社区中强情感信息广泛存在，需要社区管理者对其进行科学管理和监控。因而，针对文本情感线索及其效用的研究将为虚拟品牌社区服务供应者的营销实践提供各方面启示。

首先，关于文本情感线索及其效用的研究有利于虚拟品牌社区管理者对社区成员的信息生产进行更高效的引导。虚拟品牌社区的信息生产能够引导，一旦发现特定信息对吸引消费者再访具有更高价值，可以通过设置精华帖、提高回帖率等方式加以激励。而对虚拟品牌社区中文本情感线索价值及其作用机制的发现能够使社区管理者积极引导相关信息生产，提升社区回访，拉升社区人气。那么，虚拟品牌社区应该如何引导社区成员发帖时的文本情感线索设计？应该支持还是反对？相关策略决策必须基于文本情感表达效用规律之掌握。

其次，有利于提升虚拟品牌社区的深度服务营销价值。虚拟品牌社区虽然聚集了庞大消费者群体，但对相关服务营销规律的混沌认识不利于社区服务供应者与品牌方的合作议价。一旦虚拟品牌社区各类信息的服务营销价值得以发现，虚拟品牌社区控制社区营销方向的能力势必提高，其合作优势会更加凸显。

再次，有利于虚拟品牌社区服务供应者优化信息分类，高效配置社区空间。虚拟品牌社区信息布局是社区服务供应者对不同消费者进行针对性信息供应的有效方式，而关于信息属性效用的个体差异的认识是其主要依据。本书在探索文本情感线索效用的同时将探索消费者特征变量对这一效用的影响，从而为虚拟品牌社区经营者提供社区空间资源配置依据。

最后，虚拟品牌社区文本情感线索的效用规律不但有助于社区服务供应者，也会为发帖者、品牌方带来直接价值，并间接促进虚拟品牌社区成长。如有利于社区成员提高自身发帖绩效、促进自身影响力，进而成长为推动社区发展的重要核心成员。而虚拟品牌社区文本情感线索效用规律的发现有利于品牌方对虚拟品牌社区信息交流的高效参与，如有利于品牌方监测虚拟品牌社区信息的品牌—消费者关系，进行品牌营销预警。

第五节 虚拟品牌社区文本情感线索研究逻辑

笔者认为，由于虚拟品牌社区信息分布和消费者信息行为特性，社区内特定层次信息的文本情感表达将起到线索作用，而本书即围绕着虚拟品牌社区文本情感线索的效用及其机理展开研究。

一 消费者接触虚拟品牌社区的信息路径

虚拟品牌社区中的信息是一个立体网络，而非传统线性关系。浏览者接触社区后的行为左右者往往是不同层级信息，浏览者前期所接触信息将不断刺激浏览者产生新信息需求，从而引导浏览者从浅尝到深入的社区参与过程。

如图 2 –7 所示，初次接触社区的浏览者最先接触的是社区帖标题列表，帖标题列表的信息特征将形成一种总体印象，引导浏览者对社区价值产生期望。而其中特定帖标题由于其内容和形式特征（包括社区推荐），更激发浏览者对相关帖价值的良好预期，并点击阅读。由于精华帖总是被优先推荐，也更容易引起注意和被先行阅读。浏览者对精华帖阅读后可能形成对社区更具体的看法和认识，进而决定是否继续阅读其他发帖。当浏览者阅读多篇发帖后，社区价值评价会逐渐清晰，并影响其是否回访。

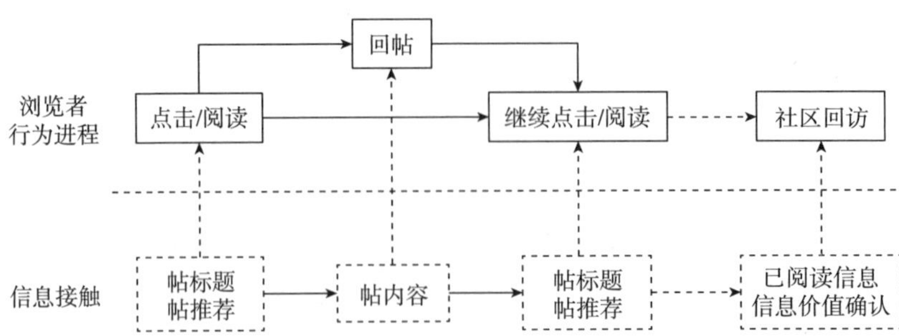

图 2 –7 虚拟品牌社区用户行为各阶段的信息接触

因而，浏览者在虚拟品牌社区中要经历“接触—点击阅读—继续阅读—再访”的一系列行为过程，而这一系列动作的推进者往往是前期阅读信息（见图2-7）。其中，尤其是帖标题和精华帖是两个关键先期信息，更可能推动浏览者后续信息阅读行为。因而，本书的虚拟品牌社区文本情感线索主要指帖标题和精华帖中的文字性情感表达。

二　本书的基本逻辑模型

本书以SOR模型为逻辑基础展开研究总体设计。

SOR（Stimulus-Organism-Response Model）模型是在Watson提出的“刺激—反应”模型基础上建立起来的探讨物理环境与行为关系的代表性理论。刺激—反应模型认为人类的复杂行为可以分解为刺激和反应。其中有来自身体内部的刺激和体外环境的刺激两方面的刺激，而反应总是随刺激出现。由Mehrabian和Russell提出SOR模型则是一个基于体验的消费者行为模型。其研究对象由刺激物类型、干扰（中间）变量集合、反应类型构成。该模型认为，环境是包含许多线索的刺激物，这些线索共同影响人们的内部评价，从而引起接纳或规避行为反应。该模型已得到了大量应用。以Kakkar和Lutz为代表的主观情境学派认为情境独立于消费者和商品，消费者对环境的反应是通过情景刺激产生的。而Bitner（1992）指出，尽管环境的各个维度是独立界定的，但是个体将对它们的整体模式（Holistic Pattern of Interdependent Stimuli）进行感知。

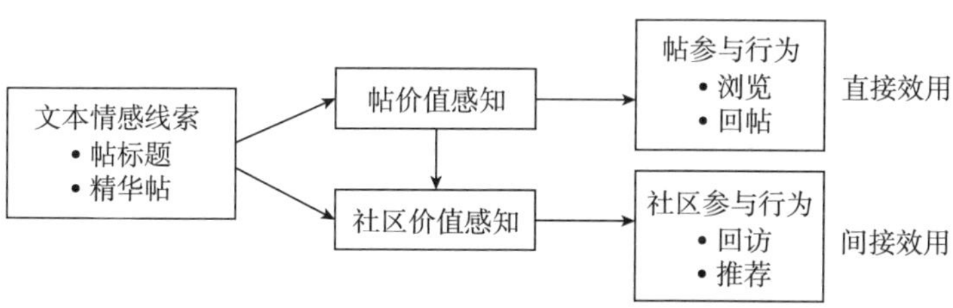

图2-8　虚拟品牌社区文本情感线索效用逻辑模型

根据SOR模型，本书建立了虚拟品牌社区文本情感线索效用逻辑模型。该模型以文本情感线索为自变量，并认为文本情感线索既具有直接效用，也具有间接效用。一方面，浏览者对帖文本情感线索的感知影响其对对应帖价值的推理（或评价），并进而影响浏览者的帖参与行为。这一效用是一种直接效用；另一方面，文本情感线索将影响消费者对社区价值的感知，并进而影响浏览者社区参与行为。后者可能涉及文本情感线索通过帖价值感知传递到社区价值感知的作用机制，也可能由于其他机制作用导致帖文本情感线索影响对其他帖价值乃至整个社区价值的期望，因而是一种间接效用。

基于以上思路，本书将对虚拟品牌社区文本情感线索的直接效用和间接效用分别展开研究。其中，由于帖参与行为可观察，本书对直接效用的研究将以文本情感线索为自变量、帖参与行为为因变量构建模型，并采用观察法加以验证；而针对间接效用，由于社区价值感知对社区参与行为的研究已较成熟，而文本情感线索对社区价值感知的作用尚无研究，尤其是其作用机理更是“黑箱”。因而，本书对间接效用的研究将以文本情感线索为自变量、社区价值感知为因变量展开，并以探索其中的中介变量为重点。间接效用将采用实验法加以验证。

第三章　虚拟品牌社区文本情感线索

研究的起点总是“存在什么”，继而才能进行到揭示“为什么”，以及“将怎样”。文本信息以语言为主要载体，修辞手段、词汇手段和言语手段往往成为反映话语主体心理情感表露的载体。因而，只有植根于虚拟品牌社区语言载体、产生针对虚拟品牌社区文本信息情感表达的观察方法，并证明其与虚拟社区用户行为间的关系，才能为虚拟社区信息管理提供可靠依据。

本章将以多个虚拟品牌社区的现实发帖为观察对象，基于扎根理论，在内容分析基础上逐步形成虚拟品牌社区文本情感线索的具体范畴，并初步建立文本情感线索对用户帖参与行为的作用模型。

第一节　文本情感表达

按照本体论，“存在什么”问题又可分两种：一种是何物实际存在的问题，即本体论的“事实”问题；另一种是语言使用中何物存在的问题，即本体论的“承诺”问题。文本正是指以一种符码或一套符码通过某种媒介从发话人传递到接受者那里的一套记号（王先霈、王又平，《文学批评术语辞典》）。因而，对文本的研究主要研究其文本表层结构，即语言“可见、可感”的一面。也正是因为文本的表象存在，其能够被信息接收者所捕捉，从而发挥影响其推理的线索作用。因而，文本的情感表达是塑造文本情感线索的方法（Saariluoma et al.，2009）。观察文本情感线索，本质上就是观察文本情感表达。

当前，表达的作用被网络进一步放大，这种作用已被企业管理者所发现。如可口可乐首席营销商务官 Tripodi 谈到，“短期内，‘消费者印象’仍会是我们主要的广告衡量标准，但是，消费者印象只反映了受众的原始规模。消费者获得印象是一种被动的接受，并非真正意义上的参与。除了‘消费者印象’，我们越来越注重‘消费者表达’，认识到消费者创造信息的能力要远大于你。不要试图遏制这种表达浪潮，而应该提供体育、音乐、流行文化等内容来激发消费者的讨论热情”。①

综上所述，正是由于表达的存在，文本信息才成为一种可感受的线索，情感线索即能被接受者所感受的情感表达。而研究文本情感线索本质上是研究文本情感表达，也必须通过研究文本情感表达展开。同时，文本情感表达作为虚拟品牌社区情感传递者与接收者之间的纽带，应被纳入虚拟品牌社区管理者信息内容管理的范畴。

一 文本情感表达的两个方面：形式和内容

语言是载负信息的符号，它具有“所指”和“能指”两面性（Saussure，1966）。其中，“所指”对应语言的概念内涵，而“能指”对应语言的表象。同样，文本情感表达也涉及其“所指”和“能指”两方面，“所指”是文本情感表达的内容方面，“能指”是文本情感表达的形式方面。

关于文本情感表达的内容方面，情感认知中有基本情绪论和维度论两种不同的研究途径。基本情绪论认为情绪有几种原型，其他情感是在基本情感的基础上演化和综合而来（Ekman，2007）。而关于哪些是情感原型则众说纷纭。如 Pang 等认为，文本情感基本分为无情感、乐、好、怒、哀、惧、恶、惊等。并认为在此基础上可以建立多等级文本情感分类体系。而维度理论是用几个维度空间来描述人类的情感。其中 Russell 等提出的“大二”模式（情绪有愉悦度和唤醒度二维度）广为接受。基于维度论，人们经常把情感分为积极情感和消极情感两类。由于文本情感表达内容研究成果较多，范畴相对明确，且其对于文本信息发布者而言具有相对刚性，因此，本章对文本情感线索的范畴观测不将

① 乔·特里波迪：《可口可乐的营销新动向》，http：//www.ebusinessreview.cn/articledetail-91199.html。

其作为对象。而第四章我们将对文本情感表达内容对用户帖参与行为的作用作出一定的探测性研究。

本章讨论的焦点是文本情感表达形式。一方面，对于文本信息发布者而言，文本情感表达形式具有高度可控性。因为语言具有丰富的表达手段，如构词手段、修辞手段、词汇手段和言语手段均可成为反映话语主体心理情感表露的载体（王向丽，2004）。另一方面，情感表达形式的存在，对文本情感表达内容的传递起到关键作用。正因如此，语言学研究认为，情感信息的传播，一般是靠其外显形式依附于事实信息，随着事实信息的传递而传播（林奇，2009）。但是，对于目前虚拟社区情境下的文本情感表达形式却乏人研究。

基于以上考虑，本章以虚拟品牌社区文本情感表达的形式为主要观察目标展开研究。

同时，在虚拟品牌社区中，帖标题和帖内容是浏览者接触社区的两个关键层次。其中，帖标题影响用户对帖内容是否相关及其价值程度的判断，进而影响其点击浏览行为；帖内容作为满足用户信息需求的主要资源，其表现力会作用于认知和情感，对用户回帖等参与行为产生影响。因而，本书以帖标题和帖内容两个信息层次为虚拟品牌社区文本信息情感表达形式的具体观察客体。

二 浏览者参与行为

对文本情感线索观察的根本目的是为了发现其预测作用。而成员参与是虚拟社区主要绩效指标之一。当前研究显示，浏览者的虚拟社区参与行为将影响其对社区评价，并进而影响其后续社区参与行为。如 Mills 和 Morris（1986）、Cermak 等（1994）以及 Ennew 和 Binks（1999）通过实证分析验证了顾客参与和顾客感知服务质量、顾客满意呈现正相关。范秀成和张彤宇（2004）指出，顾客参与可以显著提高服务质量、降低顾客服务获取成本，通过归因进一步影响顾客满意。因而，我们将浏览者社区参与行为也纳入对文本情感线索的观察过程。鉴于网络服务的消费者更多时候被称为用户（user），我们这里也沿用该名词。

用户参与行为具有层次性。Mojoe 提出用户参与包括浏览、推荐、评价、聚合、贡献等层次；范晓屏（2006）将用户参与分为单纯浏览、积极参与、组织倡导、项目管理四层次。研究发现，虚拟社区中更多用户参与方式是浏览和回帖，且以回帖为行为特征的大量呼应者的存在能够促进社区情感交流和相互沟通（毛波、尤雯雯，2006）。因此，本书选择浏览量和回帖量两个客观数据为文本情感线索的绩效对象进行观察。

三　扎根理论的运用

本部分将在扎根理论基础上展开对文本情感表达形式的初步定性分析，归纳社区信息（帖标题和帖内容）情感表达方式，形成情感表达方式效用模型。

扎根理论方法是一种自下而上建立理论的方法，即在系统收集资料的基础上，寻找反映社会现象的核心概念，然后通过在这些概念之间建立起联系而形成理论。其操作通常通过开放式编码—轴心式编码—选择式编码的逐级抽象，将实证主义和符号互动理论结合起来（Charmaz，2006）。这一方法不但有助于研究者对资料的详细把握，而且有助于避免研究者把自己的主观观点强加给观察者。该方法已被证明对建立基于情境、面向过程的理论构建非常具有价值（Goulielmos，2004）。

鉴于虚拟品牌社区的文本情感表达是与虚拟品牌社区特定情境密切相关的、自然存在的社会现象，且当前尚无能够直接说明这一现象的理论工具，利用扎根理论对其进行深入观察并提取基本理论框架成为必要。

第二节　虚拟品牌社区文本情感表达方式研究

一　帖标题情感表达方式概念和范畴形成

（一）数据采集

为提高社区信息的代表性，本书选择了来自“我爱M记”社区（麦当劳品牌社区，来自豆瓣网）、“优衣库”社区（优衣库品牌社区，来自豆瓣网）和“淑女屋”社区（来自独立社区“淑女情缘”）三个社区最近一个月共189个发帖之帖标题为帖标题情感表达方式的分析语料。

（二）开放性编码和主轴编码

三个编码员分别对来自三个社区的帖标题和来自两个社区的帖内容进行开放式编码。开放性编码是借仔细检验而为现象取名字或加以分类的分析工作。本书在编码时提醒其用最多三个词汇描述帖主题表达情感的手段，若无情感表达则无须描述，并提供了参考词汇共 52 个（系来自 42 篇情感表达的相关学术论文用词），以发展理论触觉。

对帖标题情感表达方式的开放编码共形成 17 个概念。然后通过专家法对现象进行轴心式编码，五位教授、博士生基于语义理解将 17 个现象归纳为 4 个范畴，即语气强化、修辞强化、情境强化、词汇强化。具体编码框架见表 3－1。

表 3－1　帖标题情感表达方式维度

<table>
<tr><th rowspan="2">帖标题举例</th><th colspan="3">开放式编码—主轴编码</th></tr>
<tr><th>概念化</th><th>范畴化</th><th>范畴的性质</th></tr>
<tr><td>9 块 T 何时再现啊</td><td>A1 感叹</td><td rowspan="3">A1、A2、A3 范畴化为语气强化</td><td rowspan="3">通过加强语气方面的表达来强化情感的方式</td></tr>
<tr><td>西安齐了，俺好开心</td><td>A2 口语化</td></tr>
<tr><td>坑爹啊！UT！你啃爹又啃妈！</td><td>A3 爆发</td></tr>
<tr><td>杯子集齐了，彻底的杯具</td><td>A4 比喻</td><td rowspan="4">A4、A5、A6、A7 范畴化为修辞强化</td><td rowspan="4">以修辞方法表达和强化情感传递的方式</td></tr>
<tr><td>白菜天鹅湖，喜欢的速度</td><td>A5 夸张</td></tr>
<tr><td>水边，天边，花间，有天鹅湖的陪伴</td><td>A6 排比</td></tr>
<tr><td>为嘛是个 M</td><td>A7 反问</td></tr>
<tr><td>怀念一件旧衣，天鹅湖连衣裙，留给女儿穿了</td><td>A8 叙事</td><td rowspan="4">A8、A9、A10、A11 范畴化为情境强化</td><td rowspan="4">从语境营造角度表现情感的表达方式</td></tr>
<tr><td>十年：00 版天鹅湖，穿越时光的爱恋</td><td>A9 抒情</td></tr>
<tr><td>深夜求助</td><td>A10 渲染</td></tr>
<tr><td>06 天鹅湖仔裤系列～咱也很无耻地秀一下吧</td><td>A11 幽默</td></tr>
<tr><td>颠覆 UQ 低价良品之单品</td><td>A12 讽刺</td><td rowspan="2"></td><td rowspan="2"></td></tr>
<tr><td>土豆泥汉堡还不如……</td><td>A13 悬念</td></tr>
</table>

续表

帖标题举例	开放式编码—主轴编码		
	概念化	范畴化	范畴的性质
太喜欢培根	A14 副词强化	A12、A13、A14、A15、A16、A17 范畴化为词汇强化	利用词汇、符号等强化情感的方式
可可爱爱的天鹅湖牛仔短裙~	A15 情感词强化		
今天儿童节!	A16 标点强化		
买了一件纪念版的天鹅湖，呵呵，做工真细节	A17 拟声词强化		

（三）范畴解释

文本语境是由语形、语义、语法和语用组成的（魏屹东等，2008）。主轴编码将这 17 个概念归纳为四个范畴：语气强化、修辞强化、情境强化、词汇强化。以上各范畴作为情感表达方法在语言学等其他学科中也有大量相关研究。

（1）语气强化：其相关的现象主要有口语化、感叹、爆发。口语化以其内容上的和语言上的简洁为主要特征，而朋友间的日常随意交谈或“闲聊”则是典型的口语化风格。口语化之所以具有表达情感的特殊效用，因为其有助于让人置身于真实生活场景，使信息的传播、引导功用扩展到生活的参与、共鸣等诸多层面（边勋，2008）。感叹句式的作用就在于感叹，其目的是抒发强烈的情感（丁声树等，1999）。而爆发是指通过直观的、激烈的情感宣泄，来表达一种强烈的、短暂的、爆发性的情绪状态（如愤怒）。爆发性语言具有更大的情感能量，从而产生强有力的情感刺激。

（2）修辞强化：语言学认为，修辞是一种提高表达效果的语言活动，是在提高表达效果过程中长期形成的为社会所公认的特定方法、特定结构、特定语言模式（谢月华，2010）。虚拟品牌社区中用于情感表达的修辞方法有多种，其中较常见的有比喻、夸张、排比、反问等。

（3）情境强化：不仅情感词，语言情境也是体现情感激因的重要信号（李元厚，2000）。徐琳宏和林鸿飞（2010）也提出文本情感研究应考虑认知语境问题。笔者认为，包括叙事、抒情、悬念、渲染、讽刺、幽默等在内的情境渲染手法有助于提高情感的真实性，从而强化情感表达。

叙事的核心本质是体验性，即叙述出来的情景和事件对正在体验的意识之影响。故事既构建了人物的所见、所想、所忆、所感，同时也在人物的所见、所想、所忆、所感中建构了自身（Herman，2003）。抒情即偏于表现个人内心情感的文学样式或文学手法。渲染指为事件发生进行的环境、情绪、气氛等描写的造势，传达出特定的情绪情感内涵，借以烘托心理。悬念即预示出一种十分吸引人的事态，却不把它预叙出来。它突出不同寻常的情境并延缓披露底细，使其呈明显的悬而未决的状态（黄晓红，2004），从而激发探求欲望，使阅读者注意力集中。悬念分为结构性悬念和兴奋性悬念，其中兴奋性悬念具有突出的情感激发作用（李兴国、余跃，2003）。

（4）词汇强化：词汇强化主要涵盖情感词强化、副词强化、标点强化、拟声词强化四种现象。词汇强化是表达情感最直接的手段。所谓情感词，指同时包含概念和情绪这两方面信息的词（郭晶晶、杜彦鹏、陈玉霞、彭冉龄，2011）。情感词通常是形容词或动词。其中，形容词是直接描述情感的重要词类。人们把理性义上表达人的内心情感的形容词称为情感形容词（卢莹，2002），而心理动词往往也是情感表达的重要手段（如担心等）。标点往往是语调的表达，其中特别是省略号、叹号、问号以及符号的重复使用来表达声音轻重、快慢和高低，进而反映出惊讶、生气等各种强烈情感。同时，随着网络社会的发展，已有大量情感性网络符号出现，如表情符号。实验研究证明，网络符号的情绪效价评定更适合从愉悦度与激动度这两个情绪维度进行量化（陈琦郦，2008）；积极网络符号具有情绪启动效应（申雯，2008）。因而，情感性网络符号的出现也是文本情感词汇强化的手段。

强调手段分为直白强调和隐含强调两种（张辉松，2005）。以上四种表达方法，有的是直白表达方法（如词汇强化），更多的则是隐含表达方法（如情境强化、修辞强化、语气强化）。相比之下，情感的隐含表达手段方式要丰富得多，而现有关于文本情感的观察主要集中于直白表达手段，尚未探索隐含表达手段的结构化观察方法，本书将两者均纳入观察，以期形成对文本情感表达方法更客观的描述。

二　帖内容情感表达方式概念和范畴形成

（一）数据选择

本书以来自POLO社区（“汽车之家”的子社区）和“我爱M记”最近一个月的132个帖内容为帖内容情感表达方式分析语料。这两个社区的信息内容都以文本信息为主，且均为成熟社区，具有丰富帖类型。

（二）开放编码和主轴编码

三个编码员对帖内容的开放编码提出关于帖内容文本情感表达方式的21个概念，这21个概念中有13个概念与帖标题情感表达方式重合。但比之帖标题，有更多的语篇级情感表达方式。

帖内容与帖标题有所不同，其作为一个语篇，有更多情感表达资源和空间。而语言学家提出，研究情感语篇也就是研究它具有不同语言层次的语言情感标志。因为语篇的篇幅优势为作者表达情感提供了广阔的空间，其一方面沿用表达句子情态常用的语调、词汇、词法、句法、修辞等手段；另一方面超越句子的局限而具有特有的表达手段（史铁强、安利，2009）。同时，语言加工是一个涉及多层面、多维度的复杂认知过程，大致可分为以下四个层次：语音信号处理、词汇加工、句子加工、语篇理解（Fonteneau，Frauenfelder and Rizzi，1998）。鉴于帖内容具有更丰富的表达层次性，以及阅读者对其进行语言加工的特点，我们同样采用专家法对22个概念进行主轴编码，并形成了4个范畴（见表3－2）。

表3－2　　　　帖内容文本情感表达方式维度编码

<table>
<tr><th rowspan="2">帖内容节选</th><th colspan="3">开放式编码—主轴编码</th></tr>
<tr><th>概念化</th><th>范畴化</th><th>范畴的性质</th></tr>
<tr><td>家周围的M热香饼都下了，因此今儿和我妹去玉泉路M早餐的时候很认命地想点麦满分和冰咖，没想到一抬头赫然看到灯箱上挂着热香饼的图……</td><td>A1 叙事</td><td rowspan="3">A1－A5 范畴化为语篇强化</td><td rowspan="3">在语篇中利用语场、语式配置等方式强化情感表达的方法</td></tr>
<tr><td>宿舍好热啊睡不着啊……</td><td>A2 渲染</td></tr>
<tr><td>今天早晨，吓我一跳，点火时，发现全车剧烈抖动，像人冷得打哆嗦一样，几十秒后就正常了……</td><td>A3 描写</td></tr>
</table>

续表

帖内容节选	开放式编码—主轴编码		
	概念化	范畴化	范畴的性质
2008 年是我体会时间和季节最有感受的一年。2008 年 9 月开始，我准备考研。虽然出去的时间很少，但是每次都很珍惜。这些回想起来也是美好的年华。	A4 抒情		
他天天 M 记，工作 or 休息，都吃 M 记。还好他都没有长胖，177 的个头，才 125 斤……	A5 形象刻画		
精致从淑女屋的身上溜走，正如那可以肆无忌惮地拥有细微感动的年代也在慢慢溜走。……	A6 联想	A6 - A14 范畴化为语句强化	在语句中利用修辞、特殊句法等方式强化情感表达的方法
去的时候天气极好是天堂，能看见贡嘎雪山主峰，观日照金山，回来的时候是地狱；在山顶遇到起大雾、下雨能见度不到 10 米，心都悬在了嗓子眼。	A7 夸张		
新车漆当然好啊，但是有了擦挂也不能不补不是？	A8 反问		
不管是新品推介还是员工招聘，M 的广告都是激励人向上的，KFC 却是走囧囧路线的，或者说是展示阴暗面	A9 对比		
小 P 前轮铝轮毂上总有不明黑屑，洗净又来，洗净又来！	A10 反复		
……嘿嘿，你们就一直一起继续躺在我的衣柜里吧	A11 拟人		
30 岁的女胖子是悲剧，30 岁未婚的女胖子是大悲剧，30 岁未婚的博士女胖子就是悲剧中的悲剧 ~……	A12 幽默		
奇奇怪怪有点不像 M 的风格……	A13 悬念		
麦炫酷里我始终吃不到哪四果……	A14 讽刺		

续表

帖内容节选	开放式编码—主轴编码		
	概念化	范畴化	范畴的性质
……理论了，争执了，气愤了！够厉害的吧??!	A15 情感词使用	A15 - A18 范畴化为词汇强化	在语句中以应用词汇、符号等元素表达情感的方法
……想问问大家这个声音正常不。非常担心啊。	A16 副词使用		
我超级喜欢的说 > ~ <	A17 情感符号使用		
wow！M 记是有多爱我们啊啊啊	A18 拟声词使用		
亲们～～面试滴时候偶都应该注意些神马呢～～真的是木有经验真的想被选上呀!!!	A19 口语化	A19 - A21 范畴化为语气强化	在语句中通过加强语气来强化情感的方法
……唉！个人觉得不便宜，但降不下来了，潍坊就是贵啊！……	A20 感叹		
短了很多，别人还问我买的是不是 9 分裤!!!! 我的那个气哦……	A21 爆发		

（三）范畴解释

由于帖内容情感表达方法与帖标题情感表达方法的主要区别在于语篇和语句，本部分重点对两者进行解释。

1. 语篇强化

所谓语篇，即大于句子，或大于从句，类似会话转换或篇章这样的语言单位（Stubbs，1983）；语篇是语境中使用的语言结构的结合体（Schiffrin，1994）；语篇之所以成为语篇是因为它有内在的连接性（任绍曾，2003）。这里的语篇强化主要涉及叙事、渲染、描写、抒情、形象刻画等现象。叙事、渲染、抒情等在帖标题部分已做描述。描写指通过借景抒情、寓情于景等方法来衬托或悲或喜的情感；形象刻画则指通过对人物特征的细致表现来反映表达者对人物的情感。

2. 语句强化

语言的表达一般是以句子为基本单位，句法分析和语义分析是句子理解过程中两种最基本的加工（罗志野，2009）。由于修辞方法的语义目标即强化表达，且通常以语句为容器，因而我们这里将其修辞方法（如夸张、反复、对比、反问、拟人、反复、联想、讽刺、幽默）作为语句强化的主要现象。幽默即通过象征、讽喻、双关等修辞手法，揭露生活中矛盾、乖戾不通情理之处，使人情不自禁发笑的机智言语或行为的现象（伍海燕、傅根跃、臧燕红，2009）。讽刺指依靠语言环境的帮助，运用与说话人本意相反的词语或句子表达本意的修辞方法。讽刺作为一种矛盾修饰法，它创造出多维的立体空间，产生别样的话语意义，造成较强的语势，增强了语言的表现力。在传达语言意义信息的同时，赋予语言独特的感情色彩，用来刻画人们复杂的矛盾心理，强化语言的表达效果（赵爱萍，2006）；联想是由一事物想到另一事物的心理过程，它能够克服两事物在意义上的差距，并在另一意义上连接起来，从而产生一些新颖的思想，开拓意境。

第三节　虚拟品牌社区文本情感线索的直接效用

一　直接效用模型构建：现象观察

选择性编码是将核心范畴与其他概念或范畴相连接并形成丰满理论的过程。

在对虚拟品牌社区观察过程中，发现以下三类较为普遍的现象：

现象 1　一些发帖者对帖标题进行了情感表达强化的特意设计以吸引浏览者阅读。其中有些发帖者为此甚至不惜其帖标题与帖内容不相符，即“标题党”行为。我们对虚拟品牌社区的观察甚至发现有发帖者在给出了一个“雷人”的帖标题之后，在正文中坦白“嘻嘻，我是标题党”。而对帖标题进行情感表达强化的常用手法有两个：一个是综合使用多种情感表达方式（提高情感表达多样性），另一个是采用更多情感强化语言单元（提高情感表达充裕度）（案例见表 3－3）。同时，我们也观察到，含有更多情感表达单元、更丰富情感表达手段的帖标题往往不但会赢得较高浏览量，而且会获得比类似内容的其他发帖更高的回帖量。也就是说，被这些情感色彩浓厚的帖标题所吸引的人们，不但会阅读其发帖，而且可能会产生一种对其的亲近感，并乐于与其交流。

表 3-3　建模帖标题案例

案例类型	帖标题范例	情感强化手段和频次
综合使用多种情感表达方式的帖标题	新车怎么能出现这种问题？其次，告诉大家一个好消息！	修辞强化、语气强化、情境强化、词汇强化
	新车昨天超载了。疼在心里……	词汇强化、情境强化、语气强化
	暴雨天……慢慢更新天鹅湖纱裙～～搭配西装穿法出炉	情境强化、词汇强化、语气强化
	很郁闷，刚买的新车，车倒没问题，其他问题出来了。	情境强化、词汇强化、语气强化
	【雷】我的 POLO 百公里 12 升油～～～～	词汇强化、语气强化、情境强化
	水边，天边，花间，有天鹅湖的陪伴	词汇强化、情境强化、修辞强化
采用较多情感强化语言单元的帖标题	郁闷！提车，新车碰了！又要换！	词汇强化（3）、语气强化（2）
	新手开新车，麻烦问题多多，烦恼啊	词汇强化（4）、语气强化（1）
	小妖的 8 月穿衣计划（下半月来鸟）	修辞强化（2）、语气强化（1）
	极度不安中……大家快来。	词汇强化（4）
	新车就来问题，还真多啊，老子想去山木培训了，烦人的车	词汇强化（3）、语气强化（1）
	新手新车傻事一箩筐	词汇强化（2）、修辞强化（1）
	领导借车，新车新手新烦恼，你借吧	词汇强化（5）、语气强化（1）、情境强化（1）

现象 2　更多的发帖者不但会给自己的帖子起一个情感色彩浓厚的标题，而且其帖内容也是娓娓道来，通过情节的描写、情绪的渲染讲述自己和产品之间的愉快抑或不愉快的故事，其充分的情感表达往往使阅读者感同身受、情感共鸣，并进行大量的回应行为。其显著标志即高回帖量。

综合使用多种情感表达方式的帖内容如下例（来自淑女情缘社区）。

帖标题：小妖的8月穿衣计划（下半月来鸟）

帖内容：

8月16日　星期一

难忘初恋情人，唯一一件专柜买的，因为是打4折，哇哇，受不了这个诱惑，就在为数不多的款里挑啊捡啊，觉得这款挺OL的，虽然是韩版，但胜在面料和图案很大方……就收了……结果回来才发现，150的小了点，要死了……唯一试着买的还没买合适，一进淑女屋我就疯狂……而且男人说我穿着像斑点狗

8月17日　星期二

差不多，偶这几天，偶亲戚就要来看偶了，所以，接下来几天都会是深色调主打了……

夜来香+难忘初恋情人，哇哇，大家别被这上衣给吓住了，其实上身特潮，因为看了梦梦那个熊猫T，我也有点草这个款式了，刚好这个夜来香比较类似，图案又是我喜欢的花花图案，看起来热闹嘛

偶想，装了这么久的淑女，偶尔还是要换个造型撒偶要当潮女，哇哇

该帖案例所运用情感表达方式包括：语篇强化（叙事、渲染、描写、抒情）、语句强化（夸张、幽默）、词汇强化（情感词、情感符号、拟声词）、语气强化（口语化）。而且回帖量高达199次。

采用较多情感强化语言单元的帖内容如下例（来自POLO社区）。

帖标题：订了新车后郁闷……求助!!!

帖内容：

各位，我定了辆CP，银色，手动挡，101800，送2000保险，地胶、车刷、脚垫那些，是现车，放在展厅里面的。但我发现车上面的CD上有一个旋钮被抠掉了，离合器上的金属踏板也不见了。当时4S销售GG说放展厅避免不了被摸来摸去，可能是被看的人弄坏了，马上给弄好，当时看了发动机舱、轮胎那些感觉没什么，以此为条件要求送了1000保险（开始答应送1000保险）和地胶那些。但是办手续这几

天，老是感觉是不是试驾车，是不是翻新车——弄得我整天郁闷——总觉得轮胎可以换新的，机油也可以换新的，车子以现在的技术碰撞一下4S也能弄回新的一样——要疯了……各位DX帮忙出出主意，先谢过了——

该例运用了语篇强化、语句强化、词汇强化、语气强化等多种方法，特别是词汇强化方面，反复使用了情感符号（9次）、情感词（4次）等强化手段。该帖回帖量也远高于该社区中其他同主题帖（36次）。

现象3 虚拟品牌社区似乎发现了情感表达丰富的发帖不但对帖本身的用户参与有帮助，对整个社区的形象也会有促进，因而，在其珍贵的精华帖席位中，情感帖占有一定比重。而既具情感线索，又有充分功能性信息的帖子更受欢迎。

这些现象与相关研究有一致性。如可及性—诊断性模型（Accessibility - Diagnosticity Model）（Feldman and Lynch，1988；Lynch，Marmorstein and Weigold，1988）。研究表明，既定的信息是否会被采用取决于该信息的“可及性”及“诊断性”。所谓“可及性”是指信息能从记忆中被搜寻出来的难易程度，“诊断性”则是决策者相信信息可用来协助完成判断的程度。对信息使用者来说，生动的信息（Vivid Information）比苍白的信息（Pallid Information）更具记忆的可及性，并且在评估中被赋予更高的权重（Kisielius and Sternthal，1984，1986；McGill and Anand，1989），因而更有影响（Borgida and Nisbett，1977；Herr et al.，1991）。

同时，信息丰裕度是选择媒介的重要因素，影响着消费者对产品和渠道等认知的能力（Daft and Lenel，1986）。而按照费希纳定律，感觉强度与刺激强度的对数成正比。文本情感表达作为一种刺激物，其运用的充裕性必然导致刺激强度提高，从而可能导致阅读者感觉强度随之提升。

二 选择性编码

本书结合以上现象和理论，并将其与原始数据反复比较，提出以帖标题情感表达方法和帖内容情感表达方法为核心编码的虚拟品牌社区文本信息情感表达丰裕度效应模型。用这一模型解释目前虚拟品牌社区存在文本信息情感表达丰富现象（见图3-1）。

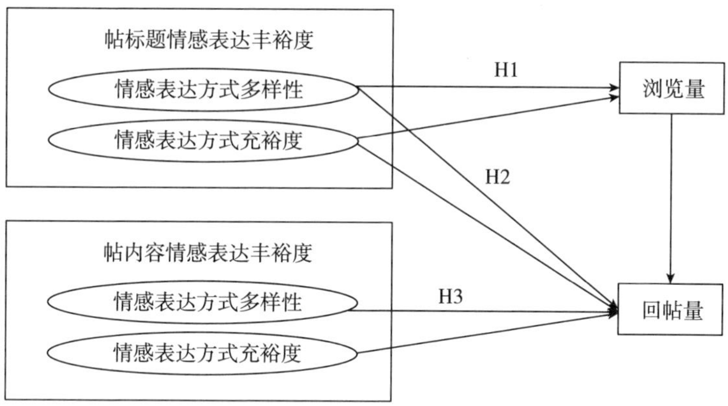

图3-1　虚拟品牌社区文本信息情感表达线索丰裕度对浏览者参与作用逻辑模型

以上模型包含以下假设：

H1. 虚拟品牌社区帖标题情感表达方法类型越多样、表达形式运用越充裕，越能够促进浏览行为。

H1a. 虚拟品牌社区帖标题情感表达方法类型多样性正向促进浏览行为。

H1b. 虚拟品牌社区帖标题情感表达方法运用充裕性正向促进浏览行为。

H2. 虚拟品牌社区帖标题情感表达方法运用将通过对浏览行为的中介作用而促进回帖行为。

H2a. 虚拟品牌社区帖标题情感表达方法类型多样性正向促进回帖行为。

H2b. 浏览行为在帖标题情感表达方法类型多样性对回帖行为的影响中发挥中介作用。

H2c. 虚拟品牌社区帖标题情感表达方法运用充裕度正向促进回帖行为。

H2d. 浏览行为在帖标题情感表达方法运用充裕度对回帖行为的影响中发挥中介作用。

H3. 虚拟品牌社区帖内容情感表达方法类型越多样、表达形式运用越充裕，越能够促进回帖行为。

H3a. 虚拟品牌社区帖内容情感表达方法类型越多样越能促进回帖行为。

H3b. 虚拟品牌社区帖内容情感表达形式运用越充裕越能促进回帖行为。

模型中出现的概念释义如下：

帖标题（或帖内容）情感线索丰裕度：指帖标题（或帖内容）中运用了情感表达方式的语言资源的丰富程度。丰裕度概念一般用于表达资源拥有状况，如要素丰裕度、新闻丰裕度等。

情感表达方式多样性：指利用多种类型表达方式进行情感表达的状况。以采用的不同情感方式种类数量为测量方法。

情感表达充裕度：指利用各种情感表达方式的具体程度。以采用特定情感表达方式的语言单位的数量为测量方法。

以上假设主要是现象推理，第四章将对各推理进行验证。

三　饱和度检验

以上归纳仅仅观察了来自四个虚拟品牌社区（麦当劳、优衣库、淑女屋、POLO）的发帖，为了避免由于品牌社区不同而导致遗漏重要范畴，我们扩大了观察范围，对来自豆瓣网的 HTC 社区（手机）、来自天极网的 ThinkPad 社区（笔记本电脑）进行了扩展分析。对两个社区共 100 个发帖的编码和分析发现相关帖标题表达方式和帖内容表达方式的概念仍然在轴心范畴之内，且所观察到两个社区中均存在突出的高情感帖受到高关注的现象。

表 3－4 是我们观察到的一些典型帖标题，这些帖标题均受到异乎寻常的关注。

一些发帖尽管标题情感色彩并不强烈，但内容情感色彩鲜明，也得到了较多青睐。如 HTC 的一个颇受欢迎的发帖，帖标题为“incredible 神秘的红色款”，帖内容为：

在网上看到了 incredible 有了红色的版本，一下子掳获了我的心。
但是，完全没有要上市的消息啊!!!
这可叫我如何是好啊!!!!!!!!
你说，不上市你放什么图片呢!!!!

该发帖所涉及表达方式为：语篇强化（叙事、抒情）、词汇强化（情感词、情感标点）、语句强化（拟人、反问）。

表 3 - 4　扩展样本中帖标题及其情感表达方法范例

社区	帖标题范例	提取范畴
HTC 社区	G12 买回来了 ~ 喜欢	词汇强化、语气强化
	G7 有关音效我不淡定了一下下	词汇强化、语气强化
	G11 疯了，求救……	词汇强化、情境强化
	最近强烈地想买 HTC……可是 G11 G12 G13 实在是很纠结……	情境强化、词汇强化、语气强化
	呱……弱弱地问下，还有木有人对 g5 感兴趣啊	词汇强化、语气强化、修辞强化
	还是不如爱疯啊！你让我失望了 HTC	词汇强化、语气强化、修辞强化
	我的 Incredible S 已在路上……哇哈哈	情境强化、词汇强化、语气强化
ThinkPad 社区	英!!! 雄，救我一哈!	修辞强化、词汇强化
	赞美 IBM 赞美小黑	词汇强化、修辞强化
	我晕 ~ ~ 小黑啥子键盘啊 ~ ~ ~	词汇强化、语气强化
	有对 4∶3 小黑情有独钟吗	词汇强化
	那啥……大家都是如何清理污渍的呢?	语气强化
	vista 系统快把我给慢疯了 ~	词汇强化、修辞强化

又如 ThinkPad 社区中一个高关注率帖的帖标题为“为什么电脑每隔几分钟就会卡一下?”其帖内容如下：

最近电脑突然出现异常，开机之后每隔几分钟就会卡一下，给人的感觉就是突然停顿一下，大概有1秒钟的时间，然后接着就好了。弄得很心烦，连听歌都听不舒服，总是担心什么时候又要卡一下。前两天用还好好的，本以为是接网络的问题，可拔掉网线，问题依然存在。所以我想在这里问问大家，有没有遇到这种情况，该如何解决？

谢谢 P. S. 为了解决这个问题，系统刚刚 Ghost 过，而且利用硬盘检查工具也没查出坏道。

其所涉及表达方式范畴为：语篇强化（叙事、抒情）、词汇强化（情感词强化、副词强化）。

四 小结

本章对虚拟品牌社区文本情感线索的具体形态、测量方法进行了研究，并初步探索了文本情感线索与用户帖参与行为间关系。研究主要有以下成果：

（1）在对虚拟社区情境下文本情感表达方式现象归纳基础上获取其主要范畴。基于扎根理论的观察和归纳发现：帖标题情感表达方式可归纳为四个范畴：语气强化、修辞强化、情境强化、词汇强化；帖内容情感表达方式可归纳为四个范畴：语篇强化、语句强化、词汇强化、语气强化。这一归纳有助于从现象上进一步界定虚拟品牌社区文本情感线索。

（2）发现文本情感表达的两个观察角度：情感表达多样性和情感表达充裕度。情感表达多样性有助于从情感表达方式运用的宽度角度对文本情感线索进行观测，情感表达充裕度有助于从情感表达方式运用的深度角度对文本情感线索进行观测。

（3）提出虚拟品牌社区文本情感表达线索丰裕度对浏览者参与作用逻辑模型。这一模型为后续观察确定了更明确的方向。

第四章　虚拟品牌社区情感线索对浏览者帖参与行为作用研究

虚拟品牌社区文本情感线索的帖绩效是发帖者最关注的问题，对其发帖行为有直接的影响。而帖绩效的主要观察对象为帖参与行为，即浏览行为和回帖行为。因而，本章以浏览量和回帖量为虚拟品牌社区文本情感线索的直接效用表征展开研究，一方面，通过对浏览者帖参与行为的观察，将发现文本情感线索对浏览者帖评价的影响，从而发现发帖者强化情感表达线索的理由；另一方面，文本情感线索对帖绩效的影响一定程度上预示着其对社区绩效的影响。因而，本章既构成独立的针对文本情感线索直接效用的部分，又将为后续研究文本情感线索的间接效用提供推理资源。

信息总是从形式和内容两方面对认知产生作用，虚拟品牌社区的文本情感线索也不例外。形式是文本信息传递情感内容的具体手段，即情感表达方式。而内容则涉及文本信息的情感效度、有无情感色彩、情感色彩内容等。因而，我们这里形成关于虚拟品牌社区文本信息情感表达的效用逻辑框架（见图4－1），根据该框架，虚拟品牌社区文本信息的情感表达作为一种线索，将影响用户对信息价值和社区价值的情感和认知，从而影响其社区参与行为。

根据图4－1逻辑，本部分将从情感表达形式和情感表达内容两个角度分别探测文本情感表达对用户帖参与行为（浏览行为和回帖行为）的影响。

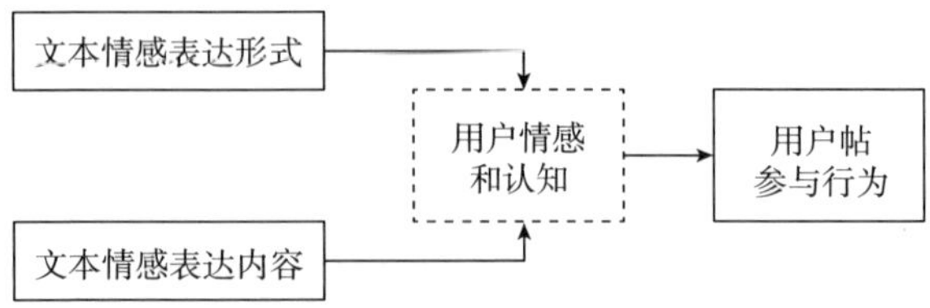

图 4－1　虚拟品牌社区文本情感线索对用户帖参与行为的效用模型

本章主要有三方面研究目标：

（1）明确虚拟品牌社区文本情感线索的测量方法。

（2）验证虚拟品牌社区文本信息情感表达形式对浏览者帖参与行为的作用。

（3）探测虚拟品牌社区文本信息情感表达内容对浏览者帖参与行为的作用。

第一节　文本情感表达形式的影响：文本分析

一　文本分析法的应用

本部分主要验证第三章所提出的虚拟品牌社区文本情感丰裕度效用模型（见图 3－1）。所采用的研究方法为文本分析方法。

文本分析法关注个人如何运用语言来建构和表达观点及身份，目前在国外网络文本研究中被大量采用（陈莉萍，2010）。

文本分析法与信息分析的传统方法——内容分析法有所不同。内容分析往往以信息的内容特征（内部特征）为对象，但文本分析不仅关心信息发布者说“什么”（What），而且关心他“怎么”（How）去说（Budd，2006）。具体来说，一方面，文本分析以文本的外部特征为主，通过对文本本身的文字、符号、语境等来解析、鉴别并做归类整理，在此基础之上挖掘文本的间接的、潜在的动机和效果。另一方面，文本分析的目的不是去发现作者赋予文本的内容，而是要去发现支撑内容的形式，不是去指出文本内容包含的科学价值或社会意义，而是要去指出科学价值或社会意义是怎样生成的。该方法在信息学领域已被运用于信息查找和答复分析、语篇与知识系统分析、领域文本分析等各类研究命题

(Dilevko and Gottlieb, 2009)。

二 数据探测

(一)样本获得

由于文本信息的功能性内容本身是文本信息的中心特征，而信息的情感表达仅仅是边缘特征，对情感表达效应的研究必须控制信息功能性内容的主效应。因而本书在选择样本时，对社区信息主题特征进行了控制。

研究先后选择 POLO 社区（汽车之家平台）关于“新车”的发帖和淑女屋社区（淑女情缘平台）关于“天鹅湖”的发帖为分析对象展开独立的分析。发帖采集通过社区平台搜索工具进行。通过以“天鹅湖”为标题检索词检索获取淑女屋社区 2008—2011 年发帖（共 1033 条），抽取其 100 条发帖（约 10%），以“新车”为标题检索词获取 POLO 社区 2008—2011 年发帖（共 2225 条），抽取其 200 条发帖（约 10%）。两个编码员以扎根研究所发现的情感表达范畴及其现象为依据对这些发帖进行编码。且对两个社区数据分别展开模型验证，互为参照。以上数据分析利用 SPSS 17.0 软件展开。

(二)数据编码

两个编码员对 300 条帖标题情感表达方式多样性分别进行编码。编码信度分析按照 Perreault 和 Leigh 提出的名义尺度数据的信度指数公式进行（Kolbe and Burnett, 1991）。

$$I_r = \sqrt{\frac{\left(\frac{F_0}{N} - \frac{1}{K}\right)}{\left(\frac{K}{K-1}\right)}} \quad F_0/N \geqslant 1/K$$

式中，I_r 为信度指数，F_0 为彼此一致的件数；N 为总样本数，K 为分类数。I_r 超过 0.8，其结果视为可信。

两个编码员对情感表达方式多样性的初次编码信度指数为 0.72。分析讨论发现不一致往往是因为语气强化相关现象、帖内容中语篇强化相关现象的认识未达充分一致。明确并进一步统一标准后再次编码的信度指数达到 0.95。

而本书中浏览者帖参与行为主要以帖浏览量和帖回复量为测量指

标。两类数据在各虚拟品牌社区中均可直接观察获得可观数据。

（三）数据基本分布

我们对300个发帖的帖标题和帖内容的情感表达方式运用分布进行了分析，以期发现社区间在情感表达方式运用方面的共性和差异。

根据数据分析（见表4-1），两个社区的情感表达方式运用具有以下共性：

表4-1　　两个社区文本信息情感表达方式运用方差分析

数量 / 类型	POLO社区帖		淑女屋社区帖		F	Sig.
	均值	零值率（%）	均值	零值率（%）		
帖标题情感表达方式种类数之均值	2.36	21.6	2.62	15.0	0.833	0.363
1. 词汇强化	1.06	35.1	1.21	25.0	1.324	0.251
2. 语气强化	0.83	38.1	0.61	49.0	4.649*	0.032
3. 情境强化	0.37	67.0	0.65	48.0	9.746**	0.002
4. 修辞强化	0.12	87.6	0.15	86.0	0.291	0.590
帖内容情感表达方式种类数之均值	4.42	2.1	4.69	3.0	0.453	0.502
1. 词汇强化	1.63	21.6	2.19	10.0	12.143**	0.001
2. 语气强化	1.36	12.4	0.85	30.0	5.437*	0.021
3. 语篇强化	1.05	24.7	1.19	22.0	1.185	0.278
4. 语句强化	0.38	66.0	0.46	67.0	0.768	0.382

注：均值指利用情感表达方式种类，以“种”为单位；零值率=未使用情感表达的样本数/总样本数；*表示 $P=0.1$，**表示 $P\leqslant0.01$。

（1）未使用任何情感表达方式的帖标题和帖内容均为数不多。对两个社区所抽取样本的分析发现，淑女屋中未使用任何情感表达方式的帖标题仅占18.2%，而未使用任何情感表达手段的帖内容仅占2.0%，而POLO社区中未使用任何情感表达方式的帖标题仅占21.6%，未使用任何情感表达手段的帖内容仅占3.0%。可见，利用一定的情感表达手段赋予发帖情感色彩已成为虚拟品牌社区中成员发帖的普遍选择。

（2）词汇强化是帖标题情感表达的主导方式。无论是淑女屋社区，还是POLO社区，在情感表达方式四种范畴中，使用种类最多的均为词汇强化。其中，淑女屋社区词汇强化使用种类均值为 1.21，POLO 社区使用种类均值为 1.06。而且两个社区中，没有涉及该情感表达方式范畴的帖标题都最少（即零值率最低）。

（3）语气强化和词汇强化是使用较广泛的帖内容情感表达。在淑女屋社区和 POLO 社区中，词汇强化和语气强化均是使用强度最大（使用种类均值最高）和使用最广泛（零值率最低）的两类情感表达方式。

但我们也观察到两个社区的情感表达方式运用方面略有差异。如帖标题方面，在语气强化和情境渲染两种方式的运用上，淑女屋社区和 POLO 社区体现出显著区别（在 0.1 水平上两个社区有显著差异）。其中，POLO 社区更倾向于用语气强化为手段强化标题的情感色彩；而淑女屋社区则更倾向于用情境强化的方法强化标题的情感色彩；帖内容方面，在词汇强化和语气强化两种方式的运用上，两个社区则体现出显著区别（在 0.1 水平上两个社区有显著差异）。其中，POLO 社区更倾向于用词汇强化手段强化内容的情感色彩；而淑女屋社区则更倾向于用语气强化手段强化内容的情感色彩。这种区别显示了品牌类型可能会对虚拟品牌社区文本信息情感表达效应产生一定影响。

根据以上数据，我们对以上情感表达方式出现的可能性进行排序，从而形成对虚拟品牌社区主要情感表达手段的认识（见图 4－2）。根据四类表达手段出现的频率可以发现，帖标题情感表达手段中，最为基础的手段为词汇强化和语气强化，其次是情境强化，最后是修辞强化。而帖内容的各类情感表达手段中，最为基础的手段为语气强化和词汇强化，其次是语篇强化、语句强化。

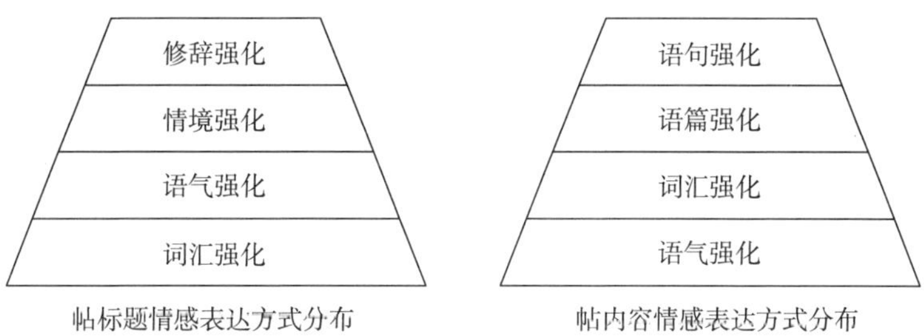

图 4－2 虚拟品牌社区文本情感表达方式运用分布层次模型

第二节　帖标题文本情感线索丰裕度对帖参与行为的影响

一　帖标题情感方式多样性对浏览者帖参与行为的作用

基于扎根理论，我们发现多种情感表达形式的综合运用往往会使信息更具有情感感染力，因而推测帖标题和帖内容情感表达多样性将影响帖参与行为（帖浏览行为和帖回复行为），其中帖浏览行为在帖标题文本情感表达多样性对回复行为的作用过程中将发挥中介作用（见图4－3）。

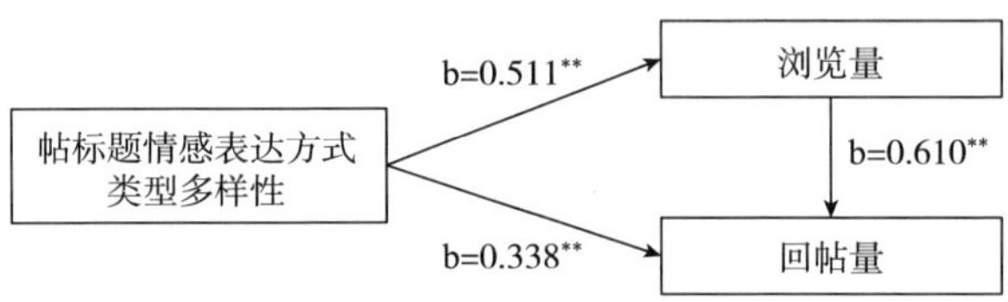

图4－3　淑女屋社区帖标题情感表达方式类型多样性效用的回归分析

注：＊＊$P \leqslant 0.01$。

我们以淑女屋社区帖数据为样本，以帖标题情感表达方式多样性（运用情感表达方式类别数）为自变量，以浏览量为因变量展开回归分析。其结果如图4－3所示，帖标题情感表达手段多样性正向作用于浏览量，图3－1中H1a得到验证。

接下来我们进行了针对帖标题情感表达方法多样性对回帖量影响的回归分析，并采用Baron和Kenny（1986）的三步回归法检验浏览量对这一影响的中介作用。首先将回帖量作为因变量，帖标题情感表达方法多样性作为自变量做回归分析。结果证明帖标题情感表达方法多样性对回帖量的影响是显著的（$b=0.338$，$P<0.01$）。而前文已证明帖标题情感表达方法多样性显著影响浏览量。然后，我们将帖标题表达方式多样性和浏览量同时作为自变量，以回帖量为因变量，其结果显示帖标题情感表达方式多样性的影响不再显著（$b'=0.036$，$P>0.1$），而浏览量的影响仍然显著（b′=0.592，$P<0.01$）。证明浏览量的确在帖标题情感表达方式多样性对回帖量的影响中起到完全中介作用。帖标题情感表达方式多样性会促进浏览量，从而提高回帖量。H2 得到验证。

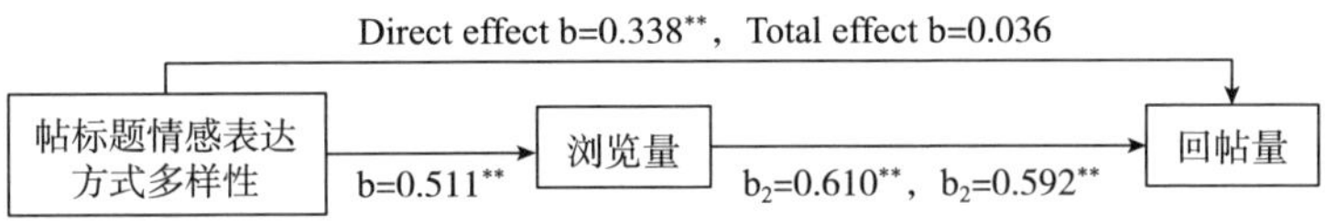

图 4-4 淑女屋社区浏览量在帖标题情感表达方式多样性—回帖量关系中的中介作用

注：** 表示 $P \leqslant 0.01$。

但是，对 POLO 社区数据的分析呈现出一定差异。数据分析显示，其帖标题情感表达方式多样性对浏览量虽然也有显著影响，但影响度要大大低于淑女屋社区。而其浏览量与回帖量间关系非常密切。这一数据显示该社区成员参与度相对较高。

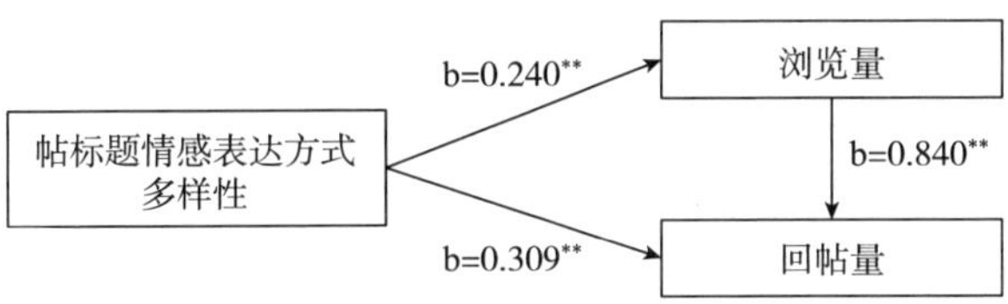

图 4-5 POLO 社区帖标题情感表达方式多样性对浏览者帖参与行为作用的回归分析

注：** 表示 $P \leqslant 0.01$。

POLO 社区浏览量在帖标题情感表达方式多样性对回帖量作用过程中的中介作用的数据也呈现出一定差别。如图 4-6 所示，浏览量在这一作用过程中所起到的是部分中介作用而非全部中介作用（帖标题情感表达方式多样性对回帖量的作用显著，但将帖标题情感表达多样性和浏览量同时作为自变量，以回帖量为因变量，其结果显示，帖标题情感表达多样性对回帖量的作用较大幅度降低，而浏览量对回帖量的作用变化较小)。但该回归关系调整后的 R^2 仍高达 0.848，说明浏览量起到了较大程度中介作用。

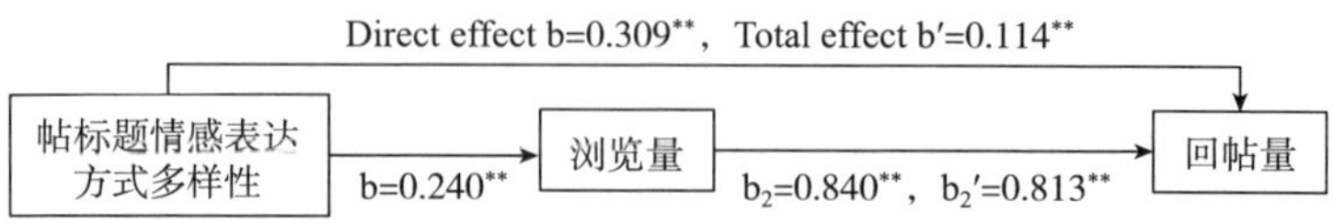

图 4－6　POLO 社区浏览量在帖标题情感表达方式多样性—回帖量关系中的中介作用

注：**表示 $P \leqslant 0.01$。

综上所述，图 3－1 的 H1a 得到了验证，即来自两个不同品牌社区数据的分析显示了帖标题情感表达方式多样性对用户参与的正向作用确实显著，但也呈现出了一定的社区间差异。

二　帖标题情感表达充裕度对用户参与的影响

按照费希纳定律，感觉强度与刺激强度的对数成正比。文本情感表达作为一种刺激物，其运用的充裕性必然导致刺激强度提高，从而可能导致阅读者感觉强度随之提升。同时，我们也观察到，含有更多情感表达单元的帖标题往往受到更多关注，因而情感表达方式的运用程度也会成为情感表达方式作用于阅读者的另外一个原因。本部分将验证帖标题情感表达方式运用程度（情感表达运用充裕度）对浏览者帖参与行为的影响。

（一）文本情感极性强度计算领域现有研究成果

关于文本情感表达方式运用的充裕度，在文本分析领域有一个对应领域，即文本情感强度分析。文本情感强度分析研究认为，情感强度是指主观体验在极性上所处的位置，越接近两极的情感，其强度也就越大。因而又将其称为情感极性强度，相关分析侧重于褒贬强弱分析。这一定义与我们对文本情感表达方式运用充裕度的定义的差异在于，文本情感强度主要强调情感内容本身的两极化特征，而文本情感表达方式运用充裕度仅强调是否更多地采用情感表达手段来强调内容的情感诉求，不考虑情感内容本身的倾向性。两者虽然有一定侧重点，但往往情感表达方式运用越充裕，文本情感色彩越浓厚，越能体现更大的情感强度。因而文本情感强度领域研究成果值得借鉴。

事实上，文本情感强度分析领域对文本情感强度进行表征的基本方法也是基于对情感表达方式运用程度的分析。目前该领域研究现状如下：

1. 以情感词为主要分析对象

几乎所有的文本情感强度分析均围绕着情感词展开。相关方法主要可以分为两大类：基于语料的情感词发现和基于词典的情感词发现。情感词主要选择带有情感色彩的动词、形容词、副词和名词。如朱嫣岚等提出可利用极性词表中词语计算情感极性。该方法的基本思想是，词语的情感倾向度与一组基准词的关联紧密程度相关。

2. 叹词、状态词也开始纳入观察范围

一些学者认为，单纯考虑名词、动词、形容词、副词的效果也不理想，尤其是网络交流环境下语料的非常规性导致了其他词性的重要性加强，如一些叹词、状态词也具有感情色彩（陈锦禾等，2009）。

3. 有研究试图将认知语境纳入情感强度分析

如徐琳宏和林鸿飞（2010）提出了如下格式描述认知语境：

CC =（W，K，L）

式中，W 表示当前句的词汇信息，它是广义范围的词汇，包括情感词、否定词、标记语等具体的词汇，也包括句法和语法等信息；K 是百科知识，在文本情感识别中就是指与情感相关的各种图式；L 是逻辑信息，就是将词汇信息和百科知识相联系的能力，逻辑信息决定该概念可以与什么概念联系及如何联系。然而，相关成果既需要词典，又需要有全面的、创新性知识库，相关资源的缺乏使该想法的应用受到局限。

但是，现有文本情感强度分析研究成果应用于本书尚有很大的局限性。一方面，相关研究主要以意见挖掘为目的，因而侧重于主题与情感强度之间的联系，侧重于情感的效价，未考虑情感唤醒度问题，其对“情感强度”的定义并不完全适用于本书；另一方面，由于相关研究的应用目标不同，其研究未从情感表达方式角度探索其对浏览者参与行为的影响，因而，并没有将更多的情感表达方式纳入其中；再一方面，由于相关研究以自动标识为基本要求，因而未将定性的情感表达方式纳入。基于以上状况，本书并不能直接借用相关成果进行文本情感表达丰裕度的表征。

（二）帖标题情感表达充裕度算法的提出

基于扎根理论我们发现了帖标题情感表达方式的四个主要范畴，为了更准确地概括帖标题情感表达方式运用充裕度，我们将这四个范畴均纳入帖标题情感表达方式运用充裕度的计算。但是，由于四种范畴的表现特征不同，在运用充裕度计算的过程中，不宜采取同样的测量手段。

语言学研究认为，句子语境效应的产生是由于词汇的激活（Potter，1998；Morris，1994；Duffy，Henderson and Morris，1989）；语境线索是词或词组，它可以激活相应的语境，借以确定另一个词或几个词的情境意义，因而，理解语境离不开词汇（任绍曾，2003），词汇强化是对文本情感表达方式运用充裕度计算的基础。而事实上，文本情感强度分析领域也主要以词汇及其频率为依据展开。

但是，不同类型的词汇，其在语言中扮演的角色也有所不同。如副词是附着于特定的形容词、动词而产生的，其作用主要在于强化对应的形容词、动词，因而对其表达强度的计量不可单独展开，必须基于相关的形容词、动词展开。因而副词往往成为主要形容词、动词的权重系数部分，而不能单独计量。

语气强化、修辞强化、情境强化往往是以整句形式来体现，而作为帖标题，通常仅一句话，对相关单位的计数并无意义，而其意义的产生，往往也是在于放大主要情感词的情感色彩。因而，我们将其作为词汇强化的权重系数来表达。

基于以上思想，我们构造以下帖标题情感表达充裕度算法：

$$D = \left(\sum a_i \times e_i + b + c\right)mnk$$

式中，a_i 表示第 i 个情感词出现，则记为 1；

e_i 表示第 i 个情感词所伴随的程度副词级别值，无副词则该值为 1；

b 表示情感性标点出现频率；

c 表示拟声词出现频率；

k 为 1.2 时表示有修辞强化；为 1 时表示无修辞强化；

n 为 1.2 时表示有语气强化；为 1 时表示无语气强化；

m 为 1.2 时表示有情境强化；为 1 时表示无情境强化。

该算法的具体计算方法如下：

——情感词：以出现的形容词、动词等与 Hownet 中情感词和评价词的近义词为情感词。情感词是一类包含了概念意义和情绪意义的特殊词汇，有研究者采用情绪启动范式（先诱发一定的情绪，再完成某种任务），发现情绪词的情绪意义的获得早于概念意义的获得（卢莹，2002）。

本算法以 Hownet 词库为基础。“知网”（Hownet）是一个以汉语和英语的词语所代表的概念为描述对象，以揭示概念与概念之间以及概念所具有的属性之间的关系为基本内容的常识知识库，由我国机器翻译专家董振东创建。目前该知识库已被广泛运用于文本情感计算领域。

——情感性标点：情感性标点包括!、连续的??? 和。。。，以及各类网络表情符号。情感性标点出现频率为累计量。网络表情符号以于根元主编的《中国网络语言词典》附录二脸谱符号和《网络流行风——网上聊天词语妙用》的符号篇中所收集 558 个网络符号为参照。

——拟声词：拟声词表现多样，如模拟笑声的就有：哈、活活、嘿嘿、灭活活、咯咯咯、嘎嘎嘎、哈哈哈、hehe、hiahia、hoho、haha 等。类似地还有其他常用拟声词，如吧、啊、555、哟等。

——程度副词：这里的程度副词专指表示情感词的程度、等级等意义的副词。程度副词可以对句子的情感有加强或者减弱的作用。有研究将程度副词分为相对程度副词（如最、更加等）和绝对程度副词（如极、太、特别等）。而知网将这两类副词作为一类处理，形成了六种程度等级（极、很、较、稍、欠、过）。闻彬等（2010）在此基础上将其改进为七个级别，并对各级别具体赋值。本书按照闻彬等赋值方法，将赋值分为 1.5、1.4、1.3、1.2、1.1、0.9、0.8 七个级别值。具体赋值方法如表 4 - 2 所示。

——语气强化：主要指出现口语化、感叹、爆发等几类语言现象的情况。关于口语化的具体现象目前没有达成共识，根据扎根研究中所发现的主要现象，我们使用以下几个标准：“问—答语对”的使用；语气助词的使用；谐音字的使用（如“杯具”）。

表 4-2　　程度副词赋值

赋值	程度副词
1.5	最、最为、极、极为、极其、极端
1.4	太、至、至为、顶、过、过分、过于、分外、万分、何等
1.3	很、挺、怪、老、非常、特别、相当、十分、甚、甚为、异常、深为、蛮、够、多、多么、殊、何其、尤其、无比、尤为
1.2	不甚、不胜、好、好不、颇、颇为、大、大为
1.1	稍稍、稍微、稍许、略微、略为、多少
0.9	较、比较、较为、还
0.8	有点、有些

——情境强化：如前所述，情境强化主要指叙事、抒情、渲染、幽默、讽刺等在内的现象出现。其中，对于渲染的界定相对模糊。由于有学者提出了情感表达除了形容词、副词外，还有一类情感潜义词。它们本身并不直接表示特定的情感，而只是暗示一种有引导性的情境或者是他人的某种情感反应，或是关于情感世界的象征性描摹。其中包括颜色、温度、人体器官、饮食相关、花、风等（潘震，2010）。例如，秋天一至，秋风萧瑟，万木凋零，这种“景”与韶华不再、人生苦短的“情”相吻合，于是“秋”与“愁”就浑然一体，是环境引发了情感，也是情感浸染了环境，实际上是用引发情感的外在环境表达内心的感受。因而，我们这里将含有以上相关范畴的情感潜义词作为渲染现象出现的标志。

（三）算法效度检验

本算法主要以情感极性强度相关成果为依据，并将本书关于情感表达方法对浏览者参与行为的影响之研究成果纳入。如 Whitelaw 等以形容词为核心，并根据形容词相关的否定词、副词等修饰词（如“很不美观”）来计算意见持有者的情感极性和情感极性强度，获得了 90.2% 的准确率；而姚天防和娄德成对句子情感强度分析采用强调词强度乘以情感词强度的算法，效果良好。但是，本书目标并非进行意见测量，而是情感强度测量，所以我们推理，本书所提出的基于四种情感表达方式的算法比仅考虑词汇强化的情感表达算法应具有更高效度。对此，我们进行了效度检验。研究以 POLO 社区 200 条帖标题为试验语料展开算法效度检验。

我们采取的算法效度检验程序为：

（1）按照算法对分析语料进行情感表达充裕度赋值，所获均在 0—5 之间。

（2）两个编码员根据主观感受对分析语料进行情感性赋值并求均值（赋值范围为 0—5）。

（3）按照传统的"情感词 + 情感副词"算法对情感表达充裕度赋值。

（4）本书算法与主观情感值、传统算法与主观情感值分别进行配对非参数检验。

为更细致地观察数据变化情况，我们采用 Wilcoxon 符号平均秩检验方法进行数据检验。该方法的基本思想是，分别将第二组样本的各观察值减去对应的第一组样本的观察值，如果差值为正，则记为正号，差值为负，记为负号，并同时保存绝对差值数据，然后，将绝对差值数据按升序排序，并求出相应的秩；最后，分别计算正号秩总合 W + 、负号秩总合 W - 以及正号平均秩和负号平均秩。两配对样本的 Wilcoxon 符号平均秩检验将计算 Z 统计量，它近似服从于正态分布。如果相伴概率大于显著性水平，则可以认为样本所代表的两个配对总体无显著差异。

配对非参数检验结果如表 4 - 3 所示。

表 4 - 3　　本书算法与传统基于情感词汇算法效度比较

算法	与主观值比较	频数	Z 值	发生概率
本书情感表达充裕度算法	> 主观值	73	- 1. 392	0. 164
	< 主观值	100		
	= 主观值	27		
基于情感词汇情感强度算法	> 主观值	5	- 11. 633**	0. 000
	< 主观值	181		
	= 主观值	14		

注：** 表示 $P \leqslant 0.01$。

根据数据检验结果，本书情感表达充裕度算法赋值结果与主观值之间差异不显著，而传统的仅基于情感词汇算法赋值结果与主观值之间有显著差异。也就是说，比之传统基于情感词汇情感强度算法，本书提出的情感帖情感表达充裕度算法具有相对更好的效度。

三　帖标题情感表达充裕度对浏览者帖参与行为作用的回归分析

研究根据以上帖标题情感表达充裕度算法分别对淑女屋 100 条帖标题、POLO 200 条帖标题进行了编码。并以帖标题情感表达充裕度为自变量，以浏览量、回帖量为因变量进行了回归分析。数据显示，两个社区中帖标题情感表达充裕度均显著正向作用于浏览量，即图 3 –1 H1b 得到验证。POLO 社区帖标题情感表达充裕度显著正向作用于回帖量，而淑女屋社区这一作用不显著（见表 4 –4）。H2 未得到充分验证。

表 4 –4　　帖标题情感表达充裕度对用户参与影响回归结果

虚拟品牌社区	回归 1（因变量：浏览量）	回归 2（因变量：回帖量）
淑女屋	0.402 **	0.060
POLO	0.240 **	0.309 **

注：自变量为帖标题情感表达充裕度。** 表示 $P \leq 0.01$。

我们又对浏览量在帖标题情感表达充裕度对回帖量作用过程中的中介作用进行了验证。对 POLO 社区的数据分析显示，帖标题情感表达充裕度显著正向影响浏览量、浏览量显著正向影响回帖量，当将帖标题情感表达充裕度和浏览量同时作为自变量时，帖标题情感表达充裕度对回帖量的作用显著降低，而浏览量对回帖量的作用仍然显著（见图 4 –7）。即 POLO 社区帖标题情感表达充裕度对浏览量和回帖量均有显著正向作用，POLO 社区浏览量部分中介帖标题情感表达充裕度对回帖量有影响。

分析有如下发现：

（1）淑女屋社区帖标题情感表达充裕度对浏览量有显著正向作用。

（2）淑女屋社区帖标题情感表达充裕度对回帖量作用不显著。

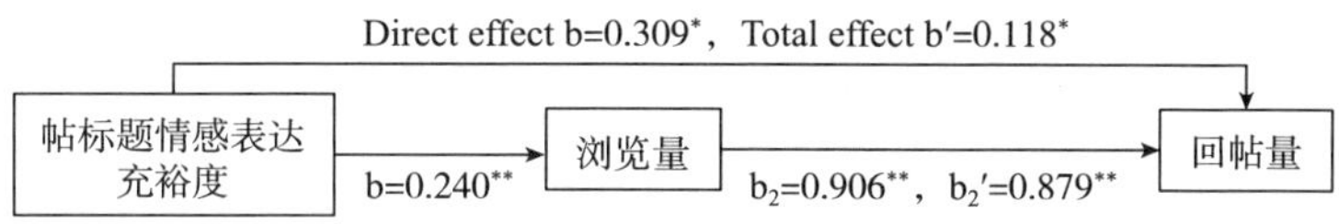

图 4－7　POLO 社区浏览量在帖标题情感表达充裕度对回帖量的中介作用

注：* 表示 $p \leq 0.1$；** 表示 $p \leq 0.01$。

（3）POLO 社区帖标题情感表达充裕度对浏览量和回帖量均有显著正向作用。

（4）POLO 社区浏览量部分中介帖标题情感表达充裕度对回帖量的影响。

也就是说，POLO 社区帖标题情感表达方式运用充裕度在吸引用户浏览方面似乎作用没有淑女屋强烈，但是，对回帖量的影响却更加显著。这一结论也在一定程度上印证了范晓屏（2009）的研究，即娱乐与审美动机具有自我享受的特点，一般不具有较高的人际交往的参与动机，多是浏览。品牌服装主要是一种享乐型产品，其用户浏览行为与回帖行为之间正相关关系不及汽车社区，这可能是两社区数据差异的基础原因。

第三节　帖内容文本情感线索丰裕度对帖参与行为的影响

一　帖内容情感方式类型多样性对用户参与的作用

针对扎根理论提出的虚拟品牌社区文本情感丰裕度对浏览者参与行为的作用模型中的假设 H3a（帖内容情感表达方式类型多样性对回帖行为有正向影响），我们同样分别以淑女屋社区和 POLO 社区发帖为样本进行了验证。

对淑女屋社区样本以帖内容情感表达方式多样性（运用情感表达方式类别数）为自变量、以回帖量为因变量的回归分析显示，帖内容情感表达方式多样性正向作用于浏览量。

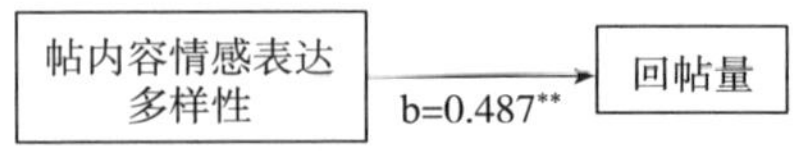

图 4－8　淑女屋社区帖内容情感表达方式类型多样性对回帖量作用的回归数据

注：** 表示 p≤0.01。

而 POLO 社区帖内容情感表达方法多样性对回帖量的作用虽然也得到了证明，但这一作用强度显然低于淑女屋社区。

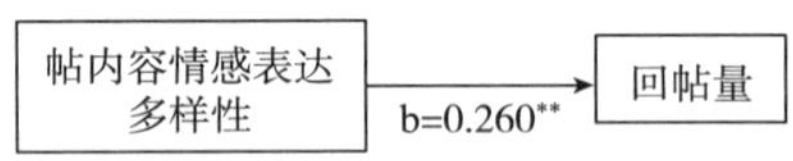

图 4－9　POLO 社区帖内容情感表达方式类型多样性对回帖量作用的回归数据

注：** 表示 p≤0.01。

根据以上数据结果，我们可以验证图 3－1 模型的假设 H3a，即虚拟品牌社区帖内容情感表达方式类型越多样，越能够促进成员回帖行为。

二　帖内容情感表达方式运用充裕度对用户参与的作用

（一）帖内容情感表达方式运用充裕度算法

不同于帖标题，帖内容情感表达的空间更大，资源更多，因而对其情感表达方式运用充裕度的算法应有所不同，本书提出算法时考虑了以下帖内容情感表达特点：

（1）社区发帖往往没有字数限制，发帖长短不一，其情感表达运用程度不能用其绝对数量来表达，而应采用相对值，即将发帖长度考虑在内。

（2）帖内容语言资源相对充分，语气强化、语句强化方法可能在语篇中多处出现，即可以以语句为单位进行量化。

（3）语篇强化方法是语境的整体体现，适合作为增值的系数部分处理。

（4）帖内容中会出现多处情感词，并伴随有相关程度副词。而程度副词中的极端副词往往在计量帖内容情感感知过程中起到锚定效应，因而这种程度最高的副词可作为主要副词观察对象。

基于以上考虑，本书建立以下关于帖内容情感表达方式运用充裕度算法：

$D=(a\times e+b+c+d+k)\times m/N$

式中，a 表示情感词出现频率；

b 表示情感性标点出现频率；

c 表示拟声词出现频率；

e 表示情感词所伴随的程度副词中级别最高的副词的级别值，无副词则该值为 1；

d 表示语气强化句出现频次；

k 表示语句强化出现频次；

m 为 1.2 时表示有语篇强化，为 1 时表示无语篇强化；

N 表示帖内容长度。

（二）算法效度检验

同帖标题情感表达充裕度算法验证，我们采用 Wilcoxon 符号平均秩检验方法分别对本书算法赋值—主观值、传统算法赋值—主观值进行了配对非参数检验。检验结果如表 4－5 所示。

表 4－5　　本书算法与传统基于情感词汇算法效度比较

算法	与主观值比较	频数	Z 值	发生概率
本书情感表达充裕度算法	> 主观值	96	−0.548	0.584
	< 主观值	97		
	= 主观值	7		
基于情感词汇情感强度算法	> 主观值	6	−11.938**	0.000
	< 主观值	185		
	= 主观值	8		

注：** 表示 $P<0.01$。

根据数据检验结果，本书帖内容情感表达充裕度算法赋值结果与主观值之间差异不显著，而传统的仅基于情感词汇算法赋值结果与主观值之间差异显著。也就是说，比之传统基于情感词汇情感强度算法，本书提出的帖内容情感表达充裕度算法具有相对更好的效度。

（三）帖内容情感表达方法充裕度对回帖量的影响

我们分别以淑女屋社区和POLO社区共300条发帖为样本进行了关于帖内容情感表达方式运用充裕度对回帖量的验证。

如表4－6所示，以帖内容情感表达方式运用充裕度为自变量，以回帖量为因变量的回归分析结果显示，淑女屋社区和POLO社区的帖内容情感表达方式运用充裕度均显著正向影响回帖量，即帖内容情感表达方式运用充裕度越高，将赢得更多的回帖行为。图3－1的H3b得到验证。

表4－6　　帖内容情感表达充裕度对用户参与影响回归结果

虚拟品牌社区	标准化回归系数	T值	相伴概率
淑女屋	0.225**	2.286	0.024
POLO	0.211**	3.033	0.003

注：自变量为帖内容情感表达充裕度，因变量为回帖量；**表示$P \leqslant 0.01$。

第四节　文本情感表达内容对帖参与行为的影响

一　理论分析和假设提出

如前所述，文本指有着文字的物理存在（Bevir，2002）。文本涉及形式层次、外观层次，也涉及其所投射的意向性事态中描绘的客体层次。其情感意义即这种客体层次的语义成分的内容之一。当文本信息中的情感表达超过个体的感觉阈限时，作为阅读者的个体往往能感受到文本传递者对客体的情感，这时候，其实文本信息的情感表达便具有了情感方面的附加信息，即具有了情感性内容。

如前所述，关于文本情感表达的内容方面，情感认知中有基本情绪论和维度论两种不同的研究途径。而当前更多研究发现效价对消费者信息认知有显著影响。所谓效价，即信息内容的正面性或负面性（Mahajan, V. , Muller, E. , Kerin, R. , 1984)，主要对应情感的愉悦度维度。已有研究证明，效价能够对词汇加工产生重要的影响（Peng et al. , 2006)。而 Maralos 等研究了情绪语境条件下对词汇信息的提取。实验将句子语境分为积极语境、消极语境和中性语境。结果表明，在词汇信息提取过程中，不同的情绪语境能够激活不同的神经网络。那么，在虚拟品牌社区情境下，社区发帖的情感表达内容对浏览者的认知及行为会产生实际意义吗?

首先，按照心理学研究的竞争偏向理论，文本信息的效价可能对个体的注意产生影响。注意是一个选择过程，关于选择性注意的竞争偏向理论（Biased Competition）认为，既定刺激的感觉资源的捕获不仅被刺激本身所影响，而且被那些竞争者，以及被作用于刺激代表性的更高的控制系统所影响。注意选择因而被认为是那些大量的以及潜在的“偏向”因素竞争的结果，而个体的加工系统通过对信息表达之间的注意之竞争来处理信息过载（Desimone and Duncan, 1995)。

人们注意选择前的自动加工主要包括自上而下和自下而上两种选择，这两种选择往往导致关于重要对象和拒绝对象的选择。研究表明，在情感引发的注意环境下，由于情感材料的内在特征（如感知到的区别和生物准备可能作用于促进相对清晰度）将导致自下而上注意优先(Calvo et al. , 2008)。实验显示，与不带情绪色彩的刺激相比，具有情绪含义的刺激更能吸引注意或占用注意资源，引起注意偏向（Lang, 1995)。

按此推理，虚拟品牌社区具有情感意义的帖标题比没有情感意义的帖标题可能引起更多的来访者注意，并导致更多的浏览率。同时，驱动自下而上的加工可能导致阅读者对信息的更精细加工，从而促进其阅读效率和回帖率。

因而，我们可以提出以下假设:

H1. 虚拟品牌社区具有情感意义的帖标题比没有情感意义的帖标题将导致更多浏览率和回帖率。

H2. 虚拟品牌社区具有情感意义的文本信息（帖标题和帖内容）比没有情感意义的文本信息可能导致更多的回帖率。

其次，按照“负性偏向”理论，含有负性情感的文本信息可能更容易吸引阅读者注意力。已有多项实验发现由负性刺激引起的注意偏向；甚至有的实验还发现，在非注意或者注意资源缺乏的条件下，负性情绪信息也会导致注意偏向（Bradley，Mogg，Lee and Stacey，1997）。通常的解释为，人们对负性情绪给予更多的注意是适应性的表现。因为负性信息与人类的生存紧密相连，起到信号警示作用。基于以上研究，我们提出以下假设：

H3. 虚拟品牌社区中负性情感的帖标题比其他帖标题将导致更多的浏览量和回帖量。

最后，文本信息效价对阅读者阅读行为的作用与图片形式信息有所不同，阅读消极文本可能导致更精细的信息加工。

实验研究发现，阅读消极文本较积极文本瞳孔直径大，总注视时间和平均注视时间长，注视次数和凝视次数多；观看积极文本较消极文本眼跳距离大。观看积极图片较消极图片的总注视时间多，平均注视时间长，凝视次数多；观看消极图片较积极图片瞳孔直径大（高淑青，2010）。因而，我们提出以下假设：

H4. 虚拟品牌社区负向情感帖内容比其他帖标题将导致更多回帖量。

以上假设以图 4－10 模型概括：

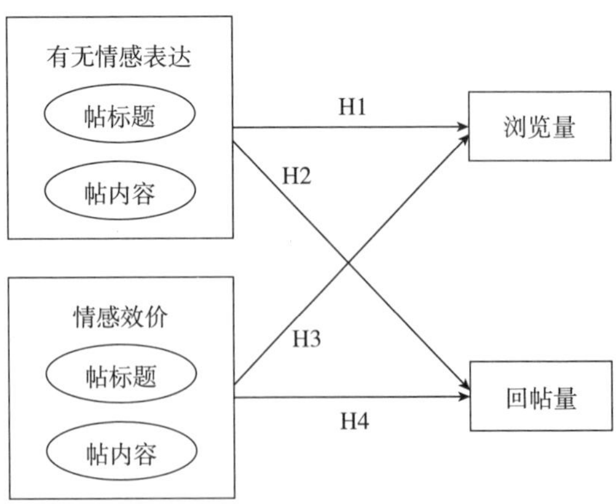

图 4－10　虚拟品牌社区文本情感内容对用户参与的影响

二　内容分析法的应用

内容分析法，是一种客观地、系统地、定量地描述交流的明显内容的研究方法（邹菲，2004）。该方法将用语言表示的交流内容转换为用数量表示的资料，克服了定性研究的主观性和不确切性的缺陷，达到对交流内容“质”的既深刻又精确的认识。内容分析一般从两个角度展开：概念分析和关系分析。概念分析侧重于运用定量方法计算词频，而关系分析则侧重于定性推导，强调联系实践进行逻辑分析（邱均平、邹菲，2003）。

三　是否情感性文本信息对用户参与的影响

（一）编码及信度检验

本部分研究以有无情感线索为自变量，以浏览量和回帖量为因变量，且仍然以 POLO 社区和淑女屋社区的 300 条数据为样本。

我们将有无情感线索定义为文本中是否利用情感表达方式，并将其作为逻辑型数据编码，若帖标题中使用了四类情感表达方式中任一种，则将其作为情感性文本信息，编码为 1，若没有使用情感表达方式，则编码为 0。

本书通过对两个编码者的编码数据进行 Kappa 系数检验而分析其信度。一般来说，Kappa 一致性系数高于 0.61 时，表明编码一致性结果比较理想。而本书编码一致性达到 83%，表明编码具有较高一致性。

（二）帖标题有无情感线索对浏览者帖参与行为的影响

我们针对是否情感帖标题对用户参与的影响进行了方差分析。由于浏览量和回帖量不具有方差齐性，研究采取 SPSS 的自动重新编码功能对两个变量的数据进行了转换，转换后数据可以通过方差齐性检验。基于转换后数据的单因素方差分析如表 4 - 7 所示。根据该分析结果，两个社区帖标题有无情感线索的浏览量和回复量均呈现显著差异，帖标题具有情感线索能获得更多关注。H1 得到验证。

（三）是否情感帖内容对回帖量的影响

同样，我们针对是否情感帖内容对回帖量的影响进行了方差分析。

单因素方差分析如表4－8所示。根据该分析结果，帖内容具有情感线索比之无情感线索显著能获得更多回帖量。H2得到验证。

表4－7　　帖标题有无情感线索对用户参与的影响的方差分析

社区	因变量	自变量水平	均值（基于转换数据）	F值	发生概率
淑女屋社区	浏览量	情感性帖标题	54.13	9.643**	0.002
		非情感性帖标题	29.93		
	回帖量	情感性帖标题	32.21	3.035*	0.085
		非情感性帖标题	23.27		
POLO社区	浏览量	情感性帖标题	67.68	4.264*	0.040
		非情感性帖标题	91.93		
	回帖量	情感性帖标题	13.67	8.193**	0.005
		非情感性帖标题	6.36		

注：*表示 $P \leqslant 0.1$；**表示 $P \leqslant 0.01$。

表4－8　　是否情感帖内容对回帖量的影响的方差分析

社区	是否情感性帖内容	均值（基于转换数据）	F值	发生概率
淑女屋社区	情感性帖内容	54.13	9.643**	0.002
	非情感性帖内容	29.93		
POLO社区	情感性帖内容	32.21	3.035*	0.085
	非情感性帖内容	23.27		

注：*表示 $P \leqslant 0.1$；**表示 $P \leqslant 0.01$。

四　文本信息情感效价对用户参与的影响

由于认知的“负向偏向性”，我们可以推理，效度将对浏览者的认知发生作用。而目前虚拟品牌社区文本信息情感效价的效用乏人研究。

（一）编码

关于文本信息情感效价的分类常用的方法是将文本分为“褒义”“贬义”“客观”的三分类方法；但是，也有多位学者对此提出异议，认为这种观点忽略了主客观分类和褒贬极性分类的不同，认为情感效价中除了褒义、贬义外，还有一个类别，即不带有明显的褒或贬的主观评价（王根、赵军，2007；王洪伟等，2010）。如“这部电影整体上还算四平八稳，跟我的预期有些差距，但也不算失望”。王洪伟等（2010）认为，应当将此类文本归为主观性文本，然后通过情感分析归为情感类别中的“客观”（或“中立”类）。

本书汲取以上观点，将文本按情感效价分为无情感文本（即客观文本）、正面情感文本、负面情感文本、中立情感文本（即前述主观评价中的中立类）、双面情感文本等。

五类情感效价的编码依据为：

正面情感：以 HOWNET 和网络符号库为基本判断标准，若标题或帖内容中出现情感词，且其与正面情感词表中某词汇同义或近义时，则该帖为正面情感帖。若标题或帖内容中出现情感符号，其属于网络符号库之正面符号，则效价编码为正面情感。

负面情感：以 HOWNET 和网络符号库为基本判断标准，若标题或帖内容中出现情感词，且其与负面情感词表中某词汇同义或近义时，则该帖为负面情感帖。若标题或帖内容中出现情感符号，其属于网络符号库之负面符号，则效价编码为负面情感。

中立情感：当帖标题或帖内容中无情感词和情感符号，但有修辞强化、情境渲染、语气强化等方面表达方法，则将其均归为中立情感。

无情感：帖标题或帖内容在情感表达各维度均无表现者，编码为无情感。

双面情感：以 HOWNET 和网络符号库为标准，若帖标题或帖内容既含正面情感词（或正面符号）又含负面情感词（或负面符号），则效价编码为双面情感。

（二）数据分析

1. 帖标题情感效价影响分析

我们采取单因素方差分析对帖标题情感效价对用户参与（浏览量和回帖量）的影响展开分析，并对分析结果进行先验对比检验。其中，由于方差齐性检验反映数据不具有方差齐性（$H < 0.05$），因而检验选

择未假定方差齐性的 Tamhane 检验。

我们分别以帖标题为负面情感的发帖为靶子，与无情感、中立情感、双面情感、正面情感帖的浏览量、回帖量进行了比较，除了两者与无情感有显著差异外，其他各组对比均未呈现显著差异（见表 4－9）。即帖标题的情感效价并没有显著影响浏览量和回帖量。

表 4－9　帖标题情感效价对用户参与影响的方差分析

社区	因变量	靶子自变量水平	其他自变量水平	均值差	发生概率
POLO	浏览量	负面情感帖标题	无情感	+531.369**	0.001
			中立情感	+310.571*	0.573
			正面情感	+101.844	1.000
			双面情感	+61.071	1.000
	回帖量	负面情感帖标题	无情感	+13.788**	0.000
			中立情感	+8.907	0.117
			正面情感	+5.532	0.910
			双面情感	+11.078	0.773
淑女屋社区	浏览量	负面情感帖标题	无情感	+2330.190	0.577
			中立情感	+1790.458	0.736
			正面情感	+1442.745	0.814
	回帖量	负面情感帖标题	无情感	+21.524	0.963
			中立情感	+2.750	1.000
			正面情感	−8.098	1.000

注：* 表示 $P<0.1$；** 表示 $P<0.01$。

2. 帖内容情感效价影响分析

同样，我们采取单因素方差分析对帖内容情感效价对浏览者帖参与行为（浏览量和回帖量）的影响展开分析，并对分析结果进行先验对比检验。其中，由于方差齐性检验反映数据不具有方差齐性（H < 0.05），因而检验选择未假定方差齐性的 Tamhane 检验。根据方差分析结果（见表 4－10），帖内容负面情感对回帖量的显著作用假设没有得到支持。

表 4-10　　帖内容情感效价对回帖量影响的方差分析

社区	因变量	靶子自变量水平	其他自变量水平	均值差	发生概率
淑女屋社区	回帖量	负面情感帖内容	无情感	+18.933	0.952
			中立情感	+22.633	0.920
			正面情感	-22.287	0.890
			双面情感	+3.8963	1.000
POLO	回帖量	负面情感帖内容	无情感	+13.873 **	0.000
			中立情感	+6.838	0.327
			正面情感	+7.048	0.576
			双面情感	-12.995	0.892

注：** 表示 $P \leqslant 0.01$。

五　小结

本章基于文本分析法和内容分析法，从情感表达形式和情感表达内容两个角度对虚拟品牌社区文本情感线索与浏览者帖参与行为间关系进行了研究，研究主要有以下成果：

（1）利用文本分析方法对虚拟品牌社区文本情感表达线索丰裕度对用户参与作用进行了验证。其中，发现帖标题情感表达多样性对用户参与的正向作用显著，帖标题情感表达方式多样性会显著促进浏览量和回帖量。浏览量在帖标题情感表达方式多样性对回帖量的影响中起到显著的中介作用。虚拟品牌社区帖内容情感表达方法类型越多样，也越能够促进成员回帖行为。同样，发现情感表达充裕度对用户参与也有一定作用：帖标题情感表达充裕度对浏览量有显著作用；帖内容情感表达方式充裕度也显著正向影响回帖量。

（2）基于对虚拟品牌社区文本情感表达方式的探索提出了新的帖标题、帖内容情感表达方式运用充裕度算法，效度验证显示该算法效果较好。我们所提出的算法与传统的以情感词为对象的文本情感强度计算方法有所不同，在帖标题情感表达充裕度算法中将语气强化、修辞强化、情境强化作为增量系数纳入计算；而在帖内容情感表达充裕度算法中将语篇强化作为增量系数纳入计算。

（3）利用内容分析方法验证了帖信息情感内容对用户参与的影响。

发现，相对于不具有情感线索而言，帖标题具有情感线索能获得更多关注。帖内容具有情感线索比无情感线索显著能获得更多回帖量。但是，分析发现，帖标题的情感效价并没有显著影响浏览量和回帖量，帖内容的情感效价并没有显著影响回帖量。

总之，本章研究对一系列假设进行了验证，大多数假设得到支持。

表 4－11　　第四章假设验证情况

假设	支持情况
虚拟品牌社区帖标题情感表达方法类型多样性将正向促进浏览行为	支持
虚拟品牌社区帖标题情感表达方法运用充裕性将正向促进浏览行为	支持
虚拟品牌社区帖标题情感表达方法类型多样性将正向促进回帖行为	支持
浏览行为在帖标题情感表达方法类型多样性对回帖行为的影响中发挥中介作用	支持
虚拟品牌社区帖标题情感表达方法运用充裕度将正向促进回帖行为	不支持
浏览行为在帖标题情感表达方法运用充裕度对回帖行为的影响中发挥中介作用	不支持
虚拟品牌社区帖内容情感表达方法类型越多样，越能够促进成员回帖行为	支持
虚拟品牌社区帖内容情感表达形式运用越充裕，越能够促进成员回帖行为	支持
标题有情感表达的发帖比标题没有情感表达的发帖会获得更多浏览量和回帖量	支持
内容有情感表达的发帖比内容没有情感表达的发帖会获得更多回帖量	支持
负面情感帖标题之发帖将获得更多的浏览量和回帖量	不支持
负面情感帖内容之发帖将获得更多的回帖量	不支持

第五章　帖标题情感信息的线索效应

线索的价值不仅在于线索特征影响个体对线索本身的态度，更在于线索特征牵引着个体对线索所映射其他事物的态度。通过第四章对虚拟品牌社区中情感表达效用的田野观察我们发现，如果一个帖标题有较高情感表达丰裕度，不但可能带来更高的浏览量而且将带来更高的回帖量。也就是说，帖标题情感线索对特定发帖的浏览者帖参与行为有突出作用。我们推理这种作用的产生是由于帖标题情感线索影响浏览者对该发帖内容的价值感受，但是，帖标题情感线索会不会通过影响浏览者对社区价值的感受，从而促进浏览者的社区参与行为呢？该问题值得进一步研究。

同时，对于社区服务供应者而言，其更重视的是社区绩效而非帖绩效，并需要通过管理来协调帖绩效和社区绩效之间的矛盾。因而，发现帖文本情感线索对社区绩效的影响规律对社区管理者而言更为重要。

本章即围绕着虚拟品牌社区帖标题情感线索对浏览者社区态度的影响而展开研究，在验证虚拟品牌社区帖标题情感线索对社区感知作用的同时探索其线索效用发生情境和机理。

本章以线索利用理论的二阶段模型为理论基础，且分两部分展开：第一部分是关于帖标题列表情感线索对感知社区价值作用的研究，验证线索的评估作用；第二部分是关于帖标题情感线索对注意力转移的研究，是对帖标题情感线索效用机理的探索。两部分研究均采取实验研究方法来开展完成，即共涉及两个实验研究的设计和实施。

第一节 虚拟品牌社区帖标题的研究价值

系统功能语言学认为，任何标题都有预示性。标题将在吸引注意力、诱读正文、传递主要信息、帮助阅读者选择等几方面发挥作用（张加民，2004）。即标题可能影响阅读者的文本阅读意向和后续阅读内容加工。

商业环境下的各类标题也具有相应作用。根据“AIDA”消费心理理论，广告标题在引起消费者的注意方面起首要作用。如果标题引不起消费者的兴趣，那么消费者往往会放弃阅读，从而导致广告传播的失败。鉴于此，学者们已围绕广告标题开展了研究。如 Nielson 等（2010）研究发现，当报纸广告标题为情感性标题时，将引起正在关注其他信息的消费者注意力向其定位转移。

虚拟社区中的帖标题不但拥有与其他信息标题同样的作用，而且更有其特殊功能。在虚拟社区中，帖标题往往是以列表的形式被阅读者首先接触，这种列表少则汇集十几个帖标题，多则汇集几十个帖标题。而阅读者并不是只阅读其中一个标题，而是通览第一页或前几页的标题，然后再选择性地阅读，抑或转身离开。因此，这种通览过程是阅读者依据信息标题与自身需求的契合度对特定发帖的评价过程，也是其形成社区整体印象，并对社区进行评价的过程。即帖标题列表的整体特征可能会影响阅读者对社区的评价。

因而，虚拟社区帖标题列表的作用有两方面：一方面，预示帖内容，辅助阅读者对帖内容预测、评价、比较、选择；另一方面，预示社区信息内容、风格、价值，辅助阅读者对社区价值的判断和后续行为选择。两方面作用的受益方分别是发帖者和社区方，于是，帖标题成为社区经营者和发帖者双方共同的“卖点”。

虚拟社区帖标题列表的这些作用有其更深层的理论依据。按照社会心理学的有关研究，帖标题的效用是首因效应、晕轮效应、锚定效应等效应共同作用结果。

一 首因效应（Primacy Effect）

刺激的呈现次序会影响人们对客体的判断。如研究发现，向个体展示关于个性特征的形容词，这些词的呈现次序将导致个体对他人印象产生偏见（Anderson and Jacobson，1965；Asch，1946；Anderson，1981）。其中第一个形容词最影响判断，首先用正向形容词描述目标比首先用负面形容词描述目标更可能导致个体对目标的积极评价（Hendrick and Costantini，1970）。这些发现证明了首因效应的存在。所谓首因效应，即最初的信息对后来的判断将产生最大的影响。

根据首因效应，社会认知中个体所获关于客体第一印象的认知线索往往成为其以后认知与评价的重要根据。即使人们同样重视了后面的信息，即使后面的信息与前面的信息不一致，他们也可能会认为后面的信息是非本质的、偶然的，并习惯于按照前面的信息解释后面的信息，即屈从于前面的信息，以形成整体一致的印象。

关于首因效应的产生原因主要有两种解释：一种解释是先接受信息所形成的印象会构成脑中的记忆图式，后输入的信息只是被整合到这个记忆图式中，从而被同化。因而，后续的新信息也就具有了先前信息的属性痕迹；另一种解释认为最先接受的信息没有受到干扰，所以得到了更多的注意，往往被精细加工，而后续信息加工较粗略。当然，首因效应的产生可能是这两个原因共同作用结果。

因而，根据首因效应，浏览者进入社区，将最先接触帖标题列表，由于没有受到更多干扰，帖标题列表中的信息线索获得更精细加工，使个体形成特定的记忆图式，这种图式使虚拟社区印象相对固化，而后续感受往往很难改变。

二 晕轮效应（Halo Effect）

晕轮效应是指个体对客体某个特征的评价影响对其的其他特征评价（Tiffin and McCormick，1965）。其基本观点是，人们的认知和判断往往是从局部出发扩散而得出整体印象，因而常常以偏概全。如观察判断和评价特定行为主体时，由于该主体的某一特征或品质从观察者角度来看非常突出，以致掩盖了观察者对该主体其他特征或性质的认识。突出的这方面则演绎、扩张开来形成晕轮的作用。

晕轮效应理论被广泛运用于营销学，如有学者将品牌资产定义为晕轮效应的结果，认为这种晕轮效应是由于消费者以整体情感为基础而非对各独立品牌属性间差异进行精细鉴别之倾向所导致的系统偏见(Leuthesser et al.，1995)。根据现有实验研究证明，以下情况下更可能出现晕轮效应：个体对客体熟悉度低（Koltuv，1962)；涉及对主观或模糊属性的判断（James and Carter，1977；Beckwith and Lehmann，1975)；客体的时尚性和有用性具有高度可感知性（high perceived popularity or usage of the objects)（Beckwith et al.，1978)。

晕轮效应的产生原因可能与知觉的整体性有关。知觉研究发现，对客观事物的知觉并不是对其部分或个别属性孤立感知，而是倾向于把具有不同属性、不同部分的对象感知为一个统一整体，即将对象各种属性和部分有机联系成一个复合刺激物加以感知。同时，也有学者研究发现，晕轮的产生主要是由于唤醒（arousal）作用。一旦采取方法降低信息线索的唤醒作用，该信息的晕轮效应将得到减弱或消除（Bagozzi，1998)。

帖标题一般是帖内容的浓缩性提取，是帖内容的一部分，也是社区信息内容的一部分。因而，由帖标题的内容判断联想到帖内容以及社区内容是一种常规逻辑推理，这种逻辑推理用于推演帖标题及其列表的晕轮效应同样适用。即主体帖标题的质量判断、价值判断所带来的评价结果也会推演到帖内容、社区内容的质量和价值。同时，如前所述，唤醒作用是情感信息的基本特征之一。帖标题中的情感线索的唤醒作用会使其足够突出，也因而更可能导致产生晕轮效应，影响浏览者对社区整体的评价和判断。

三 锚定效应（Anchoring Effect）

研究发现，人们在没有把握的情况下，通常会利用某个参照点和锚来降低模糊性，然后再通过一定的调整来得出最后的结论。锚定效应即指在判断过程中人们以最初的信息数据或其他参数为参照点来调整对事件的估计，从而导致最后的估计产生偏差的现象。这种最初的信息数据或参数会像锚一样制约着估测值（Tversky and Kahneman，1974)。关于锚定效应的研究显示，与锚一致的信息激活是一种自动化的非刻意加工，所以注意符合、预警、金钱鼓励和时间限制都无法控制加工深度，改善锚定效应（Mussweiler and Strack，1999）。

锚包括外部锚和自发锚两种类型，外部锚是指情境中其他人直接提供的参照值，自发锚是指个体根据所获得的信息线索及以往经验在内心自行产生的比较标准（Epley and Gilovich，2001）。Epley 等（2001）的研究发现自发锚比外部锚产生的锚定效应更快速和更持久。

影响锚定效应的因素被分为以下几方面：①锚定值的大小。一项关于态度转变中锚定效应的研究显示，极端锚值对于判断的影响要大于适中锚值的影响（Wegener，Petty，Detweiler - Bedell and Jarvis，2001）。②信息的影响。Epley 研究发现，优先获得的清晰信息会比其他信息对锚定效应影响更大（Epley，N.，2003）。选择通达理论认为，当有选择地补充和锚相一致的信息时，锚的暂时表征在短时记忆中会得到建构，由于寻找了和锚相一致的信息，因此锚定表征中随即包含了有偏差的信息，进而影响了后续判断（Mussweiler and Strack，1999）。③知识和态度的影响。被测试者的知识水平高低对锚定也有着影响作用，因为只有那些被人感受到能够运用在具体决策过程中的知识才能影响锚定效应（Petrow，A. A. and Anderson，J. R.，2005）。相关研究发现，哪怕针对同一信息用正负两种态度去呈现，对锚定效应都会有不同的影响。比如，如果以积极的方式去呈现，那人们通常就会对靶子赋予较高的值；反之，如果是消极的态度，锚定后的值也会较低。即人们对靶子估计时是先锚定于态度，态度信息优先于输入的其他具体信息（姚欣，2010）。

情感信息往往是具有更明确态度倾向的信息，因而它的更早输入可能导致锚定效应。浏览者在对帖标题及其列表的信息加工过程中会通过比较、综合等推理过程自然产生对虚拟社区积极的抑或消极的判断，这种判断会作为一种自发锚主导社区的价值估计。

根据以上诸理论，帖标题列表情感线索所引发的浏览者感知可能形成一个基本记忆图式同化后续信息加工，且其“代表性”作用将因晕轮效应而放大，所派生的评价、判断结果会作为“锚”左右最终的估计值。因而，其对虚拟社区价值感知的意义重大。

本部分以围绕着帖标题列表情感线索对虚拟社区价值感知的影响而展开，具体以解决以下问题为研究目的：

问题1：帖标题列表情感线索强度是否影响浏览者对社区价值的感知？有怎样的影响？

问题2：帖标题列表情感线索强度是否能够增进浏览者对其价值预测的信心？

问题3：文本情感线索强度对浏览者捕获帖标题起作用吗？起怎样的作用？对其他信息有怎样的影响？

问题4：帖标题文本情感线索影响浏览者的特定情境是什么？

问题5：浏览者个体差异对帖标题列表情感线索强度作用有何影响？

如前所述，当前网络环境下的线索利用研究尚非常缺乏，且现有研究主要关注网站可视化、商品陈列等图形形式方面，以及文本内容等内在线索，而对文本信息形式等边缘性线索价值的探讨尚未展开。本章问题的解决有助于将线索理论的应用拓展到虚拟社区研究领域，而且将构建虚拟社区这一特定情境下情感对认知作用的初步认识，从而充实相关理论成果。

第二节　线索利用二阶段理论

一　线索利用理论

线索利用理论是由 Cox 最早提出的一个线索理论的分支理论（1967），该理论认为线索就是一种“信息”，并提出线索对消费者有两方面的价值——预测价值（Predictive Value）和信心价值（Confidence Value），认为高预测价值和信心价值的线索将在质量评价过程中被赋予更大权重。因此，线索利用理论的应用重在强调一个重要因素在降低消费者风险、驱动消费者采纳产品过程中的重要性（Helm and Mark，2007）。

二　线索利用二阶段理论

其后，一些学者对这一理论进行了进一步发展，Olson（1972）所提出的线索利用二阶段理论便是其中著名研究成果。该模型（见图 5－1）直接建立在 Cox 研究基础上，认为当线索信息向消费者输入后，消费者会对信息进行两个阶段加工，而加工过程也是信息的线索意义产生的过程。

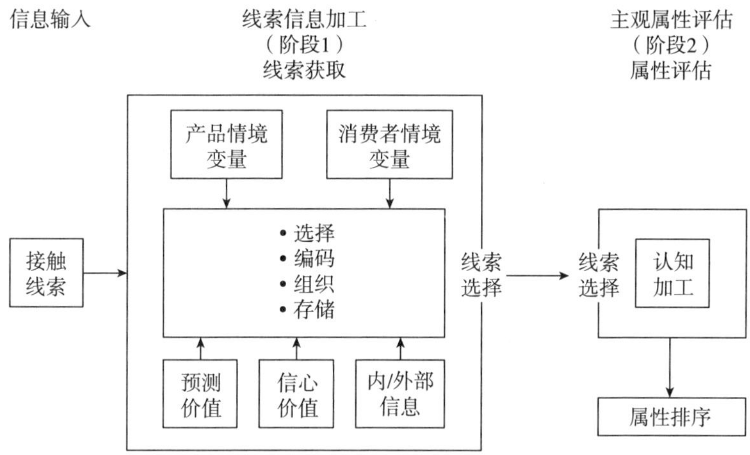

图 5－1　线索利用二阶段模型

在第一阶段，消费者将对线索进行获取、选择、编码、分类和存储，而产品情境和消费者情境将影响这些认知活动的进行及其结果——即使相同的信息输入，不同情境下所获取线索也可能不同。在这一阶段中，消费者记忆中所存储的信息也会发生作用，其中包括消费者对各类线索预测价值的判断、信心价值的判断。预测价值和信心价值大的信息其线索作用更可能被激活。另外，所输入信息的类型（内部信息还是外部信息）也将影响信息的线索作用的发挥。第一阶段主要涉及针对特定线索信息的认知活动，Olson 称为线索信息加工阶段，该阶段将完成线索获取任务。

在第二阶段，消费者将用前一阶段所获取的线索来加工他们对客体的印象，并建立对客体各种目标属性的判断，包括为这些属性排序。Olson 称这一阶段为主观属性评估阶段，该阶段将完成线索的利用。

在二阶段模型中，Olson 在 Cox 的 PV、CV 两维度基础上增加了第三个变量——线索内部性和外部性（I/E）。他认为线索可以分为内部的（如产品的物理特性）、外部的（线索非产品整体中的一个部分，如品牌名或价格），而且线索的内部或外部特征并不内生于顾客的 PV 或 CV 排序。他相信顾客可能对内部和外部线索表现出不同的偏好。因而认为应将 I/E 作为一个独立变量。并认为，当消费者面临一系列线索时，可能仅仅选择探测其中有限的一些。这样，关于线索排序的研究就显得比较重要了，因为偏好的线索类型被利用的可能性更高，且更可能影响消费者的判断。

三　线索利用二阶段理论在本书的应用

如前所述，线索理论认为，感觉是一种混合物，它既对来自感觉接收器的环境线索进行组织，又对这些线索信息展开认知加工以察觉环境变化。这个过程中感觉既需要展开数据驱动的、自下而上的感觉信息分析，又需要进行概念驱动的、自上而下的“无意识推理”（Allard，2001）。而线索利用二阶段模型将线索理论这一基本看法进行了程序式解析。其中第一阶段是自下而上的精细加工过程，这一过程线索被提取，而第二阶段是自上而下的无意识推理过程，该过程中线索的意义被延伸到对客体对象其他属性的判断。

本书认为，帖标题列表情感线索对浏览者的线索作用产生也是一个两阶段过程：第一阶段，帖标题列表作为输入信息，其中的情感线索与其他线索会产生竞争，强情感线索具有更大的唤醒作用，因而更可能在竞争中胜出并被浏览者所捕获和加工，从而导致其情绪卷入度提高。在这一过程中，其他线索将因强情感线索帖标题的注意力争夺获得较少的信息加工程度。而第二阶段，情感线索的作用将影响浏览者对社区属性的判断。一方面可能导致与情感相关的社区属性被赋予更高的评价，另一方面可能导致需要更多其他信息资源支持的社区属性被赋予更低评价（因为相关信息的加工资源在第一阶段被情感信息所争夺）。

其中第二阶段将展示情感线索的作用结果，而第一阶段是情感线索作用机理所在。本书将通过两部分研究来揭示对这两个阶段的推论（见图 5－2）。

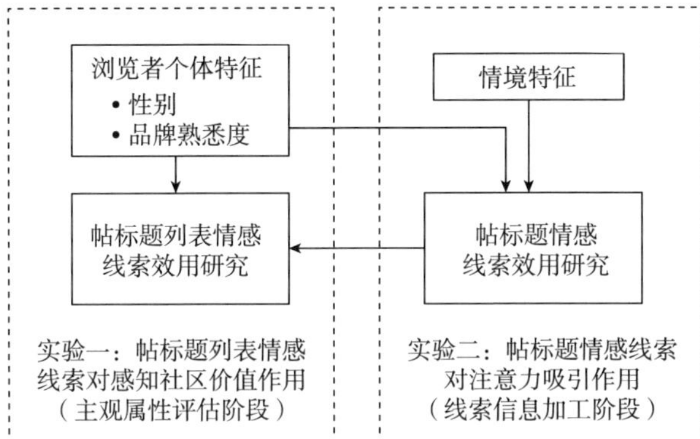

图 5－2　本章研究技术路线

第一部分，通过实验研究验证帖标题列表情感线索的作用结果。即考察帖标题列表情感线索强度对浏览者感知社区价值的影响，同时，在该研究部分也将对浏览者个体特征的协调作用进行验证。该部分研究是对浏览者帖标题列表情感线索利用的第二阶段的探测，即属性评估部分的探测。

第二部分，通过实验研究阐释帖标题列表情感线索的作用机理。对强情感线索帖标题对浏览者注意力吸引的作用进行验证，揭示帖标题列表情感线索强度效应发生机理。并同时观察这一机理发生的情境。该部分研究是对浏览者帖标题列表情感线索利用二阶段模型中第一阶段的探测，即信息加工部分的探测。

两个研究步骤中，前者研究结论是后者假设提出的基础，而后者则补充说明前者结论的合理性。前者关注帖标题列表的情感线索强度对虚拟社区价值感知的效用，即总效用，后者关注特定帖标题的情感线索强度对其信息加工的影响，即研究个体效用。

本部分研究将采取实验研究法展开，具体将开展两个实验研究：实验 1 研究帖标题列表情感线索强度对社区感知价值的影响，以及浏览者个体特征的协调作用；实验 2 研究帖标题情感线索强度对浏览者注意力吸引的影响，以及情境因素的调节作用。

第三节　帖标题列表情感线索强度对感知社区价值的作用

一　概念阐释

关于帖标题列表情感线索对感知社区价值的作用研究将涉及以下概念，在此对这些概念做以下阐释。

1. 感知社区价值

消费者感知价值即消费者所能感知到的利益与其在获取产品或服务时所付出的成本进行权衡后对产品或服务效用的总体评价（Zeithaml，1988）。周志民（2005）从价值性质和价值方向两个维度，提出了品牌社区为顾客带来的四种价值——财务利益、社交利益、服务利益、形象利益；SurachartkumTonkun 和 Patterson（2007）根据消费者感知价值理论，认为消费者在品牌社群获取的价值可以分为情感维度、社会维度和功能维度。Sicilia 和 Palazón（2008）分析西班牙地区的可口可乐品牌在线社区参与者需求动机，认为他们主要获取了功能价值、社会价值和娱乐价值。综合现有研究可以发现，虽然当前关于虚拟品牌社区感知社区价值维度的研究成果未达成完全一致，但较多研究强调了功能价值（包括信息价值等）、社交价值（或称心理价值）、娱乐价值（或称享乐价值）、财务价值四个维度。因而，本部分研究对虚拟品牌社区感知社区价值的测量从这四个维度展开。

2. 主帖

又称主题帖，是虚拟社区中社区成员自定一个主题单独发表的帖子。与主贴相对应的概念是跟帖。所谓跟贴，指其他成员对主贴以回复形式发表的帖子。并非每一个主帖都会被回帖，关键看主帖的内容能否引起其他成员的兴趣（徐小龙、黄丹，2010）。本章以主帖为主要研究对象。

3. 帖标题

虚拟社区中发布主帖通常要求发布者给出一定的标题，这个标题作为主帖的一部分通常会与主帖一并展示，同时，会在浏览或搜索的首页面集中罗列，且往往成为搜索主帖及其跟帖的主要依据。

4. 帖标题列表

为了方便浏览者查找社区中各主帖及其跟帖，虚拟社区通常会将帖标题汇集列表，浏览者先行对帖标题进行浏览，选定其感兴趣的帖标题，然后点击浏览其具体帖内容及跟帖，这种帖标题的汇集性列表即帖标题列表。虚拟社区中帖标题列表中排列顺序的主要依据为发布时间及回帖时间，越新的主帖、最近被回帖的主帖往往排在帖标题列表的前列。

5. 帖标题情感线索

本章的帖标题情感线索指帖标题所蕴含，并能被阅读者所接收的、与情感表达方式有关的文本信号。而情感表达方式指第三章扎根理论所发现的相关情感表达方式范畴（主要包括语气强化、词汇强化、情境强化、修辞强化四个范畴）。其中，运用更多情感表达方式或有更高情感表达丰裕度的帖标题称为强情感线索帖标题，反之则称为弱情感线索帖标题。

6. 情境卷入

卷入是受众个体的一种内部唤醒状态（Internal State of Arousal）或注意水平（Attention）。卷入分为持续卷入和情境卷入两种。当核心意义在于消费者时，卷入为持续性的，即代表消费者对兴趣目标的一般的、长期的关注。当核心意义在于情境时，卷入是可变的，所捕捉到的是情境下的消费者的感觉和状态，即情境化卷入。持续卷入是内在驱动的，而情境卷入是外在驱动的（Houston and Rothschild，1978；Laurent and Kapferer，1985；Richins and Bloch，1986）。本部分研究所涉及个人卷入主要是情境卷入。

7. 产品熟悉度

产品熟悉度是指与产品相关体验的累积数量（Alba and Hutchinson，1987）。品牌熟悉度是品牌知识的主观反映，将影响消费者信息加工（Howard and Sheth，1969；Bettman，1979）。

二　帖标题列表情感线索对社区价值感知的影响

（一）主效应

语言符号等是情感的重要刺激物，如 Staats 和 Staats（1957）研究发现，当消极词或积极词与无意义词配对呈现后，会影响与之配对的无意义词的情绪色彩。Houwer、Baeyens 和 Eelen（1994）要求被试对中性词和阈下呈现的积极词或者消极词进行配对学习，结果发现学习后被试对中性词的评价发生了改变，即情绪词改变了中性词的情绪色彩。而 Flykt 和 Esteves（2001）研究发现，情感性的符号刺激将被标记而进行优先加工，这种作用与视觉启动具有相似之处。同时，研究还发现情绪词的情绪意义的获得早于概念意义的获得（Hermans，Houwer and Eelen，2001）。

经济学研究显示，线索可能减少信息查找的边际成本（或放大其边际收益），从而对消费者的价值感知和查找意图产生更积极的作用（Stigler，1961；Nelson 1974）。Pham（1998）指出，由于“跟着感觉走”启发式（消费者通过情感来得到关于当前状况的信息），事件情绪经常会转移为不相关的购买意向。

同时，服务管理学研究发现，服务情境对消费者的感情以及行为有直接影响（Donovan and Rossiter，1982；Donovan et al.，1994；Dube，Chebat and Morin，1995；Hui，Dube and Chebat，1997）。如 Sherman、Mathur 和 Smith（1997）对消费者情感在商场环境与消费者购买行为之间的中介作用（其构建的理论模型如图 5－3 所示）的研究发现，商场的氛围因素、设计因素、社会因素等都会通过影响消费者情感进而影响消费者在商场的购买行为。因而，越来越多的研究者认为，环境绝不是中性的，对顾客来说环境意味着暗示、信息和建议（Markin et al.，1976；Bitner，1992）。除此之外，Eroglu、Machleit 和 Davis（2003）研究了消费者愉悦度和唤醒度对消费者满意和趋近行为的影响（探索商店和网址的欲望），证明被各种网络线索引起的高水平阅读和唤醒度将倾向于增加满意度和趋近行为。而杨晓东研究发现，对服务业而言，传播体验、服务体验和关系体验均通过顾客情感和品牌形象对顾客忠诚产生正向影响，而且传播体验和服务体验的交互作用对顾客情感产生影响。

虚拟社区是一个服务环境和社会环境，帖标题的情感线索强度会作为社区的情感氛围对浏览者产生影响。而虚拟社区帖标题列表的情感线索强度所带来的不同感觉，将发展为浏览者对社区的感觉，直至影响浏览者决策。

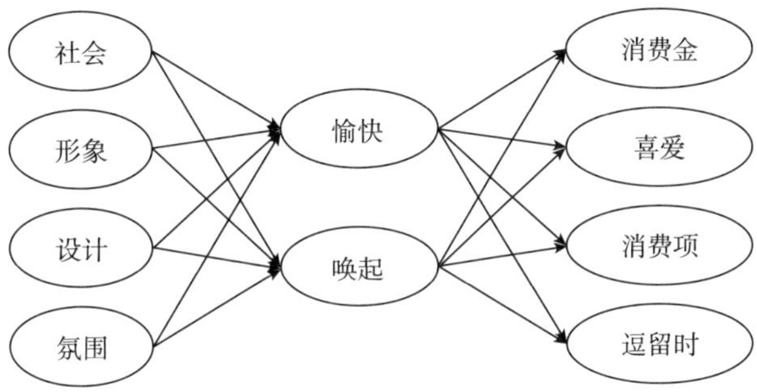

图 5－3　商场环境对消费者购买行为影响的理论模型

资料来源：Sherman, E., Mathur, A., Smith, R. B., "Store Environment and Consumer Purchase Behavior: Mediating Role of Consumer Emotions", *Psychology and Marketing*, 1997, 14(4): 361－378。

根据以上研究，我们有理由推理，虚拟社区帖标题列表的情感线索强度将影响浏览者对社区价值的感知。即帖标题列表的情感线索强弱区别将导致感知社区价值有显著差异。但是由于社区的各类价值方面的源泉不同，我们认为帖标题情感线索强度可能对社区各价值有不同的影响。

按照金立印的解释，由于消费者有时只是出于一种满足好奇心和寻求刺激的动机而参与虚拟品牌社区活动，这意味着虚拟品牌社群对于消费者还具有娱乐的价值。即虚拟品牌社区的感知娱乐价值与消费者的满足好奇心、寻求刺激动机有关。事实上，这些动机主要是一种情感动机，情感刺激更能够满足这些动机。研究发现，与不带情绪色彩的刺激相比，具有情绪含义的刺激（包括词汇、事件/场景图片、卡通图、简笔画等在内）更能吸引注意或占用注意资源，引起注意偏向（Lang, 1995）。据此可以推理，由于强情感线索帖标题会占用更多的注意力资源，浏览者将对其进行更多的信息加工。而强情感线索帖标题列表蕴含更多情感刺激，更能够满足浏览者娱乐价值方面的追求，这种满足将投射到对社区的评价上，即提高浏览者的感知娱乐价值评价。因而，我们提出以下假设：

H1a. 较之弱情感线索的帖标题列表，强情感线索的帖标题列表将导致更高的感知社区娱乐价值。

同时，社交价值和关系需求相匹配，指虚拟品牌社区帮助成员构建网络人际关系、沟通信息、交流情感等方面的价值（金立印，2007），而强情感线索帖标题列表也会对此起促进作用，因而，我们提出以下假设：

H1b. 较之弱情感线索的帖标题列表，强情感线索的帖标题列表将导致更高的感知社区社交价值。

另外，帖标题列表中强情感线索帖标题将占用更多注意力资源，且其情感唤醒作用对于其他信息的实质内容加工可能是不利的。

对唤醒度及其绩效的广泛研究发现，唤醒度会引起一种注意力狭窄化的过程（Eysenck，1982）。因此，被唤醒的消费者将基于信息价值，或利用被接受的目标及其诊断性来选择线索加以加工（Lynch，Marmorstein and Weigold，1988）。作为其结果，在一个理解环境下，高唤醒度可能增加诊断性线索对态度的影响，而降低非诊断性线索对态度的影响，而导致高唤醒度消费者可能不能正确地提取他们没有设法去进行足够加工的线索的评估意义。

这些研究显示，消费者倾向于选择性加工那些有着高信息价值的线索，而以那些有较低信息价值的线索为代价。即除线索信息外，其他信息将被分配更少的加工资源。据此推理，当高情感线索帖标题的信息加工占用更多注意力资源时，其他帖标题的加工资源将被“掠夺”，其内容将被忽视。

虚拟品牌社区的感知功能价值指成员通过参与到品牌虚拟社群以获取一些功能利益。这些功能价值可以是信息、效率或者是便利（杨新文、刘新，2010）。而财务价值同交易需求相匹配，涉及的是品牌支持者通过加入虚拟品牌社群、参与活动所获得的财务方面的利益，主要包括成为会员后可以享受到的优惠等（金立印，2007）。也就是说，感知功能价值和感知财务价值的判断一般基于实质性信息的支持，而当强情感线索帖标题占用了更多注意力资源时，导致其他信息无法进行精细加工时，这些价值感知的支持可能不充分。

基于此，我们推理，虚拟品牌社区帖标题列表情感线索强度可能与感知功能价值和感知财务价值负相关。因此，提出以下假设：

H1c. 较之弱情感线索的帖标题列表，强情感线索的帖标题列表将导致更低的感知社区功能价值。

H1d. 较之弱情感线索的帖标题列表，强情感线索的帖标题列表将导致更低的感知社区财务价值。

（二）情感卷入对帖标题列表情感线索影响的中介作用

卷入几乎对包括品牌搜索、信息加工、态度改变、购买意向形成等在内的各种消费者行为存在影响。人们对卷入的理解有不同侧重点，因而形成了不同定义。如将卷入定义为具有指向性、持续性、强度特性的个体的内在唤醒状态（Andrews 等，1990）；定义为受众对某一特定加工任务所投入的注意量（Toncar and Munch，2001）；或者定义为某一刺激或任务与消费者现有需要和生活理想相关联的程度（Palanisamy and Wong，2003）。

人们按照卷入产生原因的不同将其分为情境卷入和持续卷入两种。关于情境卷入的认识认为，相同产品有可能因情境的差异而使消费者对产品产生不同程度的卷入。当卷入的核心意义在于消费者时，卷入为持续性的，即代表消费者对兴趣目标的一般的、长期的关注。当核心意义在于情境时，卷入是可变的，所捕捉到的是情境下的消费者的感觉和状态，即情境卷入。Zaichkowsky（1978）提出，影响卷入的情境因素有 7 项：使用情境、购买情境、时间购买压力、产品促销情境、风险、误购可能、误购经验。在虚拟社区这个服务环境下，帖标题情感线索作为情感刺激将营造特定心理氛围，这种心理氛围也是虚拟社区相关服务的使用情境，从而带来浏览者的情境卷入。

研究者通常认为卷入有认知卷入和情感卷入两个维度（Zaichkowsky，1994）。其中认知卷入强调个体信息加工的激活水平及其理想化状态下的实现程度，一般用关联性、重要性、需要强度、贵重程度等来测量。情感卷入强调个体的感受和所处的情绪情感状态，由有趣的、迷人的、吸引人的、使人投入的、令人兴奋的等测量维度构成。因而，认知卷入主要对应于信息价值本身所带来的认知效果，而情感线索带来的情感效果对卷入的影响则主要通过情感卷入来体现。而对传统商店环境和网店环境的大量研究也发现了消费者情感卷入对可视化产品外观线索与消费者反映行为的关系有显著中介作用（Eroglu, Machleit and Davis, 2003；Menon and Kahn, 2002；Sherman, Mathur and Smith, 1997；Spies, Hesse and Loesch, 1997）。同时，不同程度的卷入导致不同水平的信息加工。四水平说按所导致的信息加工资源和记忆效果将卷入分为前注意、集中注意、理解、精细加工四种水平，而信息对接受者的作用也随着加工水平的提高而提高（Greenwald and Leavitt, 1984）。

因而，我们推理，强情感线索帖标题将导致更大程度上的浏览者情感卷入，并导致进一步的注意力集中和相关信息的深度体验和加工。并进而影响消费者对社区价值的感知。

因此，研究提出以下假设：

H2. 消费者情感卷入在帖标题列表情感线索强度对感知社区价值影响中起中介作用。

（三）性别对帖标题列表情感线索效用的影响

男性和女性在信息加工和决策判断上存在诸多区别。已有研究发现，男性和女性在评估产品时对特征重要性的看法呈现差异（Holbrook, 1986；Painter and Granzin, 1976），当信息内容与性别的社会角色相关时，对应性别更容易理解信息（Sistrunk and McDavid, 1971）。

过去较多研究认为，性别的判断差异主要来自其与判断相关的知识不同，但有越来越多的学者提出，一些性别表现差异不能被知识区别所解释，但能够被男性和女性信息加工策略差异来解释。比如有学者认为，除了气味外，女性可能对各类刺激都更敏感，即其敏感起点更低，而这种基础的差异可能导致其他更复杂加工的差异（McGuinness and Pribram, 1979）。后来这些推理被越来越多的研究所证实，如 Wood（1966）和 Nowaczyk（1982）观察到非言语刺激能招致女性比男性更多的联想、附加想象的解释和更精细的阐述。Krugman（1966）报告发现无论广告的内容是否令其更感兴趣，女性都会比男性进行更多精细加工。

性别的信息加工差异可能与其敏感点有关，也与其他因素有关。如 DePaulo 和 Rosenthal（1979）发现，当给予充分时间时，女性对刺激的精细加工会比男性更多。但当时间高度受限时，这种差异会消失，因此提出，当信息线索被充分注意，达到女性的起点而不是男性的起点时，其精细加工会胜出（DePaulo, Bella and Rosenthal, 1979）。而 Meyers -

Levy 和 Sternthal（1991）的实验研究显示，当线索可能被精细加工的情况下，较之男性，女性被激发出更多关于判断相关线索的考虑且更易于产生这些考虑。有学者归纳以上现象，认为现象间区别的原因在于有些线索达到女性精细加工的起点，而没有达到男性的起点。然而，在两个性别的敏感点以上或以下信息线索出现时，性别的判断间没有差异。因而他们提出除了敏感起点外，信息的特征可能导致他们信息加工程度不一（Meyers - Levy and Sternthal，1991）。

那么，怎样的信息特征女性会精细加工，怎样的信息特征男性会精细加工？对此虽然没有系统的分析研究，但研究者根据两性的心理特征做出了一些推测。如研究发现，女性和男性的心理导向在动力和共享两个维度呈现差异（Meyers - Levy，1988）。通常认为，男性是动力导向，这种导向有助于一个相当简单、自我聚焦的视角，这种视角以自作主张和关注目标达成为标志。而女性主要是共享导向，它有助于关注更广阔的情境，其中包括自己和他人，因此，联系更多相异群体并将自我和他人相联系是女性的特征。据此推理，文本情感线索可能更易引起女性的精细加工，并引起其对虚拟社区感知娱乐价值、感知社交价值的积极推理。

本章也认为性别可能影响虚拟品牌社区文本情感线索效用。

一方面，根据相关研究，女性的敏感起点低，且可能做更多的联系性思考，当时间充分的情况下，她们通常可能对各类信息投入更多的精细加工，因此，我们推理，在强情感线索帖标题列表对其进行刺激时，尽管强情感线索帖标题使女性投入更多精细加工，但女性仍然有更多可能对其他内容线索进行精细加工，也就是说，对虚拟社区感知功能价值和感知娱乐价值的评价并不会因精细加工缺失而降低。

另一方面，当强情感线索帖标题列表对浏览者进行刺激时，其中的强情感线索尽管吸引了男性浏览者的注意，但他们的精细加工被启动的可能性较低，难以获得男性对感知娱乐价值的积极评价。与此同时，情感线索外的其他线索其强度较低，且由于男性浏览者注意力被分散，更难以得到男性的精细加工投入。而男性以动力导向为特征，在其未对信息进行充分加工的情况下，关注目标达成的他们会降低对感知功能价值、感知财务价值的评价。

基于以上推理，我们认为，帖标题列表情感线索强度对男性和女性的感知社区价值作用不同。其中，强情感线索会促进女性感知娱乐价值和感知社交价值的提升，而不会对感知功能价值和感知财务价值带来影响。强情感线索会降低男性感知功能价值和感知财务价值，而不会对感知娱乐价值和感知社交价值带来影响。

因此，我们提出以下假设：

H3. 帖标题列表情感线索强度对男性和女性的感知社区价值评价的作用有显著差异。

（四）品牌熟悉度对帖标题列表情感线索效用的影响

较早的研究已多次证明，品牌熟悉度对消费者的信息加工有作用（Howard and Sheth，1969；Bettman，1979）。

品牌熟悉度是消费者品牌知识的维度之一。品牌知识一般对应于熟悉度、技能、体验等。如 Alba 和 Hutchinson（1987）提出消费者产品知识由熟悉度和技能构成。熟悉度被定义为与产品相关体验的累积数量，技能是成功履行产品相关任务的能力。总的来说，产品体验是一种必要但不充分的消费者能力条件。很多研究发现了品牌知识对消费者品牌信息加工（包括线索加工）的影响，但是相关研究结论却呈现分歧。

一方面，一些证据显示，品牌知识与外部线索利用之间可能是负相关关系。按照精细加工可能性模型，在其他条件相同的情况下，精细加工预测了信息加工能力偏低的消费者可能会遵循一个“外围路线”去理解，将其评价建立在简单线索基础上（如品牌背书者）。反之，有着较高信息加工能力的消费者更可能遵循一个“中心路线”去理解，即借助于仔细地对信息命题的审查形成理解（Sanbonmatsu and Kardes，1988）。而关于晕轮效应的阐述也提出，晕轮效应一般发生在主体对客体了解还不深入的情况下，主体因而容易受感觉的表面性、局部性和知觉的选择性的影响，从而对于客体的认识仅仅专注于一些外在特征上。因而，按照这些理论的推理，对低品牌知识浏览者而言，帖标题列表的强情感线索应该更容易被捕获。

另一方面的证据则显示，品牌知识可能会促进外部线索的利用。如较早的研究发现，前知识既会促进新信息的获取，也会促进既有信息的利用，因为品牌知识会降低使用信息的认知成本，且增加获得信息的利益，因此当品牌知识增加时，信息搜寻努力也增加（Park and Lessig，1981；Russo，1984）。Hayes - Roth（1977）以及 Marks 和 Olson（1981）提出，熟悉度的增加将导致关于产品的知识结构或蓝图被更好地建构。这种建构包括评估标准和规则，刺激可能激发图示中的联想导致评估标准和规则的被使用。Park 和 Lessig（1981）提出不同熟悉度的消费者有不同的图示建构，因而将不同信息用于产品评估。随着熟悉度增加，前知识也会在量上和质上增进，以致使熟悉度增加的消费者有更多的知识用于考虑大量的属性。按照这些理论可以推理，品牌知识较多的浏览者，将考虑更多的线索，即强情感线索可能对其产生更大影响。

李东进等（2007）的研究对统一以上两种认识提供了一定依据。他们认为，品牌知识对信息搜索作用的差异主要是因为品牌知识本身有两种类型，即主观知识和客观知识。其中主观知识指个体感知他们了解一个产品或产品类型的知识；客观知识指个体存储在记忆中的知识（Brucks，1985）。他们比较消费者产品知识的两种类型对信息搜索行为间关系发现，客观知识与信息搜寻之间有负向关系，而主观知识与信息搜寻有正向关系。当消费者主观认为自己的产品知识不足时，消费者具有较低的自信程度，此时消费者受外界因素影响较大，而自我信息搜寻努力较低。当消费者认为自己的产品知识水平较高时，消费者具有较高的自信程度，其就会积极进行信息搜寻来保持自信程度，这样信息搜寻努力就会比较高。

按照以上研究，我们认为以消费者自述的品牌熟悉度为品牌知识的测量方法所获取的数据有一定的主观成分。因为人们感知他们知道什么可能有赖于他们实际知道什么，也依赖于他们对自己记忆所拥有的知识数量和类型的自信（Park and Lessig，1981）。因而，当品牌熟悉度所表征的品牌知识较高时，消费者会有更强的信息搜寻努力，从而有更多的机会捕获和感知强情感线索帖标题。也即强情感线索帖标题对其影响更为显著。

除此之外，以上推理也符合选择通达模型理论。选择通达模型认为，锚定效应产生于与锚相一致信息的选择性通达的增长。即在有选择地补充与锚相一致的信息的过程中，锚的暂时表征在短时记忆中得到建构，由于寻找了与锚相一致的信息，因此锚的表征中随即包含了偏差信息，进而影响了后续的判断。这种选择性通达的信息需具备两个至关紧要的特征，即信息的可利用性和代表性。当浏览者有内在的品牌熟悉度时，其对品牌有内在的评估，这种评估作为锚将左右其信息加工和评价，特别是将促进有关评价的信息的吸收。而情感线索一般具有明确的正负情感导向，与品牌评价紧密相关，相关信息被吸收利用的可能性因而大大增强。

同时，近年对品牌知识与信息加工间关系的新研究成果也为此提供了证据。按照 Lewandowsky 和 Kirsner 的理论，拥有高水平前知识的消费者更多地关注其目标的达成，低水平前知识的消费者更关注信息内容的获得（Lewandowsky and Kirsner，2000）。Hong 和 Sternthal 的进一步研究发现，不同前知识水平趋于不同建构水平的信息加工。其中，高水平建构主要指针对对象核心特征的、较为抽象的陈述，低水平信息主要指针对对象表象特征的具体描述。比如对一个 MP3 的描述，高水平建构性描述可能为"操作容易的菜单导航"，低水平建构性描述则可能是"可以通过触摸艺术家、歌曲列表、相册以及更多键来选择歌曲"，而高水平建构信息直接支持目标达成，对应于高水平前知识消费者，而低水平建构信息更易于学习，主要对应于低水平前知识消费者（Hong and Sternthal，2010）。由于情感信息将情感注入，其描述往往更为抽象，也更支持目标达成，这种信息属高水平建构信息。按以上研究推理，高品牌知识的消费者将更趋向于此类信息的加工。

也有研究认为，对于一个知识较少者其目标则更多的是指向内容型信息，因而他们趋向于进行更外部的信息查找，而不是依赖他们的现存知识（Mandel and Johnson，2002），而且会采取评估模式，以便对信息进行仔细的、完整的考虑，以弥补自己的知识缺陷，从而获得信息（Hong and Sternthal，2010）。如将对各种选择做更多的比较（Mitchell Dacin，1996）。他们也展示更趋于使用数据驱动的加工模式，以利于了解和考虑信息的所有部分（Chi，Glaser and Rees，1982）。沿着这一思路，当消费者不熟悉品牌时，其对虚拟品牌社区中的信息可能进行更审慎的针对内容的信息加工，这样文本情感线索较难将其注意力从实质性信息中转移出来。那么，文本情感线索干扰所造成的对其他信息加工的负面作用就难以达成。

因而，根据以上论据和推理，我们提出以下假设：

H4. 相对于低品牌熟悉度消费者而言，对高品牌熟悉度消费者而言，帖标题列表的情感线索强度差异会造成更显著的感知社区价值差异。

（五）帖标题列表情感线索强度对预测信心的影响

如前所述，按照线索利用理论，线索有预测价值和信心价值两方面的价值。特别是当一个产品的内部线索有较低的可信度和预测价值时，外部线索就特别有价值（Cox，1962），比如，当消费者不能区别一个产品绩效如何、安全性怎样、可能的社会接受度时，他们倾向于依靠价格、承诺信息，或者其他外部线索去提高对预测产品绩效的信心（Bearden and Shimp，1982）。

服务性产品的价值判断通常缺乏内在的、可观察的客观标准，特别是由于虚拟品牌社区是一个自由、开放的交流环境，其中的参与者是否为普通消费者，相关发帖是不是值得信任的，社区是否有可靠的服务管理等问题的回答都缺乏直接证据。在缺乏内部线索的前提下，帖标题情感线索强度等外部线索就显得更有价值。也就是说，强情感线索的帖标题列表有助于增强浏览者对社区价值的预测把握度。

因而，本章提出以下假设：

H5. 较之弱情感线索帖标题列表，强情感线索帖标题列表将导致对感知社区价值的评估有更大预测把握度。

三　研究模型构建

根据以上推理和假设提出，我们建立了以下有关帖标题列表情感线索强度对浏览者感知社区价值的作用模型。

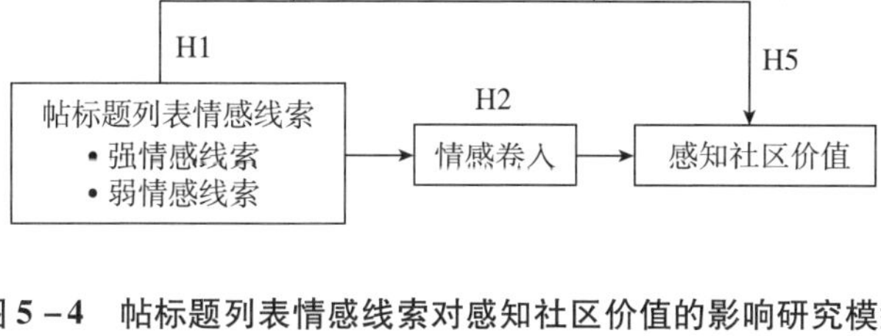

图 5－4　帖标题列表情感线索对感知社区价值的影响研究模型

四　帖标题列表情感线索强度对感知社区价值的作用研究：实验设计

（一）实验方案设计

本部分实验研究采取单因素组间实验设计。以帖标题列表情感线索强度（两个水平：强/弱）为组间因素，以品牌熟悉度、性别为随机变量，以帖标题知识性内容、帖情感效价、认知卷入度、人口年龄等为控制变量，以感知社区价值为因变量。

（二）实验材料准备

1. 实验刺激物设计

实验以虚拟品牌社区帖标题列表为主要刺激物。而对该刺激物的设计涉及以下问题的解决：

（1）品类选择。本章对品类和品牌的选择以卷入度为主要依据。其理由如下：一方面，事实上只有高卷入度产品的虚拟品牌社区才可能具有足够吸引力，而现存具有一定人气的虚拟品牌社区均为高卷入度产品的社区。另一方面，只有高卷入度产品消费者才更可能对其进行信息搜索。也就是说，通常进入虚拟品牌社区的消费者都是个人卷入度较高的消费者。另外，选择被试卷入度更高的产品有利于被试更投入地参与实验，提高实验信度。

本实验的被试为在校大学生，为选择被试卷入度高的品类，本书分别访问了20名大学生（10名女生、10名男生），要求被试说出头脑中首先出现的对自己来说最重要的采购商品类型。结果提及率较高的两个品类为笔记本电脑和手机。本书选择笔记本电脑为实验品牌对象。且根据CR－Nielsen 2010年对中国消费者的调查，IT、通信等产品的信息获取中，互联网传媒地位具有绝对优势。因而，研究选择笔记本电脑为实验品类也有利于提高研究结果的实践意义。

（2）品牌选择。本书依据中关村在线网站各品牌笔记本论坛的注册会员人数，选择注册会员数最多的笔记本品牌——ThinkPad作为对象。中关村在线网站是专业IT网站，网站中论坛平台共建有31个笔记本品牌的论坛，其中ThinkPad社区注册会员数达4357111人（数据获取时点数据），位居各品牌之首。说明该品牌相对有更多消费者熟悉，即会有更多消费者对其有高卷入度。

（3）虚拟品牌社区网页设计。实验以豆瓣网这一社交平台为虚拟品牌社区设计模板进行 ThinkPad 社区网页设计。豆瓣网包含各类讨论小组共 25 万个，其中品牌社区涉及品类多样，该平台中各小组页面设计（颜色、字体、排版等）非常简洁，而且均为一致设计。选择该社交平台既能够营造现实的社区情境，又不至于平台设计本身特征对实验造成显著影响。按照豆瓣网小组网页的格式，每屏网页容纳 25 个帖标题，即帖标题列表通常包括 25 条帖标题。

（4）帖标题列表中目标帖标题的制作。研究所设计网页的每个帖标题列表中包含 12 条目标帖标题。这 12 个目标帖抽取方法如下：在 ThinkPad 社区（中关村在线、豆瓣网等）中筛选了 30 个强情感线索的自然帖标题，让 10 个被试对其情感强度进行评价（两端标度为“没有感情”和“非常富有感情”的 Likert 七度量表）。然后分别选择 4 个情感强度较高的正面情感帖、4 个情感强度较高的负面情感帖、4 个情感强度较高的中立情感帖。这 12 个帖标题共同构成强情感线索组帖标题列表的目标帖标题。

然后对这 12 个目标帖进行内容加工，即去掉其情感表达成分。选择了 10 个被试对加工后帖标题进行情感强度评价，发现其情感强度值显著降低。于是将加工后帖标题纳入弱情感线索组，作为弱情感线索组帖标题列表构成部分。

表 5－1　　两个实验组的目标帖标题比较

强情感线索帖标题	弱情感线索帖标题
我总觉得 thinkpad 的声音特别小，有木有！	thinkpad 的声音特别小
x200 的风扇！！！！！ 我快哭啦！！！！	x200 的风扇坏了
求解！！！ 9000 大洋 E40 让我无限费解愤慨啊！！！	9000 大洋 E40
我的小黑漏电了……怎么办怎么办怎么办	我的小黑漏电了
W510 的麦克风有问题！！！！！！	W510 的麦克风有问题
我晕～～小黑啥子键盘啊～～～	小黑的键盘糟糕
来人啊，我的电脑开不了机，55555	求助，我的电脑开不了机
谁能 99 我的 T60	我的 T60 坏了

续表

强情感线索帖标题	弱情感线索帖标题
高分屏的 T43P 真给力	高分屏的 T43P 很不错
真郁闷，出了笔记本才想起这里	出了笔记本才想起这里
那啥……大家都是如何清理污渍的呢？	大家都是如何清理污渍的呢？
急!!! thinkpad 学生机究竟什么时间能出来啊？	thinkpad 学生机什么时间能出来？

（5）帖标题列表中非目标帖标题的制作。由于帖标题列表共容纳25 个帖标题，因此除 12 个目标帖标题外的其他 13 个帖标题为非目标帖标题。我们对这些非目标帖标题选择方法为：采取方便抽样直接选择 Thinkpad 的自然帖标题列表页，以帖标题主题为标准用配额抽样法从中抽取 13 个帖标题。

值得强调的是，按照现实情境，帖标题列表中各帖标题可能涉及不同主题。本实验也考虑了特定主题对浏览者的感知会产生特定影响，因而采用使主题多样化的方法加以控制。具体操作是，在选择帖标题时，将多种不同主题的帖标题纳入。因而最终实验材料中，帖标题列表涉及包括使用方法、型号评价、请教、求购、寻友、询价、求救等在内的多种主题，以避免某特定主题对实验结果的影响。

（6）帖标题的排序。为了使强情感线索帖标题分布更趋自然，帖标题排序采取穿插式排序方法，即 12 个目标帖标题均匀分布在奇数序位，其间且将不同情感效度目标帖标题也做分散化处理。

2. 量表设计

实验所涉及量表分别为：感知社区价值量表、情感卷入量表、品牌熟悉度量表、预测信心量表。量表来源如表 5－2 所示。

关于预测信心测量研究较少，本书采用 Yaveroglu（2002）所使用的测项测量，其相关陈述为“我对于以上对社区价值的评价非常有信心”。该测项为 7 点量表，且对各类感知价值评价分别设置问题（共四个陈述，分别嵌入每组关于感知社区价值的问题后），陈述统一为“我对于以上四方面对社区价值的评价非常有信心”。这种测量设置是为了发现情感线索强度具体对哪些感知社区价值方面的预测信心起到强化作用。

表 5-2 量表来源

<table>
<tr><th>量表名</th><th>量表测项</th><th>量表来源</th></tr>
<tr><td rowspan="5">情感卷入</td><td>有趣</td><td rowspan="5">个人卷入量表 PII（The Personal Involvement Inventory）</td></tr>
<tr><td>吸引人</td></tr>
<tr><td>有魅力</td></tr>
<tr><td>令人兴奋</td></tr>
<tr><td>使人投入</td></tr>
<tr><td rowspan="4">感知社区价值</td><td>感知功能价值（4 项）</td><td>Korgaonkar 和 Wolin，1999；查金祥，2006；金立印，2007</td></tr>
<tr><td>感知娱乐价值（4 项）</td><td>Torkzadeh 和 Dhillon，2002；查金祥，2006；金立印，2007</td></tr>
<tr><td>感知社交价值（4 项）</td><td>金立印，2007</td></tr>
<tr><td>感知财务价值（4 项）</td><td>金立印，2007</td></tr>
<tr><td>品牌熟悉度</td><td>自述了解程度（1 项）</td><td>自编</td></tr>
<tr><td>预测信心</td><td>对评价有信心（4 项）</td><td>Yaveroglu，2002</td></tr>
</table>

关于情感卷入测量，本研究以个人卷入量表 PII（The Personal Involvement Inventory）为测量工具。PII 含认知卷入和情感卷入两个分量表。认知卷入强调个体信息加工的激活水平及其理想化状态的实现程度，量表用重要性（important）、关联性（relevant）、贵重程度（valuable）、需要强度（needed）、对个体的意义（means a lot to me）五个项目对之进行测定；情感卷入强调个体的感受和所处的情绪情感状态，由有趣的（interesting）、吸引人的（appealing）、迷人的（fascinating）、令人兴奋的（exciting）、使人投入的（involving）五个项目构成这一分量表。

（三）实验程序设计

本章对实验设计进行了预测试，预测试的主要目标在于检验强情感线索帖标题列表和弱情感线索帖标题列表对浏览者情感卷入的作用差异。而正式实验采取集体施测方法展开。

实验刺激呈现方式为：

首先，让被试阅读调查导言。导言阐明调查的学术目的及匿名性质，以避免实验中被试可能产生的风险感。

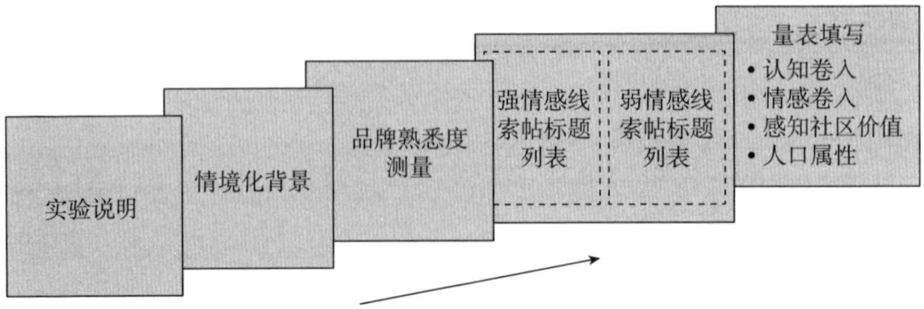

图5-5 实验刺激呈现方式

其次，让被试阅读一段背景文字，该背景强调笔记本电脑的重要性，并假设对ThinkPad笔记本电脑信息查找目的产生情境。这一背景阅读主要实现两个目的：一是强化被试的认知卷入度，以促进实验信度。二是建立情境感，顺畅引入后续调查。背景的具体陈述为：

对于完成自己的大学学业而言，有一台电脑太重要了。你越来越感觉到自己需要买一台笔记本电脑。

而观察周围，你发现有人在用ThinkPad笔记本，这种电脑到底如何呢？你也想了解下它。于是你到网上去查找关于该品牌的信息。无意中，你发现豆瓣网上有一个关于ThinkPad笔记本的小组。你进入了该小组，浏览了该社区的首页。请根据你看到的内容回答后续问题。

再次，要求被试完成品牌熟悉度量表。

又次，向被试展示ThinkPad社区网站画面，要求其认真阅读。两组所阅读画面均为该社区帖标题列表。学号单数同学阅读强情感线索帖标题列表画面，学号双数同学阅读弱情感线索帖标题列表画面。统一时间后要求停止阅读。

最后，被试依次完成个人卷入度、感知社区价值量表的填写，然后填写性别、年龄等人口属性。

五　帖标题列表情感线索强度对感知社区价值作用研究：分析结论

（一）预测试数据分析

预测试以检验强情感线索帖标题列表情感卷入效果是否比弱情感线

索帖标题列表情感卷入效果显著更高为目标，并兼及测试给定阅读时间是否适宜。

测试方法为，将 68 名大学生被试分为两组，一组阅读强情感线索帖标题列表，另一组阅读弱情感线索帖标题列表。1 分钟后均要求停止阅读，继续完成有关情感卷入的量表。并说明不能回看前面已阅读帖标题列表。

数据分析显示，强情感线索帖标题列表的情感卷入效果比弱情感的情感卷入效果显著更高（$F=3.664$，$S=0.069$，$P<0.1$），但认知卷入效果没有显著区别（$F=1.168$，$S=0.298$，$P<0.1$）。预测试将阅读时间规定为 1 分钟。但预测试过程发现，按正常速度阅读该网页仅需 40 秒，因而将正式实验的阅读过程时间控制为 40 秒。

（二）操纵检验和被试人口属性分布

正式实验被试为 118 名四川大学公共管理学院大学生。其平均年龄 20 岁，性别结构为男性 52 人，占 44.8%，女性 62 人，占 55.2%。调查时间为 2011 年 10 月。根据所填写的性别情况（4 人未填），我们对性别和分组情况进行了卡方检验，发现两者没有显著相关关系（$P>0.1$），即男女生较为均匀地分在了两个实验组中，分布数据见表 5－3。且对品牌熟悉度和性别之间的列联表分析显示，性别和品牌熟悉度之间无显著相关关系（$S=0.471$）。因此两者之间的交互作用对数据结果应无意义，而两个变量的主效应有效。

表 5－3　两组被试性别分布

分组	性别		总计
	男	女	
强情感组	26	28	54
弱情感组	26	34	60
总计	52	62	114

（三）数据信度和效度分析

1. 信度分析

我们利用 SPSS 17.0 软件对几个量表进行了 Cronbach's Alpha 信度

检验，检验结果显示，个人卷入度、感知社区价值、预测信心三个量表数据均具有较高信度（见表5－4）。

表5－4　　　　　　　　变量信度检验数据

数据＼量表	个人卷入度	感知社区价值	预测信心
Cronbach's Alpha	0.918	0.861	0.854
项目数	10	16	4

2. 效度分析

研究对所使用的量表用验证性因子分析进行了结构效度检验。

（1）个人卷入度。对个人卷入度量表的KMO和Bartlett检验发现，KMO为0.869，Bartlett小于0.01。显示该数据适合做因子分析。

旋转后因子分析提取两个因子，这两个因子能够解释原数据70%的变异（两个因子所解释的测项情况如表5－5所示）。因子1解释了更多情感卷入相关测项变异情况，因子2解释了更多认知卷入相关测项变异情况。与其他研究对该量表的应用结果一致，即利用量表可以提取情感卷入和认知卷入两个因子。显示相关数据具有一定结构效度。

表5－5　　　　　个人卷入度测项旋转后因子分析结果

测项	主成分	
	1	2
这个小组对我完成任务比较重要	0.112	0.839
这个小组与我的需求有较大关联性	0.206	0.725
这个小组很有价值	0.315	0.768
很需要	0.294	0.839
意义很大	0.342	0.777
有趣的	0.793	0.137
吸引人的	0.815	0.321
很有魅力	0.898	0.217
令人兴奋	0.816	0.275
使人投入	0.653	0.306

（2）感知社区价值。感知社区价值量表的 KMO 和 Bartlett 检验发现，KMO 为 0.789，Bartlett 小于 0.01。显示该数据适合做因子分析。

旋转后因子分析提取四个因子，这四个因子能够解释原数据 67.8% 的变异（四个因子所解释的测项情况如表 5－6 所示）。因子 1 解释了更多感知社区功能价值相关测项变异情况，因子 2 解释了更多感知社区娱乐价值相关测项变异情况，因子 3 解释了更多感知社区财务价值相关测项变异情况，因子 4 解释了更多感知社区社交价值相关测项变异情况。与其他研究对该量表的应用结果一致，即利用量表所获得数据可以提取感知社区功能价值、感知社区娱乐价值、感知社区财务价值、感知社区社交价值四个因子。显示相关数据具有一定结构效度。

表 5－6　　感知社区价值测项旋转后因子分析结果

测项	主成分			
	1	2	3	4
充足且新颖	0.823	0.246	－0.036	0.024
受益匪浅	0.860	0.260	－0.022	0.138
学到知识	0.825	0.225	0.017	0.188
得到信息资料	0.780	0.181	－0.040	0.060
阅读者很快乐	0.500	0.663	0.009	0.033
浏览有趣	0.455	0.754	0.000	0.018
浏览快乐	0.335	0.757	－0.043	0.229
登录高兴	0.081	0.741	0.095	0.276
结交朋友	0.121	0.356	0.134	0.665
丰富人际网络	－0.009	0.360	0.019	0.726
联系平台	0.437	－0.187	0.124	0.570
丰富社交生活	0.089	0.052	0.080	0.839
身份经济利益	－0.161	－0.011	0.816	0.023
参与经济利益	－0.056	－0.078	0.878	0.052
优惠	0.013	0.017	0.786	0.277
节省开支	0.109	0.103	0.538	－0.016

（四）主效应分析

1. 帖标题列表情感线索强度对感知社区价值的影响

以帖标题列表情感线索强度为自变量，以感知社区价值的四个维度为因变量的单因素方差分析显示，强情感线索帖标题列表组和弱情感线索帖标题列表组之间在感知社区娱乐价值、感知社区财务价值方面在0.1 水平下有显著差异，其中，感知社区娱乐价值方面，强情感线索组要在0.1 水平下显著高于弱情感线索组，而感知社区财务价值方面，强情感线索组却显著低于弱情感线索组。在感知社区功能价值和感知社区社交价值方面，两组无显著差异。因此，假设 H1a、H1d 得到验证，而假设 H1b、H1c 未得到验证。

表 5－7　帖标题列表情感线索强度对感知社区价值作用的方差分析

	分组	均值	F 值	概率
感知社区功能价值	强情感线索帖标题列表组	－0.1157681	1.484	0.226
	弱情感线索帖标题列表组	0.1081767		
感知社区娱乐价值	强情感线索帖标题列表组	0.2024131	4.659	0.033
	弱情感线索帖标题列表组	－0.1891401		
感知社区财务价值	强情感线索帖标题列表组	－0.1594630	2.848	0.094
	弱情感线索帖标题列表组	0.1490064		
感知社区社交价值	强情感线索帖标题列表组	－0.0629688	0.435	0.511
	弱情感线索帖标题列表组	0.0588397		

2. 帖标题列表情感线索强度对预测信心的影响

我们以帖标题列表情感线索强度为自变量，以预测信心（分别以感知社区价值的四个维度为信心对象的四组得分）为因变量进行了单因素方差分析。分析显示，强情感线索帖标题列表组和弱情感线索帖标题列表组之间在感知社区功能价值、感知社区娱乐价值、感知社区财务价值的预测信心方面在0.1 水平下有显著差异，强情感线索组在以上三个信心方面在0.1 水平下都显著高于弱情感线索组。在感知社区社交价值信心方面，两组无显著差异。也就是说，强情感线索会强化浏览者的感知社区功能价值、娱乐价值、财务价值等方面的预测信心。因此，假设 H5 得到验证。

表 5-8　　帖标题列表情感线索强度对感知社区价值预测信心作用的方差分析

变量	分组	均值	F 值	概率
感知社区功能价值预测信心	强情感线索帖标题列表组	5.4821	4.930	0.028
	弱情感线索帖标题列表组	4.9333		
感知社区娱乐价值预测信心	强情感线索帖标题列表组	5.4107	4.733	0.032
	弱情感线索帖标题列表组	4.8667		
感知社区财务价值预测信心	强情感线索帖标题列表组	5.6786	3.258	0.074
	弱情感线索帖标题列表组	5.2667		
感知社区社交价值预测信心	强情感线索帖标题列表组	5.7679	1.157	0.284
	弱情感线索帖标题列表组	5.5333		

（五）调节效应分析

1. 性别的调节作用

我们先以男性组为对象，通过单因素方差分析来分析帖标题列表情感线索强度对该组浏览者感知社区价值的影响，又以女性组为对象，通过单因素方差分析来分析帖标题列表情感线索强度对该组浏览者感知社区价值的影响，分析结果如表 5-9 所示。

表 5-9　　性别对帖标题列表情感线索强度—感知社区价值间作用的调节的方差分析

		情感线索强度（高/低）两组差异情况	
		F 值	概率
男性	感知社区功能价值	6.330	0.015
	感知社区娱乐价值	1.716	0.196
	感知社区财务价值	4.317	0.043
	感知社区社交价值	0.671	0.416
女性	感知社区功能价值	0.446	0.507
	感知社区娱乐价值	4.548	0.037
	感知社区财务价值	0.190	0.665
	感知社区社交价值	0.002	0.967

从分析数据看，对男性浏览者而言，强弱情感线索组的感知社区功能价值、感知社区财务价值在0.1水平下有显著差异，而感知社区娱乐价值、感知社区社交价值无差异；对女性浏览者而言，强弱情感线索组的感知社区娱乐价值在0.1水平下有显著差异，功能、财务、社交等方面无显著差异。

那么，对不同性别的浏览者，帖标题列表情感线索强度的效用方向具体有怎样的表现呢？我们针对出现显著差异的方面采集数据如表5－10所示。该数据显示，对男性而言，情感线索强度对感知社区价值所带来的主要是负面作用，强情感线索组的感知社区功能价值和感知社区财务价值评价在0.1水平下都显著低于弱情感线索组，且感知社区娱乐价值和社交价值方面无显著差异；而对女性而言，情感线索强度对感知社区价值所带来的主要是正面作用，强情感线索组的感知社区娱乐价值在0.1水平下显著高于弱情感线索组，而功能价值、财务价值、社交价值等方面无显著差异。

根据以上分析，假设H3得到验证。

表5－10　帖标题列表情感线索强度对不同性别感知社区价值的作用差异

		分组	均值
男性	感知社区功能价值	强情感线索组	－0.4890161
		弱情感线索组	0.1839528
	感知社区财务价值	强情感线索组	－0.1376869
		弱情感线索组	0.4345107
女性	感知社区娱乐价值	强情感线索组	0.1950521
		弱情感线索组	－0.1286338

2. 品牌熟悉度的协调作用

本章以品牌熟悉评价小于等于2者为低品牌熟悉度群体，共50名被试，以品牌熟悉评价大于等于3者为高品牌熟悉度群体，共68名被试。

在检验品牌熟悉度对情感线索强度的影响之前，我们先对品牌熟悉度与帖标题列表情感线索强度进行了列联表分析，卡方分析结果显示两者相互作用不显著（$P>0.1$）。然后，我们以高品牌熟悉度组为对象，通过单因素方差分析来分析帖标题列表情感线索强度对该组浏览者感知社区价值的影响，又以低品牌熟悉度组为对象，通过单因素方差分析来分析帖标题列表情感线索强度对该组浏览者感知社区价值的影响，分析结果如表5-11所示。

表5-11　品牌熟悉度对帖标题列表情感线索强度—感知社区价值间作用的调节的方差分析

		情感线索强度（高/低）两组差异情况	
		F值	概率
高品牌熟悉度组	感知社区功能价值	2.155	0.149
	感知社区娱乐价值	6.255	0.016
	感知社区财务价值	4.122	0.048
	感知社区社交价值	0.447	0.507
低品牌熟悉度组	感知社区功能价值	0.057	0.812
	感知社区娱乐价值	0.208	0.650
	感知社区财务价值	0.403	0.528
	感知社区社交价值	0.058	0.811

从分析数据看，对熟悉品牌者而言，帖标题列表的情感线索强度正向作用于感知娱乐价值（$P\leqslant0.1$），负向作用于感知财务价值（$P\leqslant0.1$）；而对不熟悉品牌者而言，帖标题列表的情感线索强度对感知社区价值各维度均无显著作用。

可见，品牌熟悉度对帖标题列表情感线索强度的效用有显著调节作用，假设H4得到验证。

（六）中介效应分析

本章假设情感卷入在帖标题列表情感强度对感知社区价值的影响中发挥中介作用。由于主效应验证结果发现帖标题列表情感强度主要是对感知社区娱乐价值和财务价值发生作用，故我们围绕这两个作用展开情感卷入的中介效应分析。

首先，为检验情感卷入在情感线索强度与感知娱乐价值间的中介作用，我们采用 Baron 和 Kenny（1986）的三步回归法展开验证。以情感线索强度为自变量，以感知娱乐价值为因变量的回归分析显示，情感线索强度对感知娱乐价值有显著的正向作用（b =0. 196），以情感卷入为自变量，以感知娱乐价值为因变量的回归分析显示，情感卷入对感知娱乐价值有显著正向作用（b =0. 523），同时以情感线索强度和情感卷入为自变量，以感知娱乐价值为因变量进行回归分析，结果显示情感线索强度的正向作用不显著（b =0. 117），而情感卷入的正向作用依然显著（b =0. 506），说明情感卷入完全中介了情感线索强度对感知娱乐价值的影响。

表 5 -12　情感卷入对帖标题列表情感线索强度—感知社区价值的中介作用分析（三步回归）

回归分析对象	标准化回归系数		T 值	概率
情感线索强度对感知社区娱乐价值的作用	0. 196		2. 158	0. 033
情感卷入对感知社区娱乐价值的作用	0. 523		6. 580	0. 000
情感线索强度、情感卷入对感知社区娱乐价值的作用	情感卷入	0. 506	6. 326	0. 000
	情感线索强度	0. 117	1. 459	0. 147

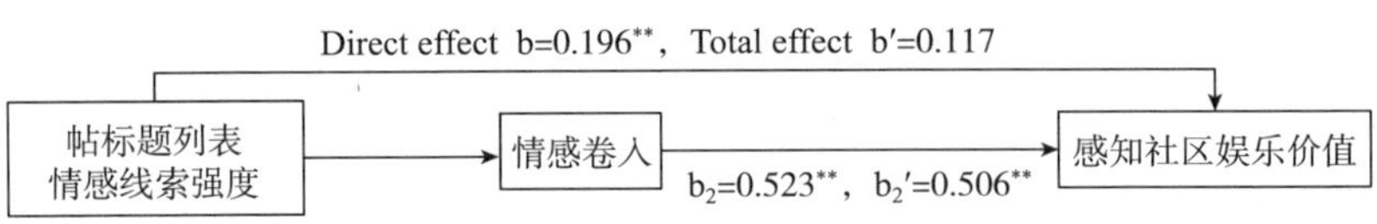

图 5 -6　情感卷入的中介作用图式

注：** 表示 $P\leq0.01$。

其次，为检验情感卷入在情感线索强度与感知财务价值间的中介作用，我们也采用三步回归法进行验证。以情感线索强度为自变量，以感知财务价值为因变量的回归分析显示，情感线索强度对感知财务价值有显著负向作用（b = -0. 155），但以情感卷入为自变量，以感知财务价值为因变量的回归分析却发现两者关系不显著（b =0. 005），即情感卷入对情感线索强度和感知财务价值之间的关系没有中介作用。

基于以上数据，情感卷入在情感线索强度对感知社区娱乐价值的影响过程中起到了中介作用，H2 得到验证。但是，情感卷入并没有影响情感线索强度对感知社区财务价值的作用。那么，什么引起了情感线索强度对感知社区财务价值的负作用？进一步的实验研究将探索该问题的答案。

第四节　帖标题情感线索强度对注意力吸引作用研究

一　研究目标

实验显示，帖标题列表情感线索强度对浏览者感知社区价值有双向作用（正向作用于其中的感知娱乐价值，负向作用于感知财务价值），而情感卷入在情感线索强度和感知娱乐价值间发挥完全中介作用，即因为帖标题列表情感线索强度正向影响浏览者的情感卷入导致浏览者对社区娱乐价值的积极感知。

然而，实验并未证明情感卷入在帖标题列表情感线索强度对浏览者感知财务价值影响中的中介作用，也就是说，情感卷入不能解释帖标题列表情感线索强度对浏览者感知财务价值的影响。那么帖标题列表情感线索强度对感知财务价值的作用如何发生？这是本部分研究要探索的问题。

我们认为，帖标题列表情感线索强度对感知财务价值的影响可能是由于帖标题情感线索强度对注意的影响所致。强情感线索帖标题列表更可能被注意所选择，甚至造成注意向其的转移。从而使其他信息的加工资源被剥夺，造成浏览者对虚拟品牌社区相关价值的感知发生偏差。

按照以上思路，本部分研究确定了以下三个研究目的：

（1）进一步验证强情感线索帖标题对浏览者注意力的吸引作用。

（2）验证强情感线索帖标题对其他弱情感线索帖标题信息加工的干扰作用。

（3）探索强情感线索帖标题注意力吸引作用及对其他弱情感线索帖标题信息加工干扰作用的产生的特定情境。

本部分研究以注意的情感偏向理论和知觉负载理论为主要理论基础。

二 理论基础

（一）注意的情感偏向理论（Theory of Emotional Biases in Attention）

注意是加工能力和认知资源的集中。注意的指向性与集中性帮助知觉对刺激进行筛选，使知觉加工更加有效（孟昭兰，2005）。同时，注意是以一定的阈限为境界的一个有限领域，任何心理内容只有进入这个领域才有被领会的可能。因为只有进入这个范围狭小的中心区域，心理内容才会获得最大的清晰性和鲜明性。这个中心区域即被称为"注意焦点"（冯特，1908）。而且，视觉系统加工能力的有限性决定了个体不可能、也没有必要对所有信息都一一进行加工，因而，注意选择成为必然，而注意转移也成为一种可能。

注意选择是指在外界诸多刺激中仅仅注意到某些刺激或刺激的某些方面，而忽略了其他刺激。注意选择使只有部分信息为感觉系统所加工，因而起重要调节作用。一般来说，注意筛选信息的原则受两个方面因素的影响：一是当前任务；二是外界信息性质。也就是说，某些信息虽然可能跟当前的任务无关，但是由于这些信息本身的特异性，个体的注意还是不自觉地被它所吸引。前面一种注意主要是自上而下目标驱动的过程，被称为内源性注意；后者则主要是自下而上刺激驱动的过程，被称为外源性注意（Posner and Snyde，1975；储衡清、周晓林，2004）。注意转移指个体根据新的任务或刺激的条件，而主动地把注意由一个对象转移到另一个对象上。注意转移与原来注意的强度有关，与新对象的条件有关，也与主题的认知灵活性有关。而关于注意如何选择信息进行加工的问题引起了研究者的广泛关注。

注意对刺激情感质量偏向性的有关理论主要有两方面，一是特征整合论。即认为在视觉注意方面，特定感觉特征（如色彩或方向等）会被自动加工并优先于任何注意选择条件。二是偏向竞争论（biased - competition models）（Buehlmann and Deco，2008；Desimone and Duncan，1995；Duncan，2006；Kastner and Ungerleider，2000，2001）。该理论认为，注意对对象的捕获这一选择过程是大量的、潜在的"偏向"因素竞争的结果。由于能力受限，个体将通过对信息表现形式之间的注意竞争来处理信息过载。在情感引发的注意环境下，情感材料的内在特征

（如感知差别和生物准备）可能有利于清晰度的促成，从而导致自下而上的注意有限。目前，竞争偏向论受到了更多研究者的认同。大量研究发现，刺激的情感质量将引起注意偏向性。在注意实验中，与不带情绪色彩的刺激相比，具有情绪含义的刺激更能吸引注意或占用注意资源，引起注意偏向（Yiend，2009）；情感性刺激比中立刺激更早地捕获注意（Carretié et al.，2004）；与不带情绪色彩的刺激相比，具有情绪含义的刺激更能吸引注意或占用注意资源，引起注意偏向（彭晓哲、周晓林，2005）。

Theeuwes 等（1992，1994，1998，2002，2004）通过一系列经典实验，证实刺激是否能够引起注意捕获往往依赖其本身相对于其他项目的显著程度，显著性越高，捕获注意的可能性就越大。没有注意的知觉将注意维持在当前任务上，直到非注意物体被认为足够显著，从而吸引注意并成为新的注意焦点。并提出物理特征显著的刺激和有意义的刺激更会捕获观察者的注意。Mack 等提出意义—信号假设，认为有意义的刺激更容易逃脱无意视盲。不注意条件下，是刺激的意义而不是其熟悉性促进了观察者对它的觉察。

由此我们可以推理，当信息被赋予情绪色彩，就被赋予了更多意义，因而将更易引起人们的注意，产生注意偏向。

相关研究认为，注意对情感信息的偏向性具有定向、具体化、自动化、控制、能力等方面的具体特征（Yiend，2009）。定向是认知系统用于成功选择的机制，是将注意力转移到一个情感对象的过程。在特定时间和空间，注意可能被定向于位于其中的特定的刺激维度（如词汇的色彩或内容）；具体化指信息的注意加工可能被一些特定因素所调节，如情感材料本身的刺激内容、人口精神病理特征等；自动化指，如一些研究者所认为对情绪信息的加工是一个自动化的过程，自下而上，由刺激驱动。这种自动化涉及速度、并行操作、最小资源需求等特点。在某些情况下，人类可以自动加工具有情绪色彩的（如具有威胁性的）刺激。控制指个体通过使用精确工具将注意力转移到情感（Gross，2002；Ochsner and Gross，2005）；能力指任务的特定情况和任务的刺激将影响信息加工资源，特别是在发散性、扩展推理方面，情感信息比非情感信息有更高资源需求。

同时，相关研究也发现，当刺激提高个体的唤醒度时，这种唤醒本身将引起一种注意力狭窄化的过程，尤其是情绪会导致注意和知觉的范围更加狭窄（Eysenck，1982）。因此，被唤醒的消费者将基于信息价值，或利用被接受的目标及其诊断性来选择线索加以加工（Lynch，Marmorstein and Weigold，1988），即消费者倾向于选择性加工那些有着高信息价值的线索，而以那些有较低信息价值的线索为代价。作为一个结果，高唤醒度消费者可能不能正确地提取他们没有设法去进行足够加工的线索的评估意义（Lynch，Marmorstein and Weigold，1988）。

注意的情感偏向理论是本部分关于强情感帖标题吸引更多注意力，并导致其他信息分配较少注意力的主要理论依据。

（二）知觉负载理论（Perceptual Load Theory）

知觉负载理论认为，目标任务的知觉负载决定无关干扰刺激被加工的程度（Lavie and Tsal，1994）。由于知觉是资源有限的加工，目标刺激获得的注意资源会随着其他刺激或任务的竞争而减少，因而当前任务知觉负载的高低决定了选择性注意过程中的资源分配（Lavie，2005）。即当前任务对注意资源的耗用程度决定了与任务无关的干扰刺激得到多少加工，从而导致在低知觉负载下，注意资源自动溢出去加工干扰刺激（晚选择），而在高知觉负载下，注意资源被当前任务耗尽而无法加工干扰刺激（早选择）。因此，当知觉负载高时，只有注意刺激被编码和知觉加工。当知觉负载低时，非注意刺激也被加工。

然而，另一些研究结果与知觉负载理论出现矛盾。如 Johnson 等的实验在搜索画面前呈现线索刺激，指示高低知觉负载下目标刺激出现的位置，线索有效性为100%。而结果发现有线索比没有线索整体反应更快，显示线索有效性和知觉负载产生了交互作用。有线索出现时，低负载下的干扰效应减小，而有无线索不影响高负载下的干扰效应，线索有效性和知觉负载高低共同决定了干扰效应的大小。

同时，对知觉负载和干扰效应、负启动效应间关系的研究显示，高负载条件下会出现负启动效应的反转，并不能完全排除对干扰刺激的加工（张达人等，1997）。在避免加工干扰刺激过程中，知觉选择和认知控制产生不同的作用，对知觉负载与工作记忆负载的交互作用研究在一定程度上回答了这个问题。对这种反转作用的一个解释是，注意资源不仅包括知觉资源，也包括抑制资源，认为认知控制是其中间因素。Lavie（1997）的研究则显示，低知觉负载条件下才有认知控制过程的参与，目标刺激和干扰刺激都激活了相应的反应，而控制过程负责选择正确的反应，抑制不恰当的反应。按此推理，如果知觉负载过高，可能导致认知控制的减弱。因为如果在进行当前任务过程中，主动控制资源被消耗（如工作记忆负载增加）将会减弱认知控制的作用，从而使干扰刺激引发的不恰当反应受到较弱的抑制，造成干扰效应增加。或者也可能是，高知觉负载下知觉资源被耗尽，控制资源由于不需要了因而未被使用。因而在高知觉负载条件下，没有加工干扰刺激，没有激活不恰当反应，所以不需要控制过程。

关于反转作用的另一个解释是，干扰刺激是否得到加工取决于它是否捕获了注意（梁华等，2004）。按照知觉负载理论，如果强情感线索帖标题获得了更多的注意力资源，造成其他帖标题能够得到的注意力资源相对较少。同时，按照其反转理论，当浏览者的任务导致知觉负载过多，将使其认知控制减弱，当出现强情感线索帖标题并被注意所捕获时，即使其非目标刺激，也可能被加工。

因而，知觉负载理论主要用于考察与目标任务无关刺激的加工状况，即干扰刺激效应。该理论是本部分关于强情感线索帖标题发生作用的特定任务情境研究的主要理论来源。

三　模型构建

（一）任务情境下非焦点强情感线索帖标题的注意力吸引作用

注意的关键特性是指向和集中于外在或内在对象，是使个体指向某些与之有密切关系的刺激物。按照注意的资源分配理论，个体注意资源有限，因而将对对象进行选择，形成注意焦点，同时，当注意焦点形成后，也可能由于干扰因素的注意力吸引作用，导致注意转移（Kahneman，1973）。

同时，近年有学者提出抑制（inhibition）也是选择性注意的一个重要机制，对有关信息的成功选择也需要对无关信息的抑制（Tipper，1985）。也就是说，对注意选择机制不仅包括目标激活，还包括分心信息抑制。当前，关于选择性注意的研究开始从关注所选信息（目标）

逐渐转向关注非选信息（分心物）的研究。Tipper 等（1985）首先采用负启动技术研究分心物的加工特点，并提出在目标选择期间，分心物也同时受到加工。负启动效应作为一种实验技术，在选择性注意的研究中得到广泛应用。Theeuwes 和 Godijn（2002）利用返回抑制范式，证实了对无关刺激确实存在注意的空间转移，以及刺激驱动的注意捕获。

根据注意的情感偏向理论，情感信息被注意所捕获可能是一种自动化的定向，这一过程由刺激驱动。与不带情绪色彩的刺激相比，具有情绪含义的刺激更能吸引注意或占用注意资源，引起注意偏向（Lang，1995）。因而，不管是在知觉负载高或低的情况下，强情感线索信息（而不是弱情感线索信息）都更有可能被注意力所捕获，并因而更可能造成注意转移。Nielsen 等对文本性广告标题的研究也证实，当消费者关注一项主要任务时，非相关区域、内容不包含非焦点因素的情感性语义特征也可能吸引消费者注意力，使其注意力发生定向转移。

由于浏览者进入虚拟品牌社区通常有一定的认知动机，这种动机是特定任务所赋予的，其关注焦点在于社区信息的知识性、功能性内容。但是，根据以上理论和研究成果，尽管一些帖标题与其完成任务可能并不直接相关（非焦点），但它们由于具有较强的情感线索而可能获得浏览者的注意，甚至使其发生注意力的转移。如果能证明这种注意转移作用，则是对帖标题情感线索效用的强有力说明。

因此我们提出以下假设：

H1. 当非焦点帖标题具有强情感线索时，阅读者更可能将注意转移到该帖标题，而不是弱情感线索帖标题。

（二）情感线索帖标题对其他弱情感线索帖标题信息加工的作用

情感总是与其他心理变化相携出场，这种心理变化被称为唤醒度。因此，唤醒度被作为情感的基本特征之一（埃尔斯特，2009）。相关研究发现，唤醒度会引起一种注意力狭窄化的过程（Eysenck，1982）。因此，被唤醒的消费者将基于信息价值，或利用被接受的目标及其诊断性来选择线索加以加工（Lynch，Marmorstein and Weigold，1988），即消费者倾向于选择性加工那些有着高信息价值的线索，而以那些有较低信息价值的线索为代价。作为这种选择加工的结果，高唤醒度消费者可能不能正确提取他们没有设法足够加工之线索的评估意义。同时，大量证据显示，唤醒度将削弱工作记忆能力（Eysenck，1982；Humphreys and Revelle，1984）。

根据以上研究成果，我们可以推理，在虚拟品牌社区情境下，浏览者在完成特定任务的过程中，高情感强度帖标题即便与其任务无直接联系，也会自动被他的注意力捕获，并使其被唤醒。这种唤醒使浏览者注意力狭窄化，工作记忆能力降低。因而其他与任务无关的弱情感强度帖标题很难被其注意和信息加工，最终难以留下记忆痕迹。

因而，根据以上推理，我们提出以下假设：

H2. 当具有强情感线索的非焦点帖标题造成注意力转移时，其他弱情感线索的非焦点帖标题将由于注意力资源投入相对减少而信息加工程度降低。

（三）任务复杂性对帖标题情感线索强度效用发挥的影响

注意捕获可以受内源性的因素所调节，比如说人的主观意图（Yantis and Jonides，1990）。大量研究显示，任务情境便是主体主观意图的影响因素之一，它将影响主体的注意捕获。相关研究认为复杂的任务将增加任务投入、查找过程、产出的不确定性，而且，一个任务越复杂，它需要投入更多认知资源才能完成（Byström and Järvelin，1995；Vakkari，1999；Byström，2002）。

任务复杂性是任务构念的要素之一。任务以其已知和结果来识别，已知包括能够被识别的刺激和框架，如所采用的目标和方法（Hackman，1969）。同时，一个任务可能由更小的子任务所构成，一个大任务或者其下属的小任务（明显更简单）都可以被视为一个任务（Bystrom and Jarvelin，1995）。研究发现，很多任务特征与复杂性有关，如可重复性、可分析性、先验可确定性、备选路径数量、结果的寻常性、目标数量及其之间的冲突、绩效和目标之间的不确定性、输入数量、认知和技能需求、时间条件等（Campbell，1988；Daft et al.，1988；Fischer，1979；Fiske and Maddi，1961；Hart and Rice，1991；Javelin，1986；March and Simon，1967；MacMullin and Taylor，1984；Tiamiyu，1992；Tushman，1978；Ven and Ferry，1980；Wood，1986；Zeffane and GUI，1993）。这些条件总的来看可以分为两大类：一类是有关任务先验可确定性的条件，另一类是有关任务范围的条件（Bystrom and Jarvelin，

1995）。对任务复杂性的研究一般采用单一维度方法来确定任务复杂性，即选择其中一类条件作为判断任务复杂度的方法（Tiamiyu，1992；Ven and Ferry，1980）。

关于任务复杂性对其他非任务目标信息注意的作用称为负启动效应。通常认为任务的复杂性将提高认知资源的负担，从而导致无关信息更加难以捕获注意。如研究发现，当被试的任务需要注意力高度集中时，比如说做一个复合性搜索时，那些无关的信息就不太可能捕获注意。当注意力不是那么集中时，那些无关的信息捕获注意的可能性则会大大增加（Lamy and Tsal，1999）。另有学者发现，符合当前任务定式的刺激特性，无论它是靶子还是干扰项，往往都会捕获注意（Theeuwes，Atchley and Kramer，2000）。但是，一些研究发现了与此相反的结果。如Nielsen等（2010）对文本广告的实验显示，在复杂前任务情境下，非目标的情感性文本广告标题却具有更显著的导致注意力转移的效果。

对这一反转作用的理解主要来自知觉负载理论。如前所述，注意资源不仅包括知觉资源，也包括抑制资源，如果知觉负载过高，可能导致认知控制的减弱。从而导致高负载条件下可能出现负启动效应的反转。即当出现强情感线索帖标题并被注意所捕获时，即使其非焦点刺激，也可能被加工。

因而，按照知觉负载理论，我们可以推理，如果浏览者预先的任务是高复杂任务，那么知觉负载、工作记忆负载随之增加，将导致认知控制被减弱，而强情感线索帖标题即使不包含焦点信息，但被自动捕获后也会被自动加工。从而导致强情感线索帖标题更佳的记忆效果。而如果浏览者预先的任务是低复杂任务，那么其不但会启动知觉资源去对其目标信息进行加工，而且也会同时启动控制资源去过滤，即使强情感信息被注意，也被排除在精细加工之外。导致低任务复杂度下强情感线索帖标题的信息加工可能性降低。

关于注意的资源策略研究对此现象提供了进一步解释。Janiszewski（1993）提出对环境刺激的加工主要有两种资源策略——注意策略和前注意策略。注意策略通常当刺激被注意性的加工时发生，如消费者对信息环境的故意扫描。按照注意策略，当两种刺激依次出现时，如果增加第一个刺激的资源需求，那么将降低注意资源被定位到第二个刺激的可能性。而相反，前注意策略用于当第二个刺激是被前注意地、自然加工的情况下。按照这一策略，一个脑半球加工需求增加时可能增加另一个脑半球的资源可用性，即所谓的“匹配激活”（Janiszewski，1993）。因为更多的前注意资源意味着更大的目标信号词汇被正确识别的可能性，从而导致一种注意力对刺激的转移。而 Nielsen 等对文本广告的实验也证实了前注意策略更适用于解释情感性语义信息的效用。

由于情感信息刺激对注意力的吸引是自动化的，因而以上关于任务复杂性强化注意力反转现象的解释与本研究所讨论的情境均有较高吻合度。即复杂任务情境下非目标强情感线索帖标题反而会更容易吸引浏览者注意。

同时，Pham 研究发现，当能力限制严格情况下，唤醒度也可能削弱有能力需求的线索的影响（Pham，1996）。根据这一发现，复杂任务将导致能力限制，而非目标强情感线索信息对注意力的吸引进一步剥夺了其他非目标强情感线索信息的机会，因而将导致对其他信息认知加工的不利。

据此，本部分提出以下假设：

H3. 在复杂任务情境下，比之在简单任务情境下浏览者更可能被非目标强情感线索帖标题所吸引，并更可能导致其他非目标弱情感线索帖标题被忽略。

基于以上三个假设，本书建立以下研究模型。

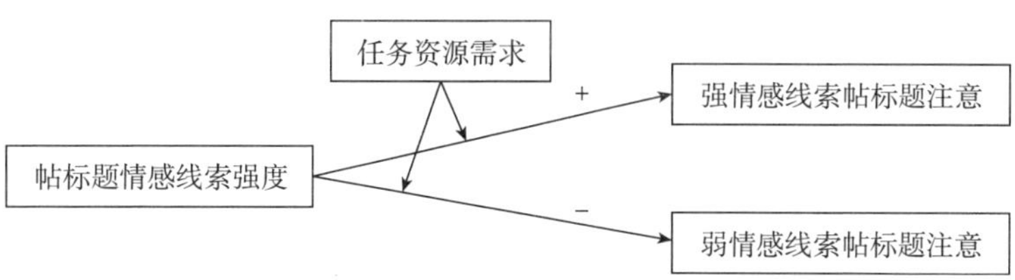

图 5 – 7　帖标题情感线索强度对浏览者注意力吸引的影响（研究模型）

四　帖标题情感线索强度对注意力吸引作用研究：实验研究

（一）实验设计

对注意资源的操纵通常是引入另外一个刺激（分心刺激）或另外

一个任务（分心任务）。本实验设计即采取引入分心刺激的方式展开。实验采取双因素组间实验设计（2 ×2）。以帖标题列表情感线索强度（两个水平：强/弱）和任务复杂度（两个水平：复杂/简单）为组间因素，即形成四个实验组，分别为复杂任务强情感线索组、复杂任务弱情感线索组、简单任务强情感线索组、简单任务弱情感线索组。

同时，本实验以浏览时间为控制变量，以帖标题注意情况为因变量，其中包括帖标题列表中未出现的假帖标题、出现过的真帖标题、高情感强度真帖标题、低情感强度真帖标题。

1. 实验刺激物设计

实验的刺激物主要有三个：品牌、任务、帖标题情感列表。

本实验选择手机品牌 HTC 为实验刺激物。如前调查所发现，手机是大学生认知卷入度最高的产品品类之一。我们对手机品牌进行了调查，当让 20 个大学生写出他下一个更可能选择的手机品牌时，HTC 是被选择最多的品牌。可见该品牌对大学生而言有较高熟悉度。

本实验对任务复杂性的设计按照单一维度进行，即将任务范围这一维度作为确定复杂任务和简单任务的标准。具体的任务选择采取以下方法：让 5 个大学生分别写出他们到网上查找 HTC 手机信息的可能任务，在所获得任务中选择任务所涵盖子任务较多的一个任务为复杂任务（“对 HTC 各型号手机进行比较排序”），选择一个较为单一的任务为简单任务（“找到想进一步了解的型号”）。然后让 20 个大学生分别对这两个任务进行复杂度打分，显示复杂任务备选方案复杂度感知显著高于简单任务备选方案。于是，将这两个任务作为任务复杂度的象征物。

本实验仍然选择豆瓣网为实验具体场景，一页帖标题列表呈现 25 个帖标题。其中与任务相关的帖标题共 15 个（均出现了手机型号），在其余 10 个与任务无关的帖标题中，3 个为强情感线索帖标题。为了排除由于强情感线索帖标题的“与众不同”的注意力吸引效应，在与任务相关的帖标题中也设置强情感线索帖标题 8 个。即 25 个帖标题按照“15（8 +7） +3 +7”来组合，其中 15 个任务相关帖标题（其中 8 个强情感线索帖、7 个弱情感线索帖）、3 个任务无关强情感帖标题、7 个任务无关弱情感帖标题。

所有帖标题均为 HTC 社区的自然帖标题，其中 11 个强情感帖标题的选择方法是：首先在 HTC 社区中通过目的抽样抽取 30 个情感性帖标题，然后 5 个编码员对其进行情感强度排序，顺序选择情感强度最强且内容中包含手机型号的 8 个帖标题，以及内容中不包含手机型号的 3 个帖标题。

而弱情感线索组帖标题列表中，将 3 个任务无关强情感线索帖标题进行了去情感线索处理。处理情况如表 5－13 所示。

表 5－13　强情感线索组目标帖标题与弱情感线索组目标帖标题比较

	强情感线索帖标题	弱情感线索帖标题
非焦点帖标题	救急!!! 手机图片开不了!!	手机图片开不了
	救命啊啊啊啊!!! 我的短信都不见了啊!!	我的短信都不见了
	好紧张啊 ~ 正在刷机中 ~ ~ !!!	正在刷机中
焦点帖标题	G7 不能上网了悲催啊　求帮忙	G7 不能上网了　求帮忙

为了使帖标题分布更趋自然，将含手机型号的帖标题与其余帖标题穿插排序。于是，3 个非目标的强情感线索帖标题分别排位于 25 个帖标题中的第 9 位、第 16 位、第 21 位。

2. 量表设计

本实验的量表主要是帖标题注意确信度量表。所用的测量为题为“刚才你看到这个帖标题了吗”，最高值为“确信看到了”，最低值为“确信没有看到”，测量标度为七度 LIKERT 量表。

量表的测量对象为 15 个帖标题。其中 7 个帖标题并未在帖标题列表中出现，为干扰性帖标题。而其余 8 个帖标题中，3 个为帖标题列表中出现过的非目标强情感线索帖标题，4 个为帖标题列表中出现过的非目标弱情感线索帖标题，1 个为帖标题列表中出现过的目标帖标题。7 个干扰性帖标题中，3 个为强情感线索帖标题。具体情况如表 5－14 所示。

（二）实验程序

实验采取集体施测方法，分两个阶段进行：材料呈现和问卷填答。其具体程序如图 5－8 所示。

首先，让被试阅读调查导言。

表 5－14　　量表的帖标题类型布局

<table>
<tr><th colspan="3">量表中帖标题类型</th><th>数量</th></tr>
<tr><td rowspan="2">未出现帖标题</td><td colspan="2">强情感帖标题</td><td>3</td></tr>
<tr><td colspan="2">弱情感帖标题</td><td>4</td></tr>
<tr><td rowspan="3">出现帖标题</td><td colspan="2">任务相关帖标题</td><td>1</td></tr>
<tr><td rowspan="2">任务无关帖标题</td><td>强情感线索</td><td>3</td></tr>
<tr><td>弱情感线索</td><td>4</td></tr>
</table>

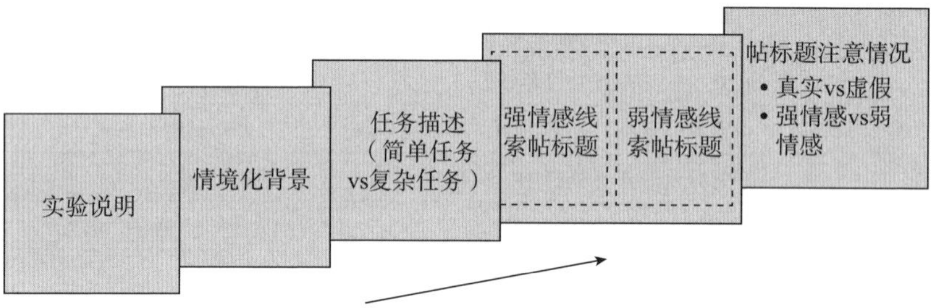

图 5－8　实验刺激展示过程

其次，让被试阅读背景文字，该背景强调手机的重要性，并假设对HTC 信息查找目的的产生情境。

再次，给被试布置任务，两组任务不同，分别为“找到一个你想进一步了解的 HTC 机型”（简单任务）和“形成关于 HTC 各机型优劣的排序”（复杂任务）。

又次，向被试呈现 HTC 社区网页画面，要求其认真阅读。网页画面主要有两类：一类是强情感线索帖标题列表，另一类是弱情感线索帖标题列表。

最后，被试完成帖标题注意情况量表填写。

（三）假设检验

1. 操控检验

实验以四川大学公共管理学院 87 名大学生为被试展开。

量表分别测量了真帖标题（网页中出现）和伪帖标题（网页中没出现）的注意程度，且伪帖标题中也有强情感帖标题和弱情感帖标题之分。那么，若量表填写情况真实反映了被试的测试过程中的注意情况，伪帖标题的数据应显著低于真帖标题数据。这种状况在强情感线索组和弱情感线索组两组间应无差异。我们对相关数据进行了方差分析。分析结果显示（见表 5－15），真帖标题的注意程度均值均显著高于假帖标题的注意程度，而且强情感线索组和弱情感线索组无显著差异。说明对于测量方式能反映实验过程中注意吸引的真实情况。

表 5－15　　　　真假帖标题注意程度组间方差分析

	分组	均值	F 值	概率
真帖标题	强情感线索组	5.4098	0.067	0.797
	弱情感线索组	5.3478		
假帖标题	强情感线索帖标题列表组	3.0435	0.160	0.690
	弱情感线索帖标题列表组	2.9553		

2. 主效应检验

为检验帖标题线索强度对注意力吸引的主效应，我们对两组（强情感线索组和弱情感线索组）中非焦点目标帖标题（3 个任务无关帖标题）的注意程度进行了方差分析，并对两组中焦点目标帖标题（1 个任务有关帖标题）的注意程度进行了方差分析。

分析结果显示（如表 5－16 所示），焦点目标帖标题在两组中注意程度也尚有显著差异（$F=3.250$；$S=0.093$），强情感组目标帖标题注意程度在 0.1 水平下显著高于弱情感组目标帖标题注意程度。也就是说，被浏览者关注的帖标题中，强情感线索帖标题被注意程度显著高于弱情感线索帖标题。这个结果与本章实验一结果一致。

同时分析结果显示，非焦点目标帖标题在两组中注意程度也有显著差异，强情感组目标帖标题注意程度在 0.1 水平下显著高于弱情感组目标帖标题注意程度（$F=3.250$；$S=0.075$）。也就是说，即使强情感线索帖标题非焦点注意对象都有可能得到浏览者注意，这种可能性显著大于弱情感线索帖标题。H1 得到验证。

表 5-16　　强弱情感帖标题注意确信程度组间差异分析

<table>
<tr><th colspan="2">分组</th><th>均值</th><th>F 值</th><th>概率</th></tr>
<tr><td rowspan="8">非焦点目标帖标题</td><td>强情感线索组</td><td>5.4928</td><td rowspan="8">3.250</td><td rowspan="8">0.075</td></tr>
<tr><td>救急!!! 手机图片开不了!!</td><td>4.8913</td></tr>
<tr><td>救命啊啊啊啊!!! 我的短信都不见了啊!!</td><td>5.8943</td></tr>
<tr><td>好紧张啊~正在刷机中~~!!!</td><td>5.7826</td></tr>
<tr><td>弱情感线索组</td><td>4.8374</td></tr>
<tr><td>手机图片开不了</td><td>4.9756</td></tr>
<tr><td>我的短信都不见了</td><td>4.2927</td></tr>
<tr><td>正在刷机中</td><td>5.2439</td></tr>
<tr><td rowspan="4">焦点目标帖标题</td><td>强情感线索组</td><td rowspan="2">5.9130</td><td rowspan="4">2.889</td><td rowspan="4">0.093</td></tr>
<tr><td>G7 不能上网了悲催啊　求帮忙</td></tr>
<tr><td>弱情感线索组</td><td rowspan="2">5.1707</td></tr>
<tr><td>G7 不能上网了　求帮忙</td></tr>
</table>

同时，我们对两组非目标帖标题注意程度也进行了方差分析，以验证是否强情感线索组由于注意力被情感线索帖争夺会导致其他非目标帖标题注意程度的降低。数据分析显示（见表 5-17），在量表中所涉及的四个非焦点目标帖中，“出咖灰色一台”这一帖标题在强情感组中被注意程度在 0.1 水平下显著低于弱情感组。说明在强情感线索组，由于有强情感线索帖标题占有了更多注意资源，非情感线索帖标题被注意加工的可能性降低。H2 得到了验证。

表 5-17　非焦点非目标弱情感帖标题注意确信程度组间差异方差分析

<table>
<tr><th>帖标题</th><th>分组</th><th>均值</th><th>F 值</th><th>概率</th></tr>
<tr><td rowspan="2">出咖灰色一台</td><td>强情感线索组</td><td>4.9783</td><td rowspan="2">4.668</td><td rowspan="2">0.034</td></tr>
<tr><td>弱情感线索组</td><td>6.0976</td></tr>
<tr><td rowspan="2">开机画面不一样?</td><td>强情感线索组</td><td>5.2174</td><td rowspan="2">1.444</td><td rowspan="2">0.233</td></tr>
<tr><td>弱情感线索组</td><td>4.5654</td></tr>
<tr><td rowspan="2">你们的耳机有没有漏电现象?</td><td>强情感线索组</td><td>5.3913</td><td rowspan="2">0.172</td><td rowspan="2">0.680</td></tr>
<tr><td>弱情感线索组</td><td>5.6098</td></tr>
</table>

续表

帖标题	分组	均值	F 值	概率
求解答	强情感线索组	5.5000	0.006	0.939
	弱情感线索组	5.4634		

3. 协调效应检验

本书假设任务复杂度将协调帖标题情感线索的注意力吸引作用。而实验中设置了两种不同的任务情境，分别对应复杂任务和简单任务。我们这里针对这一假设进行了两组方差分析。

表 5－18 任务复杂度在帖标题情感线索强度对注意力吸引主效应中的协调作用：方差分析

任务复杂度	帖标题类型	情感线索强度	均值	F 值	概率
复杂任务组	非焦点目标帖标题	强情感线索组	5.7361	4.668	0.034
		弱情感线索组	4.7018		
	非焦点非目标帖标题	强情感线索组	5.2500	3.112	0.085
		弱情感线索组	6.4737		
简单任务组	非焦点目标帖标题	强情感线索组	5.2273	0.265	0.609
		弱情感线索组	4.9545		
	非焦点非目标帖标题	强情感线索组	4.6818	0.372	0.545
		弱情感线索组	5.7727		

首先，选择高复杂任务组数据进行方差分析，结果发现强情感线索组中的非焦点目标帖标题被注意程度在 0.1 水平下显著高于弱情感线索组中的对应帖标题；但强情感线索组中的非焦点非目标帖标题被注意程度在 0.1 水平下显著低于弱情感线索组中的对应帖标题。

其次，选择简单任务组数据进行方差分析，结果强情感线索组与弱情感线索组中的非焦点目标帖标题被注意程度在 0.1 水平下没有显著差异；而强情感线索组与弱情感线索组中的非焦点非目标帖标题被注意程度在 0.1 水平下也没有显著差异。

非焦点目标帖标题在不同任务复杂度下的数据表现可用图 5－9 来

表示。从图 5 -9 可以发现，复杂任务情境下当目标帖标题情感线索强时被注意程度显著高于情感线索弱时；而简单任务情境下当目标帖标题情感线索强时被注意程度仅稍高于情感线索弱时。

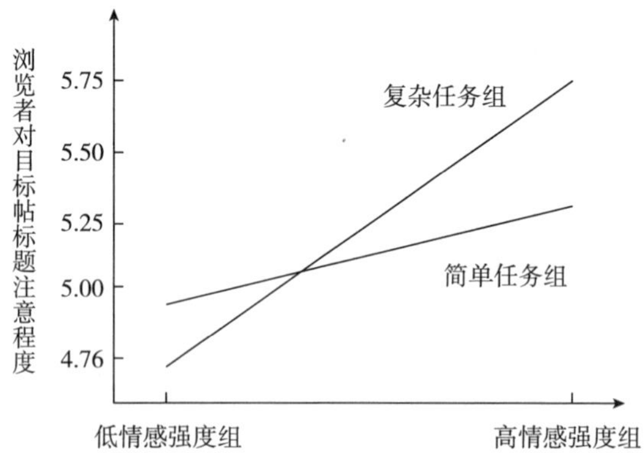

图 5 -9　任务复杂度对文本情感线索效用的协调作用

根据以上数据表现，任务复杂度对帖标题情感线索强度对注意力的吸引作用将起协调作用，H3 得到证明。

五　本章小结

本部分应用线索利用二阶段模型进行了两个部分的实验研究。首先以浏览者感知社区价值推测和预测信心为因变量，验证了帖标题列表情感线索的间接线索作用在预测价值和信心价值方面的作用，以及个体特征对这一作用的调节，其次以帖标题的注意力吸引为因变量，验证了帖标题情感线索发挥线索作用的机理，对其发挥特定线索效用的具体原因进行了揭示。

本章共有 8 个假设得到验证（见表 5 -19）。

总之，本章对帖标题情感线索对感知社区价值的间接作用从线索效用、作用机理、作用情境、个体差异等情况均开展研究。

首先，线索效用方面，发现浏览者在进入社区时会将帖标题情感表达作为一种感知社区价值的线索：强情感线索帖标题列表与弱情感线索帖标题列表情境下浏览者对社区价值感知有显著不同，且强情感线索帖标题列表会增进浏览者的预测信心。同时，帖标题列表情感强度对社区价值的不同方面作用方向不同：它将提高对娱乐价值的感知，降低对财务价值的感知。

表 5－19　　本章假设验证情况

假设	支持情况
较之弱情感线索的帖标题列表，强情感线索的帖标题列表将导致更高的感知社区娱乐价值	支持
较之弱情感线索的帖标题列表，强情感线索的帖标题列表将导致更高的感知社区社交价值	不支持
较之弱情感线索的帖标题列表，强情感线索的帖标题列表将导致更低的感知社区功能价值	不支持
较之弱情感线索的帖标题列表，强情感线索的帖标题列表将导致更低的感知社区财务价值	支持
消费者情感卷入在帖标题情感线索强度对感知社区价值影响中起中介作用	支持
帖标题列表情感线索强度对男性和女性感知社区价值评价作用有显著差异	支持
较之弱情感线索帖标题列表，强情感线索帖标题列表将导致对感知社区价值的评估有更大预测把握度	支持
当非焦点帖标题具有强情感线索时，阅读者更可能将注意力转移到该帖标题，而不是弱情感线索帖标题	支持
当具有强情感线索的非焦点帖标题造成注意力转移时，其他弱情感线索的非焦点帖标题将由于注意力资源投入相对减少而信息加工程度降低	支持
在复杂任务情境下比之在简单任务情境下，浏览者更可能被非目标强情感线索帖标题所吸引，并更可能导致其他非目标弱情感线索帖标题被忽视	支持

其次，作用机理方面，发现帖标题列表情感强度对娱乐价值感知的正面作用主要因其导致更高的情感卷入。而对财务价值感知的负面作用主要因强情感帖标题的注意力吸引效应使之占有了更多认知加工资源，而其他信息因而分配了更少的信息加工资源。

再次，作用情境方面，发现复杂任务情境下，浏览者认知控制能力较低，从而导致强情感线索帖标题吸引浏览者的注意力从其他焦点信息向其的转移，以及导致浏览者对其他弱情感线索帖标题的忽略；但简单任务情境下帖标题情感线索强度没有这些作用。

最后，个体差异方面，发现帖标题列表情感线索对男性和女性均有作用，但作用方向完全不同：对女性而言它对社区价值感知起促进作用，尤其是促进娱乐价值感知；但对男性而言它对社区价值感知主要起阻碍作用，包括会降低功能价值和财务价值感知。同时，发现品牌熟悉度对帖标题列表情感线索的作用有影响。帖标题列表情感线索强度仅影响熟悉品牌的浏览者，而不影响不熟悉品牌的浏览者。

第六章　精华帖情感信息的线索效应

虚拟品牌社区管理者往往会通过优质信息的推荐，使浏览者在阅读优质资源的同时产生对社区感知价值的更高期望和评价，进而影响社区服务效率和价值实现，而信息内容效用是推荐的基本依据。精华帖是当前虚拟社区管理实践中的主导推荐方法，影响着虚拟社区的空间、管理等各类资源的配置。那么，精华帖中若含有较强的情感线索会对浏览者产生怎样的作用？

情绪心理学中的情绪启动理论为回答此问题提供了依据。将该理论运用于虚拟品牌社区情境下精华帖文本情感线索效用研究，不但有助于深入解决精华帖情感线索效用问题，而且有助于扩展这一理论的应用范畴。本章将以该理论为基础，采用实验研究方法，对精华帖情感线索强度对浏览者感知社区价值的作用、作用情境、作用机理等作出研究探索。

第一节　情绪启动与信息加工

一　语义线索启动研究

启动最初出现在认知心理学中，被定义为一种研究测验情境对测验成绩影响的技术。也就是说，测量首次呈现的刺激（启动刺激）对目标刺激（又称靶刺激）操作任务影响程度的技术，这种实验模式通常被称为启动范式。线索启动效应认为，对某个线索的加工会因先前对它或者相关刺激的加工而易化；它是不同于外显记忆的无意识的记忆形态

(Henson, 2003)。营销学学者结合营销学情境，将启动效应定义为：与对象相关的其他信息在个体评价对象产生了影响。这种影响是由于其他信息自身也具有被评价为优劣或好坏的能力（具有效价）。因此，个体在评价了其他信息的效价后，会由于对象与之有关，而影响个体对对象的判断或评价（Beyer et al.，1997）。不管是哪种定义，都突出了先行刺激效果可能对后续刺激的认知效果产生影响。而营销学领域已有越来越多的学者开始关注通过对线索启动效应的应用来主动影响消费者的判断和评价（Brunel，Tietie and Greenwald，2004；Davies，Zhu and Brantley，2007；郑亚楠、周庭锐，2010）。

大量研究已证明了言语线索也具有启动效应。基于启动效应的语言研究发现，如果启动刺激和目标刺激的关系是反义词（hot - cold），同义词，局部特征相似（airplane - wings），或者是概念的上下级（robin - bird），同音关系或同型关系都可以发生启动效应（Moss，1995）。语言学的启动效应研究涉及语义启动、词形启动、语音启动等不同层次。

关于语义启动效应机制的探索主要产生了三类模型：

——激活扩散模型（Spreading Activation Model）。该模型认为，记忆由许多相互联结的节点组成网状结构，每个节点代表一个概念。当启动刺激词出现时，与之相应的节点会被激活，并扩散到相邻的概念节点上。激活量是启动刺激和目标刺激之间联结关系数量和强度的函数（Collins and Loftus，1974）。该模型对于启动刺激和目标刺激之间有联想关系的启动效应给了很好的解释。

——复合线索理论（Compound - cue Theory）。认为记忆是到达记忆系统的可能线索和存储在系统中的概念（或表象）之间强度的矩阵（Ratcliff and McKoon，1988），启动的发生是因为在相关启动刺激和目标刺激下，当复合线索是一个相对熟悉的线索时，其与记忆中的表征匹配度会更强，从而促进了对目标刺激的反应，并出现启动效应（Mckoon and Ratcliff，1992）。

——分布记忆模型（Distributed Memory Model）。分布记忆模型是神经主义的产物。早期的分布记忆模型提出，词汇知识的音、形、义分别存储于三个模块，每个模块包括一系列彼此相连的加工单元，各加工单元代表着各种表征。而相关概念的表征有相似的激活模式（Masson，

1995）。后来基于此，有学者提出分布式联结主义模型（Distributed Connectionist Models），认为记忆由三层系统组成：输入单元（input units）、隐藏单元（hidden units）和输出单元（output units）。每一单元有很多节点或神经元，每个节点都有自己的激活阈限，节点之间由激活权重连接（Plaut and Booth，2000）。按照该模型，分布式网络中的激活不是在概念间扩散，而是在特征之间进行扩散。而其无论是范畴相关还是联想相关，都可以经由学习而形成激活模型。

以上三个模型可以用于解释不同语义的启动效应问题。我们认为，虚拟品牌社区的精华帖情感线索可能具有语义启动效应，因为情感线索本身容易激活人们关于具有同样情感特征的交流场所和交流活动的记忆，并唤起相应的情感感受。也就是说，分布式联结主义模型可用于对其启动效应的产生进行解释。

二　语言的情绪启动作用

1980年，Zajonc在《美国心理学家》杂志上发表的一篇关于情感和思维的文章，提出了情感优先性假说。这一假设认为，与刺激评价有关的情感系统与认知系统是相互独立的，情感反应只需要最少量的刺激，并能够在相当短的时间内发生（Murphy and Zajonc，1993）。于是，对情绪启动的研究开始启动。

情绪启动是线索启动效应的一种。由Clore和Schwarz提出的“情绪、信息等价说”认为情绪可以作为一种信息线索直接影响判断。Zajonc、Bargh和LeDoux的研究发现，对刺激物的情绪反应常常比认知评估来得既快又及时，他们认为这种即时的情绪反应为生物体的行为选择提供了线索和依据，使生物体的快速行动成为可能。在已有文献中，情绪启动至少包括三种含义：指个体对于在情绪效价上与启动刺激相似的靶刺激更为敏感，主要体现在加工速度和注意选择上（Musch，2002；李小花，张钦，2004）；指个体先行加工具有一定情绪效价的刺激后，使后续加工也易于蒙上相应的情绪色彩（Murphy and Zajonc，1993）；视个体的情绪状态即为一种准备状态（启动状态），这种准备状态（启动状态）将对个体的认知活动产生影响（Bower and Forgas，2000）。

情绪启动理论提出了情绪唤起的几个动力分析系统：一是对环境输入的信息进行知觉分析；二是在长期的生活经验中建立的对外部影响的内部处理模式，即对过去、现在和将来的期望、需要或意向的认知加工；三是情景事件的知觉分析与基于过去经验的认知加工之间进行比较的系统，称为认知比较器。当然，其中的外环境信息包括文本信息在内的各种信息形式。

在情绪启动研究中，已采用的刺激材料有词汇、无意义单词、简单线条画、复杂的生活情景图片、气味、声音等，使用这些材料作为启动刺激都证实了情绪启动效应的存在。心理学研究已证实文本信息具有情绪启动效应。如 Herman 等采用情绪效价判断和词汇命名任务均发现了词汇的情绪启动效应。郭晶晶等（2011）对情绪词的情绪启动效应的研究发现，情绪词所含情绪信息不仅对情绪词加工本身有影响，而且影响对相邻刺激的加工，从而影响对相邻刺激的喜好程度。进一步研究显示，情绪信息相对独立于概念信息，并对信息本身的加工有重要的调节作用（Peng et al.，2006）。

三　情绪对信息加工的影响

Frijda 指出，随情感发生变化的心理范围非常广泛，如同情的唤起、注意的唤起、感性分析能力的提高、行为的激活及脑电波的唤起（Frijda，1986）。Cosmides 和 Tooby（2000）认为，情绪一旦被激活，就具有大范围改变大脑程序的能力，他们列举了以下一些方面：改变知觉和注意的方向，改变目标和动机的权重，概念结构的变化，对记忆过程重新定向，改变沟通方式，激活行为决策规则，当然还有生理上的一般变化。

了解情绪启动作用的前提是了解情绪本身的特征。

情绪（Emotion）代表着感情性反应的过程，与情感（Affection）是同一过程和同一现象；在不同的场合作不同的使用时，指的是侧重于这同一过程、同一现象所侧重的不同方面（孟昭兰，2005）。作为行动的心理前奏，情绪有若干特点，其中“意向目标”和“富有特色的行为倾向”也是其主要特征。当情绪强度达到一定水平时，情绪能够直接越过认知过程和理性分析直接作用于行为，使人们常常会“失去控制”或产生“并非本意使然”的冲动（Bazerman，Tenbrunsel，Wade and Benzoni，1998）。

Isen（2000）认为，情感与认知是相对独立的系统，又是密不可分的两个过程，它们随时随地地相互影响着，认知加工过程不可避免地有情感介入。Izard认为，情感给认知提供线索，组织并驱动认知行为，情感不仅在加工的速度和准确程度方面，而且在类别和等级层次上改变认知的功能，或在信息加工中引起阻断或干扰的质量变化。关于情绪对信息加工作用过程已形成多种理论。

——情绪浸入理论（Affect Infusion）认为，情绪影响或成为个体建构性加工的一部分，它有选择地影响个体的学习、记忆、注意和联想，并最终使个体的认知结果向着与情绪相一致的方向倾斜（Forgas，1995a）。个体在处理认知任务时有四种信息加工策略：①直接进入策略。常用于个体对人物很熟悉，而又没有太大的个人卷入时的情况；也适用于需要精细加工而无压力情境时的情况。②动机驱动策略。当信息加工受到限定和受到某个特定的动机牵引时常用这种策略。这种高度引导下、几乎没有建设性的加工过程减少了情绪渗入到可能性。③启发式加工策略。当个体采用捷径构建反应时，常采用启发式策略。使用启发式策略时，情绪常被当作一种加工、决策线索。④实质性加工策略。当个人卷入程度高，而个体有足够的认知能力并且没有特定的动机目标时常常采用实质性加工策略。在这一加工过程中，人们需要对信息进行选择、学习、解释、加工，并通过记忆将这些信息与以前的知识相联系，而情绪很可能影响到这一过程。

——情绪扩展理论（Broaden - and - build Theory of Positive Emotions）认为，积极情绪对注意力、认知和行为有扩展作用，能够拓展感知、思维和瞬时思维活动范围。

——认知加工管理理论（Regulate Cognitive Processing）。Storbeck和Clore（2007）提出，由于情绪涉及感知、语义激活、态度激活等，所以认知加工管理（Regulate Cognitive Processing）是情绪功能之一。

可以发现，这些理论都从不同角度认可并解释了情绪对信息加工的作用原理。

在语言理解中，情绪信息还会对语言加工产生影响，此时的情绪称为情绪语境。大量研究表明，情绪对语言加工具有重要影响，主要表现在三方面：语言自身携带的情绪信息对语言加工的影响；情绪背景（如情绪图片、影片、音乐）等语言加工的影响；内化的情绪反应模式（如生理反应、面部表情等）对语言加工的影响（刘宏艳、胡治国、彭聃龄，2009）。而 Nielsen 等（2010）对语义广告的情感性标题所进行的研究发现，情感性语义标题使阅读者产生对广告对应品牌的更显著品牌认知。也就是说，情感性信息会影响阅读者对信息内容中品牌信息的认知加工。

第二节　精华帖情感线索效应机制的构建

一　精华帖及其应用

虚拟社区对发帖管理的方式有多种，标记为精华帖是其中最常用的一种。从字面上看，所谓精，即经过挑选或提炼出来的完美的、最好的东西；华，即光辉、光彩、精粹的东西。所谓精华，是指事物最重要、最精粹、最优秀的部分（《现代汉语词典》）。而所谓精华贴，即被虚拟社区版主或管理员加精华的帖子。在虚拟社区中，通常都会将一些优秀发帖推荐给浏览者阅读，并以加标记（如［精华］）、加色、加闪烁等方式予以突出。这些发帖也通常会被浏览者认为是社区价值的浓缩，因而会对其予以更多关注。精华帖的点击率往往远远超过普通发帖。

精华帖对发布信息的社区参与成员和社区管理方而言都有重要意义。其中信息发布成员会将争取自己的发帖成为精华帖作为帖撰写目标之一，因为这对自己往往会带来多方面收益，如带来大量的流量、赢得更高的知名度、认识更多兴趣相投的朋友、获得更多的积分、获得精神激励等。而精华帖管理对社区方而言也可带来多方面收益。如彰显论坛的价值取向和主流文化、提升浏览者对论坛的能力评价、引导发帖者的发帖方向。而归根结底有助于赢得更大的短期阅读量和稳定的长期流量。

精华帖也是浏览者对社区第一印象的重要构成部分，其流量占据了社区流量的较大比例，因此社区管理者将对精华帖的管理作为日常管理的核心内容之一加以重视。通常对精华帖的选择往往采取主观判断为主（管理者主观选择）、量化判断为辅（以点击量、回帖量为依据）的方法。但是，具体该怎样选择精华帖？每个社区标准不一，且当前也并没有可资利用的研究成果。

二　精华帖情感线索效应研究问题

本章认为，精华帖是更可能被先期阅读的语篇内容，将起到帮助浏览者进行社区价值推理的线索作用。也就是说，精华帖阅读感受不但会对与精华帖内容相关的社区价值判断产生作用，而且可能会影响精华帖内容未涉及的其他社区价值判断，甚至影响后续内容阅读和吸收。

本章将以线索启动理论的一个分支理论——情绪启动理论为基础，通过研究回答以下问题：

（1）精华帖的情感线索强度会影响浏览者的情绪启动吗？

（2）这种情绪启动对浏览者感知社区价值有怎样的影响？

（3）精华帖情绪启动对浏览者感知社区价值的作用如何发生？

（4）精华帖情绪线索效用发生的情境如何？

我们将采取实验研究方法对以上问题展开研究。

三　研究假设的提出

（一）精华帖情感线索强度对情绪唤起及感知社区价值的作用

人的选择行为到底是更依赖于理性反应还是更依赖于情绪反应，虽然和人的个性、智力和教育等个体差异有相当密切的关系，但一般地看，这更主要的还是取决于外部环境或情境在信息与不确定性方面的状态差异，以及由此引起的刺激强度的差异（郭旭新，2003a）。因而，情绪的诱发与刺激强度有关。如 Izard（1989）提出人类有四种类型情感诱因：神经的、感觉运动、动机的、认知的。即认为认知只是诱发情感的诱因之一，感觉运动等也构成诱因。这些诱因启发了新的情感合成关联的模型，即精神集注模型。而情感强度值与特定情感激活阈值比较，只有当情感强度超过阈值，情感才产生。因而，强情感线索精华帖对浏览者可能发挥情绪唤起作用。

同时，根据情绪启动，个体的情绪状态即为一种准备状态，这种准备状态将使人们常常会把某一情境中的情绪反应过度推广到其他情境中去，并使这些情绪反应影响另一情境中的决策（Lerner，Small and Leoenstein，2004）。而根据情绪对信息加工作用之研究成果，情绪涉及感知、语义激活、态度激活等（Storbeck and Clore，2009）。当人们浏览虚拟品牌社区时，如果没有特别明确的动机驱动，情绪要么作为一种加工线索引起浏览者的启发式加工，要么影响浏览者的实质性加工（Forgas，1995a）。因而精华帖情感线索可能对浏览者的社区价值感知发生作用。

虚拟品牌社区感知价值相关研究中，感知娱乐价值通常被阐述为包括虚拟品牌社区在解闷、娱乐、情感释放、逃避现实等在内的价值（Korganonkar，1999），因而，一个想当然的推理是文本情感性精华帖可能会影响浏览者对社区娱乐价值的感知。同时，由于已有研究发现感知功能价值通常是浏览者访问虚拟品牌社区的最主要价值追求（Ridings and Gefen，2004），那么，一个更令人感兴趣的问题是：文本情感性精华帖会影响虚拟品牌社区的感知功能价值吗？因而，本章除了验证文本性情感信息对感知娱乐价值的影响外，将探索文本情感性精华帖对浏览者感知功能价值的影响。即本章将感知娱乐价值和感知功能价值作为主要观察因变量。

感知社区功能价值主要包括信息、效率或者便利。Piaget（1981）研究表明，情感对情境有接近或回避的倾向，从而影响人的智能努力朝着什么方向和方面去发挥，这种现象反过来必然影响知识的获得。而虚拟社区研究发现，良好的信息内容是影响虚拟社区用户参与的主要原因（Hagel and Armstrong，1998；Chang，Kannan and Whinston，1999）；Norris 等（1996）更多的研究提出情绪与产品/品牌态度呈正面关系的观点。根据以上研究成果可推理，虚拟品牌社区文本性情感帖的情绪唤起作用可能带来访问者对社区的更多关注和更深入感受，通过对信息价值的感知进而形成社区功能价值的感知。因此，我们提出以下假设：

H1a. 相对于弱文本情感线索精华帖组（低情绪启动），强文本情感线索精华帖组（高情绪启动）被试将具有更高的感知社区功能价值。

感知社区娱乐价值可以分为解闷、娱乐、情感释放、逃避社会现实

(Korgaonkar and Wolin，1999)。Scott 等（1989）对情感广告的研究发现广告受众的积极或消极情绪会转移给他们对广告和广告产品的评价。田阳等（2010）发现，信息质量对感知体验和情感体验都有直接的正向影响。虚拟品牌社区的精华帖通常是积极情感发帖，按照以上理论，这些积极情感帖所启动的积极情感可能使阅读者体验到情感释放，使其对社区娱乐价值有更高评价。因而，本章提出以下假设：

H1b. 相对于强文本情感线索精华帖组，弱文本情感线索精华帖组被试将具有更高的感知社区娱乐价值。

（二）信息加工的中介作用

Jorg 和 Ulrich（1999）探讨了怎样区别线索启动是否作用于个体，提出可以通过两种策略加以鉴别：加工分析和结果分析。并建议可以用线索启动作用来解释个体面临选择任务时的策略选择。

启动效应的本质是指经验对当前任务的积极或消极的影响。其中情绪启动效应则包括两层含义：一是指情绪体验对当前任务加工的工作效率的促进或抑制。如情绪扩展理论认为，积极情绪对注意力、认知和行为有扩展作用，能够拓展感知、思维和瞬时思维活动范围。二是指情绪经验对当前任务的加工蒙上正向或负向的情绪色彩（申雯，2008）。Lench（2009）的研究表明：情感反应之所以对个体判断事件发生的可能性有直接的影响，是因为个体在某种程度上具有期待或者避免某事件发生的倾向性。情感诉求信息作用于阅读者的后续信息加工，主要因为良性的情感感受使读帖者对信息内容有一定的积极期待。

而广告学领域的大量情绪启动研究也证实了情绪唤醒对消费者信息加工的这些影响。如 Aylesworth 等（1998）发现情绪可以通过影响观众对广告的注意力集中程度来影响广告效果，当注意力集中时，广告受众会主动地思考和理解广告，会得到更多的认知。Menon 和 Soman（2002）对网络广告的研究发现，好奇生成广告策略有助于提高与提供详细产品信息相关的兴趣和学习。而且可以提高时间花费和对特殊信息的注意力投入，进而导致更好和更聚焦的记忆，以及对新产品信息的理解。并认为好奇心导致更多的扩展性和目标导向的精细加工，也导致对好奇目标物相关产品信息的更多学习，以及更优的产品评估和感知新奇。Homer 和 Yoon（1992）研究证明，情感直接或间接通过对广告的态度影响对品牌的态度，而且这种影响因广告中的积极和消极诉求而不同：不管广告情况如何，情感对品牌态度的影响都有显著贡献，但当信息是负性架构时，品牌关联思想在品牌态度形成过程中发挥更重要作用。

基于以上发现，本章认为，由于情感信息的情绪唤起导致信息源获得更多注意力资源，将提高阅读者对信息精细加工的可能性，从而产生对信息内容的更深刻印象。同时，当先行阅读情感信息者阅读后续社区信息时，其对后续信息的加工将被嵌入先行的情感评估值。而正性的情感评估值导致对信息更可能产生积极评价。因而，本章提出以下假设：

H2. 信息加工程度中介了情绪唤起对浏览者感知社区价值的影响。

（三）品牌知识的调节作用

消费者的前知识经常被作为市场细分的重要手段。我们第五章研究关注了品牌熟悉度这一主观品牌知识对帖标题列表情感线索效用的作用情况，而本部分将关注消费者客观品牌知识作用。

消费者的信息加工的主要前因是其目标。相关研究发现，品牌知识水平高的消费者与品牌知识水平低的消费者的目标不一致，导致了其信息查找对象及加工效果都不同。

从信息查找目的来看，拥有更广泛品牌知识的消费者更多地关注目标的达成，他们在达成目标方面有急切感（Lewandowaky and Kirsner，2000）和更明显的快速决策倾向（Thunholm，2005）。因而会选择更有利于其目标实现的信息及信息加工方法，对信息会更挑剔，有时会忽略掉有用的信息或较早停止对新信息的了解（Wood and Lynch，2002）。这些消费者一般会遵循程式化的解决步骤（Spence and Brucks，1997；Wiley，1998），并更强调那些达成其目标的信息。当信息加工使他们感知到自身向目标靠近时，他们将更积极地评价产品（Lewandowsky and Kirsner，2000）。

而品牌知识有限的消费者却更关注信息内容的获得（Lewandowsky and Kirsner，2000），当他们的信息加工模式提供评价线索时，他们将更积极地评价产品。同时，他们趋向于进行更外部的信息查找，而不是依赖他们的现存知识（Mandel and Johnson，2002）；他们且更趋于使用数据驱动的加工模式，以利于了解和考虑信息的所有部分（Chi，Glaser and Rees，1982）。由于低水平前知识的浏览者相对而言更关注信息内容的获得，因此，其对信息表达细节方面的感知将更加充分。

精华帖一般传递积极情感，这种积极情感的评价倾向非常明确。按照以上关于不同品牌知识水平消费者的分析，低水平品牌知识者更易感知这些情感，并导致对后续阅读内容的更积极加工和积极评价。也就是说，虚拟品牌社区情感信息的情绪启动作用对低品牌知识的浏览者将更起作用。

因而，本章提出以下假设：

H3. 与品牌知识较多的浏览者相比，对品牌知识较少的浏览者而言，虚拟品牌社区情感信息的情绪启动会对感知社区价值产生更大的正向影响。

第三节　精华帖情感线索效应机制验证

一　实验设计

（一）实验设计方法

本章采用以单因素组间实验设计。以精华帖情感线索强弱（强和弱两个水平）为组间因素，以品牌知识为随机变量，以情绪启动、信息加工、感知社区功能价值、感知社区娱乐价值等为因变量。

（二）刺激物设计

——品牌选择

实验以匡威虚拟品牌社区为具体情境。匡威在男女大学生中均有较高知名度，且其虚拟品牌社区为成熟社区，适于构造实验情境。

——精华帖设计

精华帖选择采取以下方法：抽取匡威社区中的有情感线索精华帖20个，由8名研究生对其进行情感强度排序。选择平均排序第一位的精华帖为实验帖。如前所述，对该实验帖的情感表达进行弱化处理。处理的时候参照第三章发现的情感表达范畴，如帖标题中去掉了其情境强化、语气强化成分，改为相对客观的描述；帖内容中去掉了情感标点（如!!!）、情感词（如爱不释手、喜欢），并删去了通过渲染营造情感语境的句子“这个冗长的夏天太多鲜艳和吵闹”。从而形成两个实验刺激物——强情感线索精华帖、弱情感线索精华帖。

强情感线索精华帖内容如下：

主题：秋天我要的阿匡

这个秋天我要穿的Converse一定是大地色系的！！！因为这个冗长的夏天太过鲜艳和吵闹。今年John Varvatos给Converse设计了Star Player Collection，其中有一双灰绿色星箭帆布做旧高帮我爱不释手，鞋形修长而帅气，我喜欢用很规矩的裤子配奇怪的鞋子，我会搭配有细条纹的棕色毛料西裤，配高帮鞋，裤脚可以略微改短。

Converse很早的fish boot现在已经并不多见了，我平时穿着会用米色的紧身牛仔裤来配，不去抢这款经典的工作靴细腻的做工和优雅的配色。

弱情感线索精华帖内容如下：

主题：潮流搭配

这个秋天最适合穿大地色系的Converse。今年John Varvatos给Converse设计了Star Player Collection，其中有一双灰绿色星箭帆布做旧高帮，我会搭配有细条纹的棕色毛料西裤，配高帮鞋，裤脚可以略微改短。

Converse很早的fish boot现在已经并不多见了，我平时穿着会用米色的紧身牛仔裤来配，不去抢这款经典的工作靴细腻的做工和优雅的配色。

（三）其他社区帖设计

对于社区中除精华帖外其他帖的选择采取以下方法：在匡威社区中方便抽取10个正面情感帖、10个负面情感帖、10个无情感帖。从中随机抽取正面情感帖1个、负面情感帖1个、无情感帖2个。共同组成精华帖以外的另外四个浏览者后续阅读帖。

(四) 量表设计

研究所涉及各类变量的量表测项来源如表 6－1 所示。Russell（1980）认为，人的情感由愉快维度和唤醒维度这两个独立维度组成，故情绪唤起量表采用 Mehrabian 和 Russell 的情绪唤起语义差别量表（其中愉悦度、唤醒度测项共 12 组形容词）。对感知社区价值分别从感知功能价值和感知娱乐价值两个角度展开测量。品牌知识的测量通过测试五个品牌相关知识的方式展开，能回答其中两个问题及以下的消费者作为低品牌知识群体，能回答三个及以上的消费者作为高品牌知识群体。信息加工变量则通过问询被试信息中主要名词记忆深度来测量。

表 6－1　量表来源

量表名	量表测项	量表来源
情绪唤起	愉悦度	Mehrabian 和 Russell，1974
	唤醒度	
感知社区价值	感知功能价值	Korgaonkar 和 Wolin，1999；查金祥，2006；金立印，2007
	感知娱乐价值	Torkzadeh 和 Dhillon，2002；查金祥，2006；金立印，2007
信息加工	四组帖中相关名词的记忆深度	自编
品牌知识	品牌知识点测试（5 个测项）	自编

(五) 实验程序设计

实验按以下步骤展开：

(1) 说明实验的目的，并指导被试正确回答问题。

(2) 要求被试完成一组关于匡威品牌的知识性问题，获取其品牌知识状况。

(3) 请被试观看匡威社区的首页图像，使被试产生虚拟品牌社区情境感。

(4) 请被试阅读一个精华帖，其后完成情绪启动测试，检验精华帖的情绪唤起效果。两组分别阅读不同精华帖内容，其中一组阅读强情感线索精华帖，另一组阅读弱情感线索精华帖。

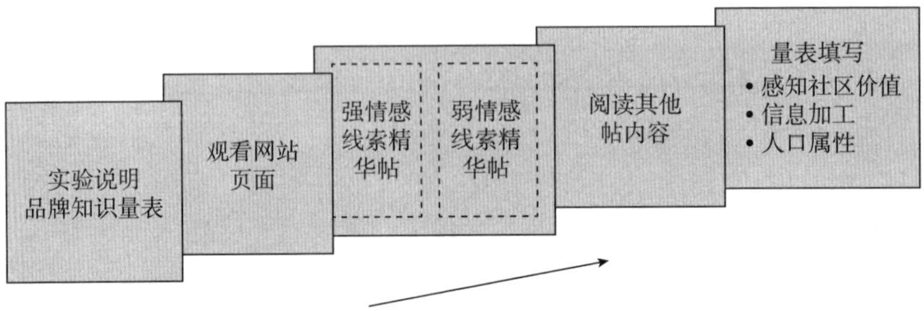

图 6-1　实验刺激展示过程

（5）请被试继续阅读其他四个社区帖（所有被试者所阅读内容完全相同）。

（6）请被试填写感知社区价值量表、再访意向量表、信息记忆程度量表。

（7）请被试填写人口属性情况。

二　数据分析

（一）预测试分析

为检验两组精华帖是否符合预期，在正式实验前我们进行了预测试。预测试样本共 65 人。预测试询问浏览者阅读完两个精华帖后的情感状态，比较两个帖在情绪唤起方面是否有明显的差异。单因素方差分析表明两个帖在情绪唤起方面有显著差异（$F=3.531$，$P<0.1$）。其中强情感线索精华帖具有较强的情绪唤起作用，弱情感线索精华帖具有较弱的情绪唤起作用。

（二）操纵检查和数据分布

实验共邀请了四川大学 130 名本科生参与。所有实验参与者被随机分配到两个组（每组 65 人）。所填写问卷中有效问卷共 105 份，其中强情感线索组 62 份，弱情感线索组 43 份。

对实验所获数据采用社会统计软件 SPSS17.0 进行了分析。我们对信息的情绪启动操纵进行了 ANOVA 检验，以精华帖类型（有情感线索和无情感线索）作为自变量，以被试情绪启动量表得分作为因变量进行方差分析。结果表明，模型检验显著（$F=3.516$，$P<0.1$）。处于强情感线索精华帖组的被试情绪唤起（$M=0.6521$）要显著高于处于弱情感线索精华帖组的被试（$M=-1.0468$）。上述结果表明实验对基于精华帖情感线索的情绪启动操纵是成功的。

同时，为了解精华帖情感线索强弱与品牌知识之间的互作用关系，我们对两个变量进行了列联表分析。其中，品牌知识相关问题中答对2个及2个以上问题者品牌知识赋值为高，共52个被试；答对2个以下问题者品牌知识赋值为低，共53个被试。卡方检验显示，两者之间没有显著相关关系，且数据分布较均匀（如表6－2所示）。

表6－2　　被试分布情况

	强情感线索	弱情感线索	Pearson Chi－Square	相伴概率
高品牌知识	32	20	2.006	0.848
低品牌知识	30	23		

（三）信度效度检验

我们对问卷中各变量的信度进行了α系数分析。其中情绪唤起量表的Cronbach's $\alpha=0.870$，感知社区价值量表的Cronbach's $\alpha=0.883$，大于建议的临界值0.7，说明量表具有较高的内部一致性。

我们利用因子分析方法检验了问卷的结构效度。其中情绪唤起量表KMO＝0.830，Bartlett's＝539.345，适合做因子分析。感知社区价值量表KMO＝0.879，Bartlett's＝388.816，均适合做因子分析。

对情绪唤起量表的因子分析通过正交旋转提取三个因子，共同解释了情绪唤起变量的63.619%变异。按照三个因子对应的问项特征，我们可以将其分别命名为愉悦度、激动度、紧张度。这一分析结果与Wundt所提出的情绪三维度说具有一致性。

对感知社区价值量表的因子分析通过正交旋转提取出感知功能价值和感知娱乐价值两个因子，共同解释了感知社区价值变量的66.596%变异。

以上数据显示问卷具有较好的结构效度。

表 6－3　情绪唤起和感知社区价值的因子分析

a. 情绪唤起因子分析				b. 感知社区价值因子分析		
问项	因子			问项	因子	
	1	2	3		1	2
高兴	0. 884	0. 043	0. 233	改善情绪	0. 852	0. 168
开心	0. 877	0. 265	0. 139	浏览快乐	0. 843	0. 349
满意	0. 806	0. 155	0. 251	有趣	0. 766	0. 417
希望	0. 606	0. 454	0. 339	获得快乐	0. 604	0. 470
安心	0. 558	0. 412	0. 048	获得资料	0. 181	0. 829
活跃	0. 041	0. 886	0. 152	学到知识	0. 313	0. 792
轻松	0. 351	0. 734	0. 139	受益匪浅	0. 368	0. 792
兴奋	0. 423	0. 598	0. 306	内容充足	0. 369	0. 520
唤醒	0. 182	0. 198	0. 738			
紧张	0. 097	0. 113	0. 726			
清醒	0. 205	0. 073	0. 688			
狂热	0. 180	0. 467	0. 522			

（四）假设检验

1. 假设 1 检验

我们对有强情感线索精华帖组、弱情感线索精华帖组的感知社区娱乐价值和感知社区功能价值进行了单因素方差分析，分析结果显示，两组感知社区功能价值差异显著［F（1，4. 116）＝4. 248，P＝0. 042］，强情感线索组的感知功能价值（M＝0. 168）大于弱情感线索组的感知功能价值（M＝－0. 24）。H1a 获得支持。但感知社区娱乐价值差异不显著［F（1，0. 175）＝0. 174，P＝0. 678］，H1b 未得到验证。

2. 假设 2 检验

信息加工中介作用检验运用了 Baron 和 Kenny（1986）的三步回归法，对信息加工、情绪唤起、感知功能社区价值做了三组回归分析（见表 6－4）。回归结果显示，情绪唤起显著解释了感知社区功能价值，情绪唤起显著解释了信息加工。当将信息加工与情感强度同时放入回归方程时，情感强度对于感知社区功能价值的解释失去显著性（P＝0. 305）。而信息加工对感知社区价值的解释仍然显著。结果说明，情绪唤起对感知社区功能价值的影响过程中信息加工起到了完全中介作用。H2 得到验证。

表 6-4　　信息加工对精华帖情感线索强度—感知社区价值间关系的中介作用检验

	标准化回归方程	回归系数检验
第一步	Y = 0.181X	SE = 0.023　T = 1.783 *
第二步	W = 0.262X	SE = 0.165　T = 2.595 *
第三步	Y = 0.297W + 0.108X	W：SE = 0.085　T = 2.188 *　X：SE = 0.333　T = 1.033

注：Y 为感知社区功能价值；X 表示情感唤起；W 表示信息加工；* 表示 $P < 0.1$。

3. 假设 3 检验

为进一步验证品牌知识的协调作用，本研究先行对品牌知识与情绪唤起进行了交互作用分析，交互作用采取单因素方差分析进行。数据显示，两者之间交互作用不显著（$F = 1.226$，$S = 0.303$）。

以被试在感知社区功能价值、感知社区娱乐价值项目上的平均得分为评价指标，表 6-5 列出了被试浏览精华帖及后续帖后的感知社区价值数据。并对浏览者品牌知识的协调作用进行了两组单因素方差分析。

表 6-5　　品牌知识对精华帖情感线索强度—感知社区价值间关系的调节作用检验

	高品牌知识（M ± SD）		低品牌知识（M ± SD）	
	感知功能价值	感知娱乐价值	感知功能价值	感知娱乐价值
强情感线索精华帖	4.33 ± 0.79	4.05 ± 0.85	3.73 ± 1.12	3.46 ± 1.32
弱情感线索精华帖	3.93 ± 1.01	3.66 ± 0.90	3.30 ± 1.13	3.35 ± 1.30

一方面，对高品牌知识情况下，精华帖情感线索强度对浏览者感知社区功能价值、感知社区娱乐价值的影响做单因素方差分析（见表 6-6）。分析结果发现，对于高水平品牌知识组而言，强情感线索精华帖

对感知功能价值和感知娱乐价值均无显著提升作用。

表 6－6　浏览者品牌知识与精华帖有无情感线索之间的交互作用

	感知功能价值		感知娱乐价值	
	F	Sig.	*F*	Sig.
高品牌知识	1.263	0.272	0.357	0.556
低品牌知识	3.392	0.070	0.417	0.521

另一方面，对低品牌知识情况下，精华帖情感线索强度对浏览者感知社区功能价值、感知社区娱乐价值的影响做单因素方差分析（见表6－6）。分析结果发现，强情感线索精华帖对感知社区娱乐价值无显著提升作用，但对感知社区功能价值有显著提升作用。

因此，品牌知识对精华帖情感线索强度对浏览者感知社区功能价值的影响有调节作用：低品牌知识水平下，精华帖情感线索强度将提升浏览者社区功能感知，而高品牌知识水平下，精华帖情感线索强度对浏览者社区功能感知无明显提升作用。

三　本章小结

本章关注的是浏览者在不同情感线索强度精华帖情绪启动下其社区价值感知是否有差异、信息加工的中介作用，以及品牌知识的协调作用。实验研究显示以下结论：

（1）强情感线索精华帖的情绪启动比之弱情感线索精华帖会引起浏览者更高的感知社区功能价值，但对感知社区娱乐价值没有显著影响；

（2）浏览者阅读精华帖后的信息加工程度完全中介了情绪启动对感知社区功能价值的正向影响；

（3）品牌知识对精华帖情感线索的效应有调节作用：对于品牌知识较低的浏览者而言，强情感线索精华帖对感知社区功能价值的正向影响显著，但对于品牌知识较高的浏览者而言，这一影响并不显著。

研究结果与前逻辑推理基本一致，即强情感线索精华帖的情绪唤起作用使浏览者将更多的注意力资源用于其所阅读的后续信息，导致对后续信息的更深入加工，并进而影响浏览者对社区功能价值的感知。

由此我们可以推理：

首先，虚拟品牌社区环境下启动性文本情感信息的营销价值主要在于促进感知社区功能价值。而基于功能价值需求的信息查找可能是初始网站访问行为的主要目的（Adler and Kwon，2002；Armstrong and Hagel，1996；Inkpen and Tsang，2005；Ridings and Gefen，2004；Wasko and Faraj，2000），因而强文本情感线索精华帖可能有助于提升浏览者的服务满意度。

其次，精华帖情感线索效应的作用机制是通过强情感线索的情绪唤起作用，影响信息加工效率，进而影响感知社区价值。已有研究发现文本性情感标题将启动阅读者对后续信息的定向注意加工（Nielson，2010），本章没有停留于情感信息是否唤起注意，而是深入文本情感帖的情绪启动对阅读者信息加工深度的影响，以及该影响对感知社区功能价值的正向作用。相关结论不但印证了现有研究，而且提高了对已有研究的解释力度。

最后，现有研究指出消费者品牌知识会协调信息特征对产品评价的作用，本章证实精华帖情感线索强度对不同品牌知识浏览者信息加工深度及感知社区功能价值的影响不同：对低品牌知识者而言，强情感线索精华帖会对感知功能价值的影响更显著。而对于高品牌知识者而言，情绪启动并不能显著影响感知功能价值。这一结论不但印证了现有研究，而且更加丰富了品牌知识的研究，也将为品牌知识的作用研究提供一个新的理论视角。

第七章　基于情感线索的虚拟品牌社区营销策略研究

营销理论源自营销实践，也应当回归于营销实践。关于虚拟品牌社区中文本情感线索效应的理论发现需要结合具体应用情境转化为策略方法以服务于营销实践；同时，随着虚拟品牌社区的发展壮大和社区管理队伍的职业化，社区管理者们可能已经发现了关于文本情感线索的潜在规律，并摸索出了一些行之有效的营销措施。因而，本部分将通过对虚拟品牌社区当前营销管理现状的深入观察，并结合相关理论发现，进行基于文本情感线索的虚拟品牌社区服务营销策略分析及其策略体系设计。

第一节　虚拟品牌社区内容管理策略需求

一　我国虚拟品牌社区的发展

近年来，我国涌现了一批社交网站，而虚拟品牌社区在其中生根发芽，并已具有强大影响力（如爱卡、汽车之家、中关村在线、豆瓣网等）。同时，一些独立的网上粉丝组织也纷纷建立。这些企业中的一些已高速成长，具有强大的市场影响力。本研究已构建和证明了虚拟品牌社区文本情感线索的效用模型，同时验证已反映了一些情境因素与文本情感线索作用之间的关系。那么，这些规律是否已被虚拟品牌社区管理者所捕捉？他们有无开发相应管理策略？

规律必然会在日常实践中有所体现，也可能影响实践者的行为。因而，我们认为，文本情感线索应当在虚拟品牌社区管理策略中有所反映。也就是说，通过对虚拟品牌社区管理实践的观察，可以从另一个侧面了解虚拟品牌社区文本情感线索效用。同时，虽然规律具有稳定性，但管理者可能采取不同的策略路径去遵循规律。而发现这些不同路径不但有助于强化对规律的认识，而且有助于进一步提高理论的丰富性。

基于以上情况，本部分采取案例研究方法，将对虚拟品牌社区文本情感线索效用的研究延伸到应用情境，围绕虚拟品牌社区文本信息内容管理策略展开研究。本部分研究目的主要包括以下三方面：

——了解理论发现的现实应用状况；

——挖掘理论的策略应用路径；

——初步构建基于文本情感线索的虚拟品牌社区营销策略体系。

为实现以上研究目的，本章主要包括三个研究部分：第一部分是对虚拟品牌社区内容管理基本状况的了解，主要通过对虚拟品牌社区管理规则和管理经验的数据收集和内容分析展开；第二部分是对虚拟品牌社区具体策略类型和策略应用情境的研究，通过对案例虚拟品牌社区内容管理的策略分析而展开；第三部分将构建基于文本情感线索的虚拟品牌社区营销策略体系，该部分是对本研究理论研究成果和实践观察成果的整合提升部分，其结果将直接为虚拟品牌社区营销管理提供策略参考。

二　案例研究法的运用

本部分主要采用案例研究方法展开研究。案例研究方法特别适合用来观察和研究企业发生的系列性变革（Pettigrew，1990），因而对本部分研究非常适用。

案例研究包括多种类型，如按案例的个数分类，可以将其分为单案例研究、多案例研究；按研究目的分类，可以将其分为探索性案例研究、描述性案例研究、解释性案例研究；按分析单位分类，可以将其分为整体性案例研究和嵌入性案例研究（如表 7 -1 所示）。

从案例的个数上说，本部分研究将采取多案例研究设计。所谓多案例研究方法是应用多个数据收集方法从多个实体（人、集体或组织）取得信息并在某种现象的自然环境内调查这种现象（Benbasat，Goldstein and Mead，1987）。多案例研究设计基于对两个或多个案例研究的结论要么能产生相同的结果，要么由于可预知的原因而产生与前一研究不同的结果。从多个案例推导出的结论往往被认为更具说服力，更能经得起推敲（Herriott and Firestone，1983）。

表 7－1　　　　案例研究方法的分类

分类角度	具体类别
案例个数	单案例研究、多案例研究
研究目的	探索性案例研究、描述性案例研究、解释性案例研究
分析单位	整体性案例研究、嵌入性案例研究

从研究目的上说，本部分研究将采取探索性案例研究。探索性案例研究是用来回答“什么事”的问题，即尝试寻找对事物的新洞察，或尝试用新的观点去评价现象。描述性案例研究主要是对人、事件或情景的概况做出准确的描述；解释性案例研究则更适合回答“怎么样”和“为什么”之类的问题。本研究将尝试用新的观点（前面章节所证明的各理论观点）去评价现象，其作用在于解释说明、扩展理论适用范畴等。

从分析单位上说，本部分研究将采取嵌入性案例研究。整体性案例研究指某个案例研究中，仅考察某一组织或公共政策的整体性质。嵌入性案例研究指一个案例研究中包含一个以上分析单位，即除了整体单位之外，还包含一个或多个亚单位，又称为次级分析单位。通过任意方式获得次级分析单位的研究设计都称为嵌入性案例研究。本部分将分两个分析层次展开分析（详见后续相关部分阐述）。

第二节　虚拟品牌社区内容营销策略的二手资料分析

虚拟品牌社区虽然是一个松散组织，但也需要对其管理，以维持社区和谐和社区良性发展。其管理手段主要有两个：制度约束和管理激励。对社区参与者而言，前者体现为一种显性规则，后者体现为一种隐性规则。本部分即对这两方面情况进行调查和分析。

一　虚拟品牌社区发帖管理制度——显性规则分析

制度是虚拟社区的显性管理手段。按经济学家 Commons（1996）的看法，制度是“集体的行动控制个人的行为”，并具有“作为老师”“作为组合的劳动”“作为仲裁者”等基本价值。虚拟品牌社区管理制度作为老师，可以指导社区成员提高发帖质量；作为组合的劳动，将社区各级各类成员的相关责任和权利进行明确分配，对其关系进行有机的协调；作为仲裁者，阐明发帖内容禁区和行为禁区，从而建立管理制裁的制度依据。而虚拟品牌社区管理制度实现这一系列价值的主要方式，是通过对发帖和回帖行为的规定。

本研究以文本情感线索效用问题为中心，因此，对虚拟品牌社区制度的观察围绕着其有关发帖内容表达的规定展开。研究调研了爱卡、汽车之家、百度贴吧、豆瓣网、中关村在线等主要虚拟品牌社区平台，并搜索了服装品牌、化妆品品牌、IT 产品的高知名度品牌，查找其草根型虚拟品牌社区，前后共访问了 53 个品牌社区，收集了其社区管理制度。发现其中直接针对文本情感的制度条文极少，但一些激励性内容对其有所涵盖和涉及。涉及帖标题、帖内容、精华帖内容的规则条文举例如下。

（1）涉及帖标题内容表达的制度内容，例如：

避免言之无物的帖子标题。

取一个新颖或者让人简单明了的标题。

会员发帖求助请不要使用“裸求”“跪求”“救命”等文字，帖子标题简单明了，标题与帖子正文内容一致。

发帖标题应简明主旨，内容应具体翔实。

严禁出现如纯表情、纯标点、文不对题、复制回帖、无意义回帖（诸如顶、DDDDD）等情况。

（2）涉及帖内容表达的制度内容，例如：

请加上使用感受。

不要将它作为灌水或个人情绪发泄的地方。

禁止无内容回帖（不说话只引用别人的言论、只发表情符号、只发图片，删无赦），无实际内容主帖（只发图片、flash或只说一句我好郁闷之类的话，删无赦），不合时宜的庆贺、祝福、初次见面、寻人启事等没有实际意义的帖子。

淡季郁闷帖、做成生意或者生意不成帖一律删除。

建议不要发带有情绪和误导性比较强的帖子，这样的帖子，通常会被认为不友好，可能引起他人不适，期间可能有人对你扣分、钙化。

与版面主题无关的帖子，如情感问题、学业咨询、明星贴图等一律锁贴。

（3）精华帖选拔条件中涉及内容表达的规则条文，例如：

内容充实健康有新意的发帖；

内容清楚、翔实，不仅仅以晒东西为目的，并耐心回答同学们的问题，介绍经验的原创帖；

文字内容丰富的发帖；

有意义、积极向上或者适合大众娱乐的各种转帖。

根据以上涉及文本表达的制度规定，我们可以产生以下推理：

一方面，一些虚拟品牌社区管理者已经发现了文本情感线索的注意力吸引作用，并认为其可能对社区带来正面效果和负面效果。如情感色彩强烈可能导致浏览者注意力偏移，若其内容无价值则会降低浏览者对整个社区的评价；而在有一定实质内容的情况下辅之以强烈的情感线索不但会提高发帖的点击率，而且会促进社区的积极感知。这些发现在相关制度条文中有一定体现。

另一方面，虚拟品牌社区管理者对文本情感线索的积极作用并没有充分认识。从制度内容上看，制度规定中有关“不能干什么”的条文对文本情感线索进行了更多规定，但在“提倡做什么”中却缺乏文本情感线索的针对性强调。这种“一刀切”可能误导社区成员对帖标题和帖内容的设计，从而影响文本情感线索的正面价值发挥。

二　虚拟品牌社区发帖管理经验——隐性规则分析

制度往往缺乏弹性，虚拟社区管理仅依赖制度是不够的，还需要依赖管理者的知识和技能。管理者对管理知识的领悟从某种程度上也会成为其管理的一种规则，直接服务于其管理激励活动，对社区成员而言，这种规则是隐性规则。作为管理者知识经验的体现，隐性规则往往更加丰富和具体。

网络空间是开放空间，在这个空间里很多虚拟社区管理者乐于分享自己的知识和经验。这些经验之谈也能在一定程度上反映当前虚拟品牌社区管理现状。因此，我们以虚拟品牌社区管理者的“经验谈”作为隐性管理规则发现依据。

本研究采用大量检索词对虚拟社区管理经验进行了检索。这些词包括版主经验、斑竹经验、虚拟社区管理、站长经验等。在发现的大量经验表达中，我们发现了以下典型内容：

版主一个重要的任务就是提高板块访问量。只需要对关键词的高度敏感和掌握对标题撰写的技巧就可以了。运用的技巧是：通过修改帖子的标题来提高搜索引擎收录和点击率。这样就可以吸引更多的新用户来到论坛。通过修改出更吸引人的标题不但可以带来更多新用户，还可以提高站内的 PV 值。

一个论坛最忌讳的就是太干净了，一眼望过去，帖子全部清一色，没有任何操作过的痕迹，这样无法让用户富有激情，论坛一定要让用户感受到热闹，而不是简单的有内容而已。

一个论坛的风格有很多种，或诙谐、或沉稳、或学究……往往会受到版主和社区管理层、论坛中坚力量他们自己的性格或者语言风格的影响。

版主就是一边负责清理脏乱差帖，一边表扬一些精妙绝帖，从而对该论坛上各路网虫的言论实行有效的管理，促使论坛健康地发展。

进行积极管理的“斑竹”才是真正的优秀“斑竹”。“斑竹”在完成规定任务（点到，发帖量，处理违规帖）的前提下，在所管理的版内要积极与会员交流，每日更换置顶帖，对好帖加亮，标记，设置精华，加金钱、习惯、威望……

以上言论与制度规定内容有一定的反差。即这些“有经验”的虚拟社区管理者们更多的是在阐述文本信息表达对虚拟社区发展的积极作用。如认为强情感线索“可以带来更多新用户”“可以提高站内的 PV 值”（PV 值，即感知社区价值）、“让用户感受到热闹”、形成社区的“风格”等。

同时，管理经验中还将文本表达管理作为社区管理者的常规管理内容之一，并提出具体措施。如“修改帖子标题”“表扬”“加标记”“加亮”等。既然作为经验谈，显然这些措施已经经过实施，并证明颇有成效。

更值得关注的是，在我们所观察到的管理经验谈中，所有言论对“积极管理”表示出一致认可。而这种积极管理与消极管理的区别正在于管理者不仅“禁止”“清理”“警告”，而且进行参与和激励。同时，参与和激励总是通过管理者的高质量发帖、勤于表扬、勤于推荐优秀发帖来加以体现。因而，对优秀帖的鉴别已成为“优秀社区管理者”的关键知识和能力。

可见，尽管文本情感线索的效用并没有在虚拟品牌社区显性规则中得以充分体现，但已在实践中被发现。这与本研究的理论发现体现出一致性。但同时，尽管“经验”给了管理者暗示，但由于未经科学研究，当前社区管理者的经验仍处于无序、模糊、不系统、不完善状态，这也为其营销实践带来诸多困难。从理论和实践双向出发的具体策略研究成为必要。

第三节 虚拟品牌社区文本情感管理案例研究

开放分享管理经验的虚拟品牌社区管理者毕竟是少数，更多的社区管理者可能通过对社区绩效的敏锐观察发现了文本情感线索效用规律，并以其指导和灵活运用于管理实践。也就是说，社区管理的隐性规则可以通过管理者的管理行为和结果来体现，如管理者个人所发帖的特征、管理者所选择精华帖特征等。

另一种可能的情况是，虚拟品牌社区管理者并未发现文本情感线索效用规律，但社区中一些长期活跃、发帖经验丰富的社区成员却有所感悟，且其行为体现出与规律方向一致的轨迹。由于这些成员对其他成员的行为的昭示作用，也将推动社区发帖的文本情感线索强化倾向。

因而，为了解虚拟品牌社区文本情感管理现状、深入挖掘社区管理策略，对案例虚拟品牌社区的深入观察成为必要。

一　分析单位与分析问题

（一）分析单位

如前所述，本研究采用嵌入性案例研究方法。

准确界定研究问题需要选择合适的分析单元。嵌入性案例研究对分析系统性有更高要求，更应对分析单位进行预先规划。而主分析单元、嵌入性分析单元以及围绕分析单元的情境因素的区分界定取决于研究层次。其中主分析单元是主要研究问题的反应，次级分析单元是次级研究问题的反应。

为实现研究目标，本案例研究的主分析单位包括以下内容：

（1）社区发帖激励策略：相关分析将发现社区发帖策略应用类型及情境。

（2）帖标题管理策略：相关分析将把握社区对帖标题文本情感值关注和管理状况。

（3）精华帖管理策略：相关分析将把握社区精华帖选择中的文本情感线索关注和管理状况。

（4）核心成员发帖设计策略：相关分析将揭示核心成员发帖的文本情感线索特征。

根据各主分析单位的分析目标，本研究的次级分析单位设计如下：

（1）发帖激励策略：社区激励策略类型、社区激励策略运用。

（2）帖标题管理策略：关于帖标题的规则和言论、社区版主发帖帖标题文本情感线索特征。

（3）精华帖管理策略：精华帖资源配置、精华帖帖标题文本情感、精华帖帖内容文本情感。

（4）核心成员帖设计策略：核心成员帖标题文本情感线索、核心成员帖内容文本情感线索特征。

（二）分析问题

基于以上分析单位设计，本部分研究将分别分析社区管理者、社区成员两个主体的管理策略，在了解虚拟品牌社区有关文本情感线索效用的策略应用现状的基础上，发现策略之间的关系，形成对主问题的揭示（如表7－2所示）。

表7－2　案例研究的分析问题设计

策略主体	要回答的问题
社区管理者	1. 针对文本情感线索采取措施了吗？ 2. 采取了哪些措施？其策略取向如何？ 3. 管理者策略与文本情感线索效用规律相吻合吗？
社区成员	1. 核心成员对发帖进行文本情感线索设计了吗？ 2. 这些设计体现出怎样的特征？与文本情感线索效用规律相吻合吗？
主问题	1. 社区成员、社区管理者策略匹配吗？ 2. 社区管理策略呈现出哪些模式类型？ 3. 模式差异出现的原因是什么？

二　案例基本情况

（一）案例选择

案例研究是非抽样的研究，理论研究和目的抽样要结合运用（Yin，2009；Eisenhardt，1989）。根据本研究前期的理论发现与本部分研究目的，我们考虑了品类差异、社区成熟度、社区成员差异、社区类型等因素进行案例选择。

据AC尼尔森公司调查，诸如IT、通信、数码、航空旅游、汽车等高信息化产品，以及服饰、化妆、浴室、珠宝首饰等个性化时尚用品的信息获取中，互联网是重要的信息传播渠道。2010年CNNIC的网购调查报告显示，用户购买比例排名前三的商品类别分别是服装、数码产品、图书，购买比例分别为70.1%、31.6%和31.4%。因而，本研究主要选择相关品类虚拟品牌社区作为案例对象。

而社区成熟度主要以成员规模、发帖规模等为表征。只有虚拟品牌社区具有一定成熟度，其管理者和社区成员才更可能发现规律和运用规律。因而本研究在所发现的品类中选择了各品类相关社区中规模较大的虚拟品牌社区。

本研究案例选择考虑了性别差异、收入差异等消费者个体差异情况。由于本研究前期实验研究发现了性别对文本情感线索效用有一定影响，因而将其纳入观察范围。而收入本身涉及消费水平，因而，本研究选择了特定品类中消费者具有同等消费水平的虚拟品牌社区为案例对象。

表 7-3　　　　案例基本情况

社区名	途观论坛	Smart 论坛	李维斯论坛	Eland 论坛	兰蔻社区	纽曼论坛
品类	汽车	汽车	服装	服装	化妆品	IT
平台	爱卡	爱卡	独立社区	独立社区	搜狐	中关村在线
成员规模	无	无	会员总数 189555	同时在线 1236 人	无	无
主帖总量	45826	10001	24153	5717	无	7211
日发主帖量	28. 6	9	20	20	5	5

社区类型主要指消费者主导虚拟品牌社区，主要包括第三方平台中的虚拟品牌社区和独立的消费者主导虚拟品牌社区两类。尽管前期研究没有比较这两类社区的文本情感线索效用差异，但考虑到这两类社区具有不同的管理层次，这些管理层次区别可能影响管理策略影响，因而我们对第三方平台中的社区和独立虚拟品牌社区的案例均有所选择。

Sanders（1982）认为，进行多案例研究时案例数目最好为 3—6 个。由于本研究考虑的案例选择要素较多，因而本研究共选择了六个虚拟品牌社区作为研究案例对象（其具体情况如表 7-3 所示）。这些案例覆盖了汽车、服装、化妆品、IT、运动器材等多种品类，且积累了较大成员量，有比较稳定的日活跃度，具有一定典型性。

（二）数据收集的信度效度

案例研究应通过使用多证据来源、利用所获得的数据进行三角互证以提高建构效度（Yin，2009）。本案例研究所利用的证据来源包括管理制度、管理者言论、管理者行为数据（版主发帖、精华帖选择）、成员行为数据等，使相关证据形成证据链，提高数据的建构效度。同时，本案例研究通过案例内、案例间的多重比较分析，提高研究内在效度。

案例研究应当通过合理选择案例、建立案例研究草案、系统收集管理案例来提高信度。本研究按既定标准案例，案例覆盖较广泛的品类范围，且建立了关于分析单元的计划草案。这些措施有助于促进研究信度。

三　虚拟品牌社区激励策略分析

通过对六个案例社区的激励手段的观察，本研究发现当前虚拟品牌社区管理者发帖激励手段多种多样，其中包括置顶、加精、加色、积分、加图标、加威望、奖励虚拟货币、增加虚拟贡献值、魅力值、提亮、评分、投票、勋章、阅读权限等若干。根据这些激励手段不同的激励角度，我们可以将其归纳为以下五种激励方法：

（1）标题激励：如通过在被激励对象主题帖的帖标题上加精、加色、加图标、提亮，来促进其关注度。

（2）位置激励：如通过置顶、回帖前置等措施促进主题帖占据首页位置，持续提升优秀发帖的关注度。

（3）身份激励：如通过加威望、加贡献值、魅力值、勋章等方式提高被激励成员的权利地位。

（4）互动激励：如通过鼓励浏览者对发帖进行评分、投票、送礼物、传纸条等方式促进发帖与浏览者的互动频率。

（5）直接奖励：如通过奖励积分、虚拟货币、增加虚拟贡献值等直接利益回报来激励对象，这种激励手段对其他浏览者非显性。但可刺激成员提高发帖质量和数量。

根据以上激励手段分类，我们以社区的主窗口为观察对象，对八个社区的激励手段归纳如表 7 – 4 所示。

根据六个社区发帖激励手段运用情况我们可以得出以下结论：

表7-4　　案例社区激励手段运用情况

激励类型	途观论坛	Smart 论坛	李维斯论坛	Eland 论坛	兰蔻社区	纽曼论坛
标题激励	√	√	√	√	√	√
位置激励	√	√	√	√	√	√
身份激励	√	√	√	√	√	√
互动激励	√	√		√	√	√
直接奖励	√	√	√	√	√	√

一方面，采用多种激励手段进行积极管理已成为虚拟品牌社区管理主流。另一方面，当前虚拟品牌社区激励手段主要着眼于提高帖的关注度，促进其影响力。如不但有可直接提高帖关注度的标题激励、互动激励、位置激励等手段，而且身份激励、直接奖励等激励手段的实施也将帖影响力作为重要指标。

因而，以上情况反映，各虚拟品牌社区管理者将帖关注度作为其主要激励目标，而这一目标的实现需要基于对发帖的评价。同时，由于多数虚拟品牌社区应用积极管理手段，社区的发帖状况在一定程度上会反映其管理策略情况。

四　基于文本情感线索的帖标题管理策略分析

本研究已证明帖标题列表情感线索可能对社区价值感知产生两个方向作用——对感知娱乐价值的正向作用和对感知财务价值的负向作用。虚拟品牌社区管理者对社区绩效有长期持续观察，那么他们是否发现了这种作用规律呢？

我们推理，如果社区管理者对帖标题情感线索效用规律有明确的感知，那么职责所系，势必会采取一定的管理措施。据我们的观察，可供选择的管理措施有三方面：制度引导、发帖示范、发帖激励。

1. 制度引导

如前所述，制度引导是虚拟社区的显性手段，也是虚拟社区常规管理手段。我们对六个案例社区的管理制度及版主相关言论进行了收集。调查显示，目前这些社区的管理制度（包括各类公告等）基本未直接涉及帖标题情感线索。但李维斯和兰蔻社区对帖标题表达做了一些相关规定，如：

李维斯制度条文：发帖文不对题者，第一次扣分并删帖！情节严重者，屡教不改者永久禁言！

兰蔻制度条文：凡重复发同一内容、没有实质内容的标题帖、感叹帖、牢骚帖、炫耀帖，一律删。

可见，这些虚拟品牌社区并未直接对发帖的文本情感线索进行引导。而相关制度条文也容易使浏览者感受到对情感表达的消极态度。这种状况与我们前面对虚拟品牌社区管理制度的广泛调查结论一致。

2. 发帖示范

如果发现某种发帖规律，虚拟品牌社区管理者也可以通过自己的行为示范来进行隐性引导。也就是说，如果管理者发现帖标题情感线索会对社区绩效产生正向影响，他在发帖时更倾向于拟定一个情感线索强的帖标题。反之，如果管理者发现帖标题情感线索会对社区绩效产生负向影响，他在发帖时也更倾向于拟定一个情感线索弱的帖标题。也就是说，观察社区管理者发帖的情感线索情况应当能够发现他们对帖标题情感线索效用的观点。

根据以上推理，我们对六个案例社区的版主所发帖的情感线索强度进行了调查。每个社区我们选择排名第一的版主（有些社区有多个版主）顺序抽取其最近所发的50条帖标题，并按顺序抽取最近社区成员所发的50条发帖。形成两个样本组。我们采用帖标题文本情感线索充裕度算法的计算结果（见第四章）作为帖标题情感线索强度的表征。我们发现，除了李维斯论坛中版主基本未参与发帖（仅发布公告）外，其他五个社区的版主均高频发帖。其所发帖应当具有较广泛的影响力。

数据分析显示了案例社区版主发帖行为的三方面特征：

首先，一些社区版主发帖的帖标题情感线索可能与普通成员发帖的帖标题情感线索间存在差异。被分析的五个社区（李维斯论坛未计算在内）中有两个社区版主发帖帖标题情感线索与普通成员发帖的帖标题情感线索间差异显著。显示其版主发帖的帖标题可能进行了专门设计，以发挥其示范作用。这与我们的推理一致。

其次，更多社区版主发帖帖标题情感线索强度高于普通成员发帖，但也有部分社区的版主发帖帖标题情感低于普通成员发帖。如 Smart 论坛和兰蔻社区的版主发帖其帖标题情感线索强度显著高于其他成员发帖的帖标题情感线索强度，途观论坛版主发帖也有类似现象。但纽曼论坛、Eland 论坛版主发帖帖标题情感线索强度略低。由于这两个其他虚拟品牌社区的版主与普通成员发帖帖标题情感线索强度之间差异不显著，其原因可能是版主有意为之，也可能是统计随机误差所造成，还需要进一步的证据辅助判断。

最后，虚拟品牌社区的版主往往不但会提高自己的帖标题情感线索强度，而且在情感表达时会呈现出独特风格。如 Smart 论坛版主惯用情感标点，兰蔻社区版主惯用叙事，途观论坛版主惯用悬念，Eland 社区版主惯用口语化。

以上情况显示，虚拟品牌社区管理者在掌握规律的基础上，开始巧妙使用示范性发帖技巧，营造社区的独特情感吸引力。

表 7－5　案例社区版主帖标题情感线索状况

版主帖标题	途观论坛	Smart 论坛	李维斯论坛	Eland 论坛	兰蔻论坛	纽曼论坛
情感强度	1.8805	3.4077	缺省	1.6	2.3	1.6
高/低	高	高	缺省	低	高	低
显著性（F）	0.639	12.485**	缺省	2.060	3.623*	1.974
强化风格	悬念	标点	缺省	口语化	叙事	情感词

注：* 表示 $P<0.1$；** 表示 $P<0.1$。

3. 发帖激励

所谓发帖激励，即利用前述各种激励手段（标题激励、位置激励、身份激励、互动激励、直接奖励）对帖标题文本情感线索高或低的发帖进行激励。

加精是虚拟社区的主导激励手段，如果虚拟社区管理者发现帖标题情感线索有积极作用，那么，他将更加倾向于选择帖标题情感线索强的发帖为精华帖；反之，如果虚拟社区管理者发现帖标题情感线索有消极作用，那么，他会更倾向于选帖标题情感线索弱的发帖为精华帖。因而，精华帖帖标题情感线索强度也是反映社区管理者对文本情感线索效用之观点的另一渠道。

下一部分我们将专门对精华帖情感线索做分析，因而这里暂不分析。

五 基于文本情感线索的精华帖管理策略分析

（一）精华帖相关资源配置

我们的研究发现，浏览者第一时间阅读精华帖，精华帖的情感线索将启动其情感，从而促进其后续所阅读信息的加工。我们发现予以精华帖突出地位的方法主要有两个：精华区设置和精华帖标题强化。

1. 精华区设置

醒目的精华区将使浏览者第一时间阅读精华帖，有利于精华帖情感线索效用的发挥。对六个社区的观察显示，这些社区均专门设置了精华帖区，但给精华区配置的位置有所不同。途观、Smart、李维斯等社区均赋予精华区宝贵的左边导航条位置（与“全部帖子”标签相邻区域），而 Eland 社区甚至予以精华帖更加突出的高于“全部主题”的位置，且对标题进行加粗处理，显示了对其的充分重视。但是兰蔻社区、纽曼社区却将精华区设置在较难发现的右侧位置，如图 7－1 所示，调查者进行了仔细观察和寻找才发现它的存在。显然社区管理者并没有意识到精华帖的启动效应，未予以足够重视。

当然，对于经常到社区的老成员而言精华区的具体空间位置并不重要。但是对于新游客而言处于不醒目位置的精华区可能是没有意义的。根据研究，网络阅读视线路径通常是从左往右。如果精华区配置在右边，新游客很可能会因为没有发现精华区而不能第一时间阅读精华帖这一优质资源。而我们的前期研究也发现，精华帖情感线索的社区价值感知效用对低品牌知识者更突出。无疑精华区空间配置不足将影响精华帖文本情感线索效用的发挥。

2. 精华帖标题的强化

浏览者第一时间接触的往往是全部帖标题列表，而非精华区。那么，如果浏览者第一时间浏览的是“全部帖子”，精华帖混迹于其中，怎么才能使浏览者被精华帖所吸引？

A　途观社区

B　兰蔻社区

C　Eland社区

图 7－1　精华区空间配置比较

根据我们对六个社区的观察，他们毫不例外地均采取加标、加亮等方式对精华帖进行强化（见表 7－6），这些强化提高其醒目度，起到促进其被优先阅读的作用。

表 7－6　　　　精华帖管理策略应用分析

社区名		途观论坛	Smart 论坛	李维斯论坛	Eland 论坛	兰蔻论坛	纽曼论坛
精华帖区		有	有	有	有	有	有
精华区位置		醒目	醒目	醒目	醒目	不醒目	不醒目
精华帖标题强化		加标、加亮	加标、加亮	加标	加标	加标	加标
帖标题情感线索强度	均值	2.0922	2.2557	2.3023	3.0757	1.9574	1.2468
	高/低	高	高	高	高	高	低
	显著度	3.653*	3.318*	7.002**	3.825*	10.886**	7.341**

续表

社区名		途观论坛	Smart 论坛	李维斯论坛	Eland 论坛	兰蔻论坛	纽曼论坛
帖内容情感线索强度	均值	2.57	2.74	3.84	5.54	2.62	0.4934
	高/低	低	低	低	高	高	低
	显著度	0.137	1.296	0.004	4.371*	3.258*	0.216

注：*表示 $P<0.1$；**表示 $P<0.01$。

（二）精华帖选择对帖标题情感线索的关注

精华帖由标题和内容两部分构成，有一个好的标题，精华帖将被更多地注意，才能被浏览者更早发现和阅读。

我们前期研究已发现了帖标题情感线索强度将作用于浏览者的注意力转移。而且一些案例社区管理者也通过对发帖的示范作用在引导发帖对帖标题情感线索的强化。那么，管理者对精华帖的帖标题情感线索是否有更高要求？

我们顺序抽取了六个社区各 100 个精华帖样本，并抽取了同期 100 个普通帖样本（共抽取了 600 个帖样本），对两组样本的帖标题情感线索强度进行了比较（帖标题情感线索强度以情感线索充裕度为计量方法，计量方法见第四章）。对六个社区的观察显示，六个社区所选择的精华帖帖标题情感线索强度均与普通帖帖标题有显著差异。但情感线索强度出现了两种不同的方向，其中纽曼社区倾向于选择帖标题情感线索强度低的发帖为精华帖，而其余社区均倾向于选择帖标题情感线索强度高的发帖为精华帖。纽曼社区这一精华帖选择倾向与其版主发帖倾向呈现一致性，显示其社区管理者可能只注意到了文本情感线索的负面作用，并采取了以控制其负面作用为方向的管理策略。

显然，各虚拟品牌社区在选择精华帖时均会将帖标题情感线索纳入考虑。其中多数社区倾向于选择帖标题具有强情感线索的发帖，而个别社区倾向于选择帖标题不具有情感色彩的发帖。基于此，我们推理，由于本研究文本情感线索既具有正面效应，又具有负面效应的规律，而社区管理者往往只看到了其一方面效应，而忽视另一方面效应，导致其管理行为的分歧。由于社区管理者对精华帖帖标题的这些管理倾向可能影响社区成员发帖倾向，我们可以对社区成员发帖进行观察，来进一步证实以上推理。

（三）帖内容情感线索对精华帖选择的作用

精华帖内容是满足浏览者需求，促进其提高社区价值感知的主要作用物。同时，我们的研究也发现精华帖内容的文本情感线索强度对浏览者后续阅读内容的信息加工有促进作用。那么，案例社区是否会对精华帖帖内容的情感线索进行管理呢？我们对所抽取的两组帖（精华帖和普通帖）也做了比较。

数据显示，除了兰蔻社区和 Eland 社区外，其他社区的精华帖与普通帖帖内容的情感线索强度差异均不显著。可见，更多社区并没有意识到精华帖内容情感线索的情绪启动效应及其对后续信息加工的促进作用。

六　基于文本情感线索的成员发帖策略分析

广大的虚拟社区参与成员是社区成长的最大推动力。那么，社区成员是否意识到文本情感线索对自身发帖关注度的作用呢？

由于社区成员有不同层次，而每个社区也均对社区成员进行了分层管理。如爱卡论坛把成员分为钻石长老、白金长老、黄金长老、白银长老、青铜长老等级别；Eland 社区把成员分成窈窕淑女、雨季淑女、花季淑女、细胞淑女等级别。社区成员的级别提升通常主要以其发帖量、所发布帖的浏览次数等为基础。由于更多的发帖及对发帖反馈的观察更有利于对帖绩效规律的发现；同时，更多的社区浏览也更有利于发现社区管理政策方向，进行与政策相一致的发帖行为调整。因而，我们认为高级别社区成员更可能发现文本情感线索规律和社区管理政策导向，并以其指导自己的发帖行为。

为验证以上推理，本研究将案例社区的高级别成员（我们称为核心成员）的发帖与普通成员的发帖进行了比较。我们抽取了每个社区最近 100 条发帖的发帖者中级别较高的 5 位成员，并抽取其中级别中等偏低的 5 位成员，获取这 10 位成员最近的 10 条发帖，即形成 50 条帖的核心成员样本组和 50 条帖的普通成员样本组。并对两组样本（共 600 条发帖）的文本情感线索进行了比较分析。

在核心成员帖标题情感线索设计方面，根据方差分析，六个社区的核心成员帖标题情感线索强度呈现两种不同状况：多数社区核心成员帖标题情感线索强度要显著高于普通成员帖标题情感线索强度。但也有个别社区的核心成员帖标题情感线索强度显著低于普通成员帖标题情感线索强度。

而在核心成员帖内容情感线索设计方面，根据方差分析，除了个别社区（纽曼）外，六个社区中核心成员帖内容情感线索强度均高于普通成员帖，其中包括一些社区出现了核心成员帖内容情感线索强度强度显著高于普通成员帖内容的趋势。显然，较多核心成员对帖内容情感线索对浏览者回帖量的积极作用有所意识并以其指导自己的发帖行为。

由于纽曼社区前数据分析结论的特殊性，我们对其进行了专门观察（见表7－7）。纽曼社区核心成员帖标题设计采取的是弱化情感线索策略，这与社区管理者策略取向高度一致，但其帖内容情感线索强度还是略高于普通成员发帖。而恰好其社区管理者对精华帖帖内容的选择没有显著的低情感线索倾向。我们可以据此推理，当管理者表现出对情感线索的弱化倾向时，核心成员会以其为风向标进行跟随性策略应用；而当管理者没有体现这一倾向时，核心成员又能敏感地意识到帖内容情感线索会促进回帖量，因而又会倾向于强情感线索设计。这种矛盾正体现了社区管理者所发现的文本情感线索对社区绩效的作用与社区成员所发现的文本情感线索对帖绩效作用的矛盾。

表7－7　　核心成员—普通成员帖文本情感线索比较

		途观论坛	Smart论坛	李维斯论坛	Eland论坛	兰蔻论坛	纽曼论坛
帖标题情感线索强度比较	核心成员	1.8678	2.1584	1.5503	4.3111	2.5228	1.7720
	普通成员	1.0323	0.8386	1.2040	2.5086	1.8528	2.38
	显著性（F值）	4.029**	9.329**	0.433	5.425**	5.002**	5.226**
帖内容情感线索强度比较	核心成员	2.64	2.91	3.27	5.5	6.52	4.27
	普通成员	1.80	3.06	3.00	4.42	6.26	3.82
	显著性（F值）	9.267**	0.179	0.306	6.408**	0.642	1.234

注：** 表示 $P<0.01$。

根据以上数据分析我们可以得出以下结论：

第一，除了虚拟品牌社区文本情感线索效用规律影响成员发帖外，社区管理政策导向也是重要影响因素之一。当社区管理政策鼓励强文本情感线索设计时，核心成员更倾向于提升自身发帖的文本情感线索强度；而当社区管理政策提倡弱文本情感线索设计时，核心成员更倾向于降低自身发帖的文本情感线索强度。

第二，社区核心成员通常已敏锐地发现了帖标题文本情感线索对帖绩效的积极影响，并将之贯彻于自身的发帖行为，其结果是其核心成员发帖帖标题情感线索强度显著高于普通成员发帖。而即便是呈现管理者的弱化情感线索倾向的社区，核心成员的帖内容情感线索也略高于普通成员。

第三，社区管理者对文本情感线索的态度可能与社区核心成员一致，也可能存在差异。当社区管理者发现文本情感线索对社区绩效的积极作用，并采取鼓励措施时，社区核心成员的发帖行为与其高度一致。而当社区管理者发现文本情感线索对社区绩效的消极作用，但没有明确的控制倾向时，由于社区核心成员更关注的是文本情感线索对帖绩效的积极作用，他们仍然可能强化自身发帖的情感线索。这种分歧与研究关于文本情感线索对帖绩效的积极作用，以及对社区绩效的双向作用体现出一致性。

七　虚拟品牌社区文本情感线索管理模式

我们知道，社区成员的发帖目标与社区管理者的社区发展目标可能一致也可能存在差异。而这种差异正说明了文本情感线索的直接作用和间接作用同时存在和潜在矛盾所导致的不同利益主体的不同行为规律。

首先，当前虚拟品牌社区都意识到了积极管理更有利于社区发展，因而开发出了各种激励手段来促进社区发帖数量和质量（见表7-8）。

其次，本研究已发现文本情感线索对帖绩效的直接作用，这种帖绩效主要影响社区成员的发帖行为。我们研究看到，更多社区核心成员发现了这种作用，所以他们更趋向于提高自己的帖标题和帖内容的情感线索强度。案例研究与理论研究具有一致性。

再次，但社区管理者所发现的文本情感线索效用规律呈现差异。有的社区管理者发现的是其负面作用，所以通过自身发帖行为和对精华帖的选择行为引导社区成员降低帖标题的文本情感线索。但更多社区管理者看到的是文本情感线索的正面作用，通过强化自己发帖的情感线索、通过选择文本情感线索更强的帖为精华帖来引导社区成员的发帖行为。

最后，在文本情感线索效用规律和社区管理政策的双重引导下，社区成员的发帖行为取向发生分歧。在社区管理者采取正向引导情况下，社区核心成员会提高文本情感线索，而在负向引导情况下，社区核心成员会降低文本情感线索。也就是说，社区成员行为与社区管理者的策略导向高度一致。

表 7－8　　　虚拟品牌社区文本情感线索管理策略综合分析

<table>
<tr><th colspan="2"></th><th>途观论坛</th><th>Smart 论坛</th><th>李维斯论坛</th><th>Eland 论坛</th><th>兰蔻论坛</th><th>纽曼论坛</th></tr>
<tr><td colspan="2">积极/消极管理</td><td>积极</td><td>积极</td><td>积极</td><td>积极</td><td>积极</td><td>积极</td></tr>
<tr><td rowspan="2">帖标题引导</td><td>策略</td><td>精华帖标题引导</td><td>精华帖标题引导</td><td>精华帖标题引导</td><td>精华帖标题引导</td><td>版主发帖引导＋精华帖标题引导</td><td>精华帖标题引导</td></tr>
<tr><td>方向</td><td>强化</td><td>强化</td><td>强化</td><td>强化</td><td>强化</td><td>弱化</td></tr>
<tr><td rowspan="2">精华贴管理</td><td>重视程度</td><td>高</td><td>高</td><td>高</td><td>高</td><td>低</td><td>低</td></tr>
<tr><td>内容情感线索</td><td>强调不显著</td><td>强调不显著</td><td>强调不显著</td><td></td><td>强调显著</td><td>强调不显著</td></tr>
<tr><td rowspan="2">成员发帖行为</td><td>帖标题情感线索</td><td>显著强化</td><td>显著强化</td><td></td><td></td><td>显著强化</td><td>显著弱化</td></tr>
<tr><td>帖内容情感线索</td><td>显著强化</td><td>不显著强化</td><td>不显著强化</td><td></td><td>不显著强化</td><td>不显著强化</td></tr>
<tr><td colspan="2">管理模式</td><td colspan="5">强化情感线索模式</td><td>弱化情感线索模式</td></tr>
</table>

以上发现与本研究前期对文本情感线索规律的发现一致，且发现虚拟品牌社区文本情感线索管理的两种不同模式：强化情感线索模式和弱化情感线索模式。其中强化情感线索模式下，社区管理者发现的是文本情感线索的积极作用，并通过版主发帖示范、精华帖选择来引导社区成员的发帖行为，而社区成员的发帖行为也与之相呼应，更多核心成员会对发帖进行强文本情感线索设计；反之，弱化情感线索模式下，社区管理者发现的是文本情感线索的消极作用，并通过版主发帖示范、精华帖

选择来引导社区成员的发帖行为，而社区成员的发帖行为也与之相呼应，更多核心成员会对发帖进行弱文本情感线索设计。

第四节　虚拟品牌社区精细化情感营销策略体系构建

本研究已经证明了虚拟品牌社区情境下文本情感线索对帖绩效和社区绩效均会发生作用，而且案例研究显示，当前虚拟品牌社区的经营管理者对文本情感线索效用也已有所了解，并采取了一定的管理措施。但是，由于缺乏理论指导所造成的观点上的模糊和矛盾，导致当前虚拟品牌社区管理者基于文本情感线索的管理行为呈现分歧并比较粗放。

文本情感线索会对帖绩效产生正面推动作用，但对社区绩效的作用既存在正面促进作用，又存在负面影响作用。而当前虚拟品牌社区管理者们往往选择单一模式（强化模式或弱化模式），没有情境的针对性。因此，本研究基于虚拟品牌社区文本情感线索管理规律和既有虚拟品牌社区管理经验，提出虚拟品牌社区精细化情感营销策略体系。该体系将通过建立信息扩散、关系聚集、价值拓展的三步骤路线图，规避文本情感线索负面作用，充分发挥文本情感线索对帖绩效和社区绩效的正面促进作用，双向推动社区成长（见图 7－2）。

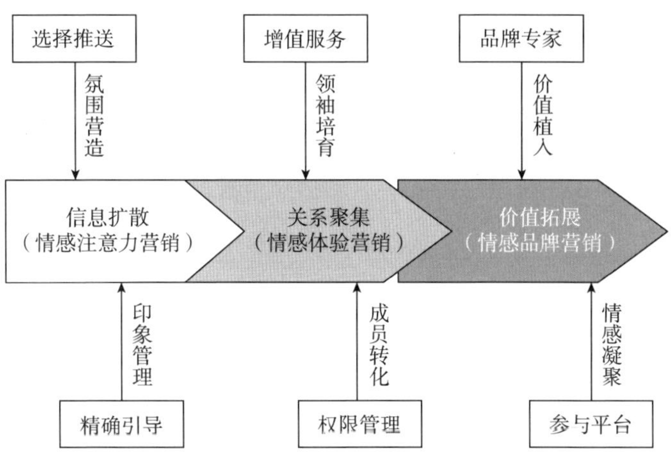

图 7－2　虚拟品牌社区精确化情感营销路线

一 信息扩散阶段：情感注意力营销

成员是虚拟社区的首要经济资产，只有在聚集了临界数量的成员时，虚拟社区的真正商业潜力才会开始出现。因为只有临界数量的成员才能引起一系列其他的商业机会（Armstrong and Hagel，1996）。因而，对任何一个虚拟社区而言，吸引成员的注意力、积累成员资源，都是第一要务。

然而，消费者个体在一定情况下、一定阶段内对信息的关注，对世界感知欲望的综合是有效的。信息已经是一种充实的经济资源，稀缺的是人们的注意力——注意力将转换为心灵占有率（Mindshare）。虚拟品牌社区的情感注意力营销就是指通过合理配置社区现有信息资源的情感线索，使更多的高值信息被浏览者所注意和接触，培养潜在的消费群体，获得最大的未来无形资本——心灵占有率。

本研究认为，基于文本情感线索效用规律，虚拟品牌社区在信息扩散阶段的情感注意力营销主要可以通过两方面策略实现：精确引导和选择推送。

（一）精确引导

一个优秀的虚拟品牌社区应当具有大规模信息，满足不同浏览者的不同需要，同时更应拥有大量优质信息，以高质量满足浏览者的不同需要。因而，社区应该也必须依赖广大社区成员的力量。社区信息的主要贡献者是广大社区成员，因而，基于社区信息质量的情感注意力营销策略必须在对广大社区成员进行积极引导的基础上才能得以实现。

所谓精确引导指采用多种途径引导社区成员恰当应用文本情感线索，使浏览者和社区成员均产生关于社区风格的良好印象，在促进帖绩效的同时促进社区绩效，达成社区个体和整体的和谐发展。

1. 积极示范策略

Dholakia 和 Vianello（2009）认为，虚拟品牌社区管理有四个关键点：不要控制一切、允许多样性、提供互动方式、适度的监督和支持。如其所述，一方面，社区管理者不但应发挥监督作用，而且应发挥支持作用；另一方面，尽管管理者应对社区展开积极管理，但还不能使消费者感觉到“被控制”。这似乎矛盾的双重要求无疑给社区管理带来了困难。

我们认为，采用隐性引导方法可破解以上难题。所谓隐性引导即通过示范而非明确要求的引导方式。这种方式将作用于浏览者印象，使其感受到社区风格和大众取向，并适应这种取向。

一方面，启动隐性引导要从社区版主自己的发帖做起。如我们的案例研究发现，社区成员发帖倾向将受到社区版主发帖倾向的影响。当版主采用强情感线索帖标题时，社区核心用户也更可能采取强情感线索帖标题；反之亦然。因而，社区管理者应提高自己的发帖率，积极参与发帖和回帖，并且对发帖内容和标题均进行精心设计，如帖标题在彰显其功能、财务价值的同时注入情感元素。

但是，社区版主在积极发帖的同时其发帖设计也应审时度势。当社区情感热度过高时，更宜发“冷静帖”，注入更多的功能价值和财务价值；而当社区情感氛围不足时，则需要及时植入“热情帖”。因为正如一些社区管理者的经验之谈“优秀的社区需要热闹”。使社区在感知娱乐价值、感知功能价值等各方面均有良好表现。

另一方面，社区管理者也应发挥精华帖的示范作用。

精华帖对浏览者和发帖者都会起到促进作用。当精华帖出现时，由于其足够的强调（加标、加亮等），浏览者更可能优先选择阅读，也更可能学习精华帖的写作方法；同时，被选为精华帖对发帖者也是很大的激励，发帖者会总结经验，争取更大的“加精”机会。

由于我们发现消费者优先阅读强情感线索精华帖将唤起其情感，并促进后续阅读内容的信息加工。因而，社区管理者应当倾向于选择内容充实的强情感线索帖为精华帖，以引导浏览者和发帖者的后续发帖行为。

2. 选择优化策略

更积极的管理手段是社区管理者对社区成员发帖的直接指导。

我们的研究发现帖标题情感线索强度在正向影响感知娱乐价值的同时，会给感知财务价值带来负面作用。而其原因在于强情感线索帖标题对浏览者注意力的强占。如我们发现的一个帖标题即“表让我给帖子起标题，我起的标题都是好帖子的人气杀手”，形象地凸显了帖标题可能的负面作用。

已有研究发现，浏览者初步访问网站往往是出于对功能性信息的需要（Ridings and Gefen，2004）。所谓感知功能价值，指社区成员通过参与虚拟品牌社区以获得信息、效率或者便利等功能性利益。获取和分享信息是虚拟品牌社区感知功能价值的主要方面，虚拟品牌社区价值更多体现为一种信息价值而不是附加服务。这也是一些社区选择弱化情感线索的原因所在。即他们认为满足社区成员的功能需求、财务需求更重要，弱化情感线索是娱乐价值让位于财务价值、功能价值的合理选择。如《今日头条》建立了检测“标题党”的规则模型，警示头条号作者的“标题党”行为。当头条号作者预发布文章的时候，如果标题中出现了“惊呆”“震惊”等内容，会收到一个飘黄的窗口，提示其内容涉及标题夸张，建议修改，如果作者继续强行发布的话将会被限制推荐量。

如头条号中博主的发帖被监测到后可能看到如下提示界面：

头条号
主页　发表文章　发表视频　发表图集　趣味测试
发表　你的内容涉嫌标题夸张，建议修改，继续发表会被限制推荐量
惊呆
管理
内容管理

我们认为，对文本情感线索的合理使用完全可以既发挥文本情感线索对社区娱乐价值的促进作用，又回避其对其他价值的负面作用。这种合理使用可以借助于社区管理者对发帖的选择优化，即针对高功能价值、财务价值的发帖进行重点的帖标题情感线索强化。

如前所述，一些有经验的虚拟社区管理者已经发现管理者可以通过有选择地对帖标题进行优化，以促进发帖的访问率和对社区绩效的贡献。但显然由于缺乏理论指导，这些管理者并没有给出具体的选择标准和优化方向。我们根据以上理论发现认为，选择标准应当是在满足浏览者功能需求、财务需求方面有优秀表现的发帖，而优化方向则是强化其帖标题和帖内容的情感线索。

当然，我们无法发现虚拟品牌社区中哪些发帖经过管理者的优化，

但我们可以发现众多帖标题能够满足功能需求或财务需求的强情感线索发帖。如：

面膜控的秋天（兰蔻社区）

珍爱——我的幸福傍晚开始（兰蔻社区）

一不小心就弄了个大场面。领米～～～～～～～（Smart 社区）

今晚零点油价涨价～快去加油吧～～～（Smart 社区）

淑女屋和 ao2 的羽绒背心～白菜～（Eland 社区）

半 DIY——5500 公里换油格/换机油/换喇叭/爱换啥就换啥！（途观社区）

以上这些帖标题的突出特征在于，它具有强情感线索，足以吸引浏览者，但一旦浏览者注意到该帖后，却同时发现了其所蕴含的高功能价值、财务价值。这样，强情感线索就成为社区价值感知的推动者，而非干扰者。

当然，选择优化不一定是管理者对成员发帖单方面的后期加工，更好的方法是通过与重点成员沟通，予以指导，使其对发帖进行高效的二次加工。

3. 规则导向策略

社区规章制度也是对发帖行为进行精确引导的渠道之一。然而，如前所述，当前虚拟品牌社区规章制度针对文本情感线索的条文主要是以规范为目的的禁止类条文，缺乏激励性规则。基于文本情感线索效用规律，我们认为可以从三方面入手进行改进。

第一，应强化激励性规则。如在精华帖选择条件的指导性规则中可以明确提出“文情并茂的原创帖优先选择”。以指引发帖者创造优秀发帖时主动的情感线索强化行为。

第二，针对结果拟定激励性规则。如有些社区在加分项目中专门罗列，“对点击量和回复量双高的发帖予以加分”，以避免“标题党”单纯依赖帖标题线索吸引注意力，却导致浏览者负面感知的情况。

第三，对仅有情感，没有内容的发帖须明令禁止。虚拟品牌社区毕竟是有主题的社区而非纯粹情感社区，过多的空洞性情感帖会稀释其核心价值，干扰信息吸收，降低新成员评价。目前已有大量社区采取了这类策略。相关条款如“没有实质内容的标题帖、感叹帖、炫耀帖，一律删”。

（二）选择推送

线索效用发挥的前提是线索显性化。然而，网络中存在太多的信息噪声。如果不精心设置一个易于把握的整体环境，虚拟品牌社区中的优质精华帖就难以被浏览者第一时间接触，并发挥其情感启动、加工促进作用。

选择推送策略即指针对各类浏览者与文本情感线索效用的不同关联，进行针对性的帖选择和推送，为各类浏览者营造不同的、适应其需求的社区风格和氛围。我们认为，针对以上目标的相关策略主要有两方面：分类配置策略和精华推送策略。

1. 分类配置策略

分类是提高信息可接近性（accessibility）的有效方式，但是分类科学性是这一作用得以发挥的前提。只有当分类的依据是引起分类对象心理和行为方式间差异产生的相关属性，分类才可能有助于信息可接近性的提高。本研究已经发现影响虚拟品牌社区的文本情感线索发挥的一些消费者个体因素（性别因素和品牌知识因素），将这些因素作为虚拟品牌社区分类的依据并配合不同的文本情感线索策略，应能促进文本情感线索效用的充分发挥。

首先，研究发现帖标题文本情感线索对女性和男性作用不同。其中对女性只有正面作用而无负面作用，对男性却主要是负面作用。其原因在于男性被强情感线索信息所吸引后对其他信息更加不敏感。

因而，我们认为，消费者为女性的品牌其虚拟品牌社区中使用强化情感线索模式进行管理更加安全。依据 CR－Nielsen 的测算，中国生活、时尚与女性网络媒体的每周的市场达到率超过 19%，按 CNNIC 发布中国网民规模计算，保守估计用户覆盖规模超 6400 万人。[①] 这一巨大市场的可开发潜力巨大。文本情感线索规律可资利用。

---

① 《中国时尚与女性网络媒体价值持续快速增长》，http：//www. cr－nielsen. com/marketing/200908/27－1358. html。

而对于一些男女消费者兼有的品类，如运动服类、汽车类、手机类，可在社区内分为“男迷专区”和“女迷专区”。男迷专区特别强调对标题党相关行为的禁止，以避免文本情感线索的消极作用；而在女迷专区则可以通过多种策略来激励发帖的情感线索强化。

其次，研究发现帖标题文本情感线索、精华帖文本情感线索对不同品牌知识的浏览者作用不同。其中帖标题文本情感线索对有较高品牌熟悉度的浏览者更具效用，而精华帖文本情感线索却更可能促进低品牌知识浏览者的信息加工。因而，可以在虚拟品牌社区设置“新人区”和“老友区”。由于新访客往往品牌知识较少，到社区的功能性价值追求更明确，且更易被精华帖启动其信息加工能力，因此，新人区应重点推荐强情感线索精华帖，而配置帖标题情感线索较弱的发帖，一方面促进其信息加工，另一方面满足其功能性需求。对老友区则一定要强调发帖帖标题须兼顾情感线索和实质性内容，避免标题党的负面作用。

2. 精华推送策略

我们已发现强情感线索精华帖对社区绩效的积极促进作用：有情感线索精华帖的情感启动比之无情感线索精华帖会引起浏览者更高的感知社区功能价值。因而，应通过各种措施提高强情感线索精华帖的可接近性。案例分析发现，虚拟品牌社区虽然采取了一些对精华帖的推荐措施，但推送力度仍然有限。

首先，虚拟品牌社区基本都开辟了精华区，对精华帖进行集中推荐。但是，一些虚拟品牌社区将精华区放在偏僻角落，很难引起浏览者注意。特别不利于新访客接触。我们认为，要使消费者注意到精华区，应分配更大尺度、更加重要的空间。如将精华区置于全部帖标题之前，并显示部分精华区帖标题。

其次，虚拟品牌社区应对全部帖标题中的精华帖进行加亮设计。目前，只有较少的社区采取了这一策略。

最后，为进一步突出精华帖，可以对精华帖推荐栏目进行动态设计。动态设计具有更强的视觉捕捉力，旗帜广告等即是对其的应用。精华帖推荐采用这一设计策略，势必大大提高精化帖阅读率。

当社区管理者努力促进对优质内容的访问时，这也显示其对成员的尊敬。Porter 和 Donthu（2008）的研究也发现提供对高质量内容的访问对消费者的信任建构有显著效果。因而，对精华帖的推送不但会提高浏览者的强情感线索精华帖接触，提高浏览者信息加工效率，而且会凸显社区的优质服务管理，凸显社区的差异化服务价值。

总之，注意力吸引是虚拟品牌社区管理的基本目标，基于文本情感线索效用规律的科学营销规划精确化是达成这一目标的新路径。表 7－9 显示了针对本研究理论研究部分所发现的各关键要素的注意力营销策略框架。

表 7－9　虚拟品牌社区情感注意力营销的策略框架

关键因素	目标	策略框架
帖标题	1. 精确引导，促成优质信息生成； 2. 避免强文本情感线索帖标题干扰其他信息吸收	1. 积极示范：版主发帖示范；精华帖帖标题示范
		2. 选择优化：针对高功能价值、高财务价值帖进行帖标题优化和发帖者指导
		3. 规则导向：强化激励性规则；针对结果拟定激励性规则；对仅有情感，没有内容的发帖明令禁止
精华帖	1. 营造适应浏览者特征的情感氛围； 2. 使精华帖显性化，吸引注意，促成点击	1. 分类配置策略：按照性别、品牌知识分区配置信息资源
		2. 精华推送策略：为精华区分配更大尺度、更加醒目的空间位置；对精华帖标题进行加亮设计；精华帖推荐进行动态设计
性别差异	1. 充分发挥文本情感线索对女性社区价值感知的正面促进作用； 2. 避免文本情感线索对男性全面信息浏览的干扰作用	1. 女性品牌社区采取强化情感线索策略
		2. 男女消费者兼有品牌社区则进行男女分区信息资源配置
		3. 男迷专区重点控制标题党行为，女迷专区重点激励文本情感线索应用
品牌知识	1. 充分发挥精华帖对低品牌知识者信息加工促进作用； 2. 充分发挥帖标题列表对高品牌知识者的社区感知价值促进作用	1. 按品牌知识分区，如新人区、老友区
		2. 新访客区应重点推荐强情感线索精华帖，配置标题情感线索较弱发帖
		3. 老友区强调发帖帖标题须兼顾情感和内容

二 关系聚集阶段：情感体验营销

注意力是一种临时性资产，要想使之变成虚拟品牌社区的持续竞争力，需要通过良好的信息和服务提供给社区成员更多的、稳定的附加价值，从而使浏览者从被动浏览到主动发言、参与互动。许多研究显示，社交价值是虚拟社区价值的重要方面，更是社区承诺产生的关键。因而，从某种程度上说，虚拟社区的承诺是一种关系承诺（Mathwick，Wiertz and Ruyter，2008）。社区必须依赖关系聚集来达成社交价值的提升。

虚拟品牌社区成长之初，社区仅有少数核心成员，信息内容有限，其所提供的社交价值较低。这个阶段，社区核心任务是依靠提高信息的数量和质量来吸引新成员。一旦成员有一定的积累后，成员与成员之间的价值便开始凸显，这时候，互动激励、身份激励等激励手段的重要性得到提升。社区的另一个核心目标——关系聚集的重要性凸显。McAlexander 等（2002）通过对 Jeep 和 Harley - Davison 这两个品牌社群的研究发现，消费者在参加品牌社群聚会后会形成与品牌、品牌营销者及其他的品牌拥有者之间更正面的关系，并且会促进品牌社群整体质量的提高。

然而，关系聚集阶段的虚拟品牌社区管理仍应以信息管理为基础。因为在虚拟品牌社区中，关系的创造主要来自信息、知识和个人隐私的分享（畅榕，2005）。但对于以社交价值为追求对象的社区成员而言，由于情感纽带对维系社交关系的相对重要性，其信息表达可能会更加灵活，更乐于发布和阅读情感线索强的发帖。此时，对于社区管理者而言，可以利用文本情感线索对帖绩效（浏览率和回帖率）的正面作用，给社区成员以积极情感体验。一方面，通过文本情感线索为互动激励、身份激励提供更多途径，另一方面也可以通过文本情感线索使社区成员获得更深刻的美好体验，引起其情感共鸣和心理认同。从而增强社区成员的归属感。

我们认为，为实现促进关系聚集的目的，基于文本情感线索效用的权限管理和增值服务是两种可选策略。

（一）权限管理

如案例研究发现，当前的成熟虚拟品牌社区通常都会采用身份激励方法，将成员分级，为不同级别成员赋予不同权限。表 7 – 10 展示了河南捷安特社区的成员权限项目。观察表 7 – 10 我们可以发现，成员的大多数权限与信息浏览和信息发布有关，其中一些权限与文本情感线索的结合，有助于将普通游客发展为社区成员。以下进行部分列举。

表 7 – 10　　　　河南捷安特社区成员权限

权限类型	权限内容	权限类型	权限内容
基本权限	访问论坛	帖子相关	发新话题
	阅读权限		发表回复
	查看用户资料		发起投票
	隐身		参与投票
	使用搜索		发表悬赏
	使用昵称		发表活动
	自定义头衔		发表辩论
附件相关	下载/查看附件		发表交易
	发布附件		最大签名长度
	自我介绍中使用［img］代码		签名中使用 Discuz！代码
	单个最大附件尺寸		签名中使用［img］代码
	每天最大附件尺寸		自我介绍最大长度
	附件类型		主题评价影响值

（1）阅读权限。一些虚拟品牌社区利用高文本情感线索帖标题对浏览者的特殊吸引力，为阅读相应帖内容设置门槛。门槛可能是一定的积分数量、加入成为正式成员等。同时，也提升社区成员的优越感，增强其凝聚力。

（2）搜索权限。一些虚拟品牌社区只赋予了低级别成员帖标题搜索权，而没有赋予其帖内容搜索权。这样，当其搜索到强情感线索帖标题，被其所吸引，就必须注册成为正式会员。

（3）发表回复。一些虚拟品牌社区只允许游客阅读发帖，不允许回复。而当游客被强情感线索帖唤起共鸣，希望与发帖者互动时，就不得不注册成为正式会员。

（4）发新话题。一些虚拟品牌社区对标题党行为会采取“禁言”

措施，即降低其级别，不允许其发新帖。

（5）参与投票。一些强情感线索帖的优秀发帖涉及不同观点，版主会赋予其投票权，而非正式成员也不能参与投票。

因而，当社区成员的等级划分与权限相联系，就不仅表达一种地位的悬殊，而是表现为成员的影响力和对社区忠诚度的差异。文本情感线索规律在权限管理中的运用，既有助于提升社区成员间的情感交流，提升其情感凝聚力和群体优越感，而且有助于社区成员的沉淀。

（二）增值服务

2002 年，McAlexander 等提出了焦点消费者（Focal Customer）模型，该模型强调焦点消费者在品牌社群中的影响作用。焦点消费者在与其他消费者的交流中往往会充当意见领袖的角色，影响其他消费者的购买倾向。此后，焦点消费者的研究在网络口碑等领域大量开展。而虚拟品牌社区也在实践中探索对焦点消费者（虚拟社区中常称为核心成员）的管理方法。

利用文本情感线索来培育和维系核心成员对虚拟品牌社区的成长意义重大。多数浏览者以问题解决为进入虚拟品牌社区的基本目的。一旦品牌相关问题得到解决，他们就会离开论坛，因而浏览者与社区之间仅有肤浅的联系。其结果是：社区需要不断吸引新成员，以代替那些离去的成员，始终停留在“供血”不足的状态。因而，当浏览者成为社区正式成员后，应通过更多的增值服务，赋予成员—社区间关系更多的情感色彩。

第一，可以通过对成员初次发帖的文本情感线索优化，提高其点击率和回帖率，使其产生关于个人影响力以及感知社交价值的良好期望，并切实收获社区服务所带来的利益。

第二，对成员付诸情感的发帖也应予以情感性回应，以产生良好情感互动。

第三，强化核心成员的社区的高级参与。有的虚拟品牌社区即邀请其参与社区情感性专稿，如社区的里程碑性发帖（论坛一周岁纪念文等）。

没有情感就没有忠诚。体验是个人的心理感受，是当一个人的情绪、体力、智力甚至精神达到某一特定水平时，在其意识中所产生的美好感觉，是人在社会生活中超越于一般经验、认识之上的那种独特的、高强度的、难以叙述的瞬间性的深层感动。以文本情感线索为媒介，不但能够使核心成员获得更大影响力，而且有助于加强其与社区的情感联系，使其心中产生更多的“愉悦感”而主动寻求更多的社区参与、信息创造、口碑传播与分享。

三 价值拓展阶段：情感品牌营销

服务组织也能发展为品牌（Berry，2000），虚拟品牌社区同样能通过自身的价值拓展成长为对于消费者、品牌方均具影响力的服务品牌，从而获得更高的附加价值。

服务品牌的品牌要素比产品品牌更多和复杂。其中包括服务环境和氛围。情感与消费者自身形象一致性也是服务品牌联想的构成部分。情感是指消费者在服务消费过程中激发的情感（O’Cass and Grace，2003）。虚拟品牌社区走向品牌化的道路必然涉及品牌情感的培养，甚至可以通过塑造情感品牌达成。如淑女情缘社区平台，汇集了淑女屋、Eland 等著名服务品牌的虚拟社区。由于该社区浓郁的情感色彩，曾被评为“十大女性情感社区”之一。情感已成为其服务品牌价值的关键因素。

情感品牌是通过与消费者心灵的沟通和情感的交流来赢得消费者的信赖和偏爱，进而扩大市场份额，取得竞争优势。情感品牌的要素就是塑造品牌独特的个性和品牌情感，让消费者喜爱和忠诚这种个性与情感，让消费者在理性的条件下做出有利于品牌的情感选择。叶顺祥和罗媛（2006）提出，造就情感品牌的四大原料是：情绪、情景、情信和情形。因而，虚拟品牌社区情感品牌的塑造离不开文本情感线索效用的发挥。

本研究认为，虚拟品牌社区情感品牌的塑造过程中，可以在构建参与平台和导入品牌专家过程中展开基于文本情感线索的情感品牌营销应用。

（一）构建参与平台

Prahalad 和 Ramaswamy（2000）认为，消费者已由以往的听从者转化为合作者，服务企业可以利用消费者竞争力来获得差异化竞争优势。

对于虚拟品牌社区而言，促进社区成员间互动、引导成员参与社区管理和社区活动有助于信息的更快速、更广泛传播，从而提升社区价值。而只有社区信息互动有一定的情感热度，这种情感才能凝结上升为广大社区成员对社区的情感。

虚拟品牌社区中的品牌消费者是最挑剔的消费者，他们用信息武装自己，哪怕品牌消费过程中的细小不愉快，他们也可能通过激烈言辞对其无限放大。根据文本情感线索效用规律，这类发帖往往还会得到更多关注。但是，这种负面情绪的放大虽然会提高帖绩效，但可能伤害其他品牌爱好者的感情，也影响低品牌知识游客的品牌喜好度。品牌受损伤，则社区必然会受损伤。

另外，虚拟品牌社区中也存在一些品牌方或卖方代表，他们可能极尽言辞对品牌进行夸赞，但如果夸赞缺乏事实依据，则只会影响浏览者对社区的信任，损害虚拟品牌社区的消费者代言人形象。

构建深层次参与平台对解决以上这些文本情感线索效应问题能够带来机会。比如，社区应为发帖开通投票和评价渠道，不但允许其他成员进行赞成反对评价，而且可以写详细评语，并允许其他浏览者对评语投赞成票。当前一些新闻媒体平台即采用了相关方法，导致有大批浏览者被这些评语所吸引，访问不是去看新闻，而是去看评论。卡尼尔推出真采净白晚霜时，曾雇用一家专业社会媒体机构参与定位、选择、招募、取样和修改虚拟社区意见，由此产生了20个真实的产品评论，并吸引了大量用户反馈（平均每篇评论收到58个回复），这不仅提供了第一手反馈信息，而且还对产品使用提出了客观建议。①

此类深层参与平台的构建将带来多方面价值：首先，为评语投票将提高评论者的影响力，激励更多的人对争议性主帖评论；其次，由于投票操作简单，可能吸引更多浏览者参与；再次，大量的投票性参与会使浏览者产生公平感和信任感；最后，更多的人关注，也会提高主题帖的扩散，激励主题帖发布者。

因而，构建更深入的参与平台有助于使文本情感线索的负面作用得到遏制，且不会削弱社区情感氛围，相反还会发挥情感传染效应。同

---

① 罗兰贝格：《中国消费者报告》，2010，http：//upload. iceo. com. cn/pdf/2010. pdf。

时，也为品牌方等其他利益相关者构筑了更好的发布信息平台，有助于其事件营销、活动营销等营销策略的运用。

（二）导入品牌专家

虚拟社会中的社会关系容易建立、更为广泛、经常维持、迅速扩展、容易变换，也为商业性价值的植入提供了机会，尤其是品牌方可以从多渠道介入。但是，品牌方进入虚拟品牌社区可能给社区带来一些风险。如前所述，消费者主导社区的最大优势就是其更被消费者所信任。而品牌方的介入可能影响这种信任感。

为此，有些社区采取了一种新的手段，即品牌专家。所谓品牌专家是个模糊的称谓，他可能是品牌方的专家性代表，也可能是消费者中的品牌知识专家。但实际上扮演着品牌方与消费者之间的传声筒的角色。而这些品牌专家会充分利用文本情感线索，既为品牌方营销目标的达成助力，也同时有助于社区方情感服务品牌的打造。

第一，品牌方营销人员经常借壳品牌专家这一模糊身份，通过情感线索强烈的发帖把自己包装成消费者中的品牌知识专家，提高自身的公信力和影响力，拉近自身与其他社区成员的距离。他们以服务消费者为名，在帮助消费者解决问题的同时引导发言和互动，及时发现消费者提出的建设性意见，并予以及时反馈。

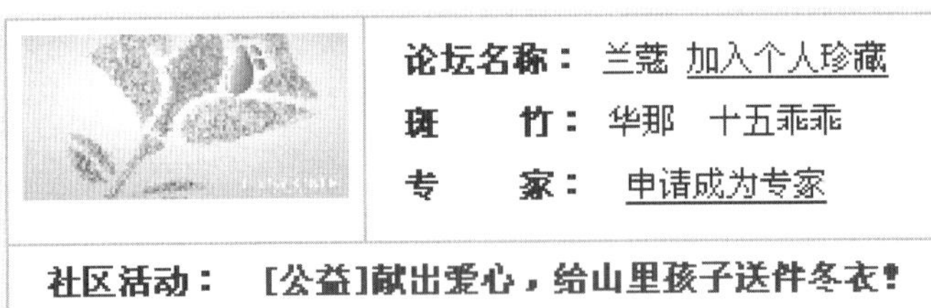

图 7－3 兰蔻社区的专家申请提示

第二，品牌方营销人员往往拥有更多品牌知识资源，可以巧妙运用文本情感线索将品牌信息包装成具备话题性和自发传播性的病毒，让消费者成为裂变式传播的一个节点。曾有一次可口可乐公司的监测软件发现 Twitter 上有一位失望的消费者发帖，称其无法兑换 MyCoke 回馈活动的奖品。这位消费者的账户有高达10000多名关注者。营销人员迅速在这位消费者的Twitter主页上发帖致歉，并称愿意帮助解决这一问题。这位消费者最终兑换到了奖品，他后来将其Twitter头像换成了一张自己手拿一瓶可口可乐的照片。此类举措既有助于社区方信息内容质量提升，吸引更多浏览者关注，也有助于品牌方情感价值的提升。

第三，社区内扮演品牌专家角色的品牌营销人员可以借助品牌专家身份对社区中的强文本情感线索的不良品牌言论及时跟进和协调，成为品牌的保护者。品牌方可以通过赞助活动赢得一定的高级别社区成员席位，品牌方营销人员通过这一席位能够发布更具影响力的帖评价，发起投票等。尤其是在面临品牌危机时及时介入。如可口可乐的Facebook网页遭到激进分子的负面抨击，可口可乐粉丝做出回应，发表言论支持公司，并对将社群用于激进目的的做法提出了质疑。[①] 尽管社区中粉丝的真实身份并不明朗，但实际仍能在一定程度上降低和消解社区中的负面情感。

第四，当虚拟品牌社区中的情感因素提升与产品品牌的品牌营销方向具有一致性，将为社区方和品牌方双方营造更多的战略合作机会。很多高端产品品牌都已将情感营销作为自己的品牌营销战略方向。如奥迪正在致力于“让奥迪品牌和消费者在各个方面找到情感共鸣点，并与消费者之间建立坚实的情感联系”，他们利用“奥迪英杰汇”这一品牌社群贯彻情感营销战略，并且提出“如何满足消费者对品牌更高的情感需求是未来奥迪营销考虑的首要问题”。[②] 而森马在其虚拟品牌社区中发起了“什么TEE计划”互动体验活动，走出一条独具个性的草根代言路线，深刻地演绎了森马“庶民潮TEE”的品牌定位。超过12万次的消费者加入到了这个活动。

四　本章小结

本章采用案例研究方法对当前虚拟品牌社区的文本情感线索效用规

---

① Tripodi, J.:《可口可乐的营销新动向》，哈佛商业评论网，http://www.ebusinessreview.cn/articledetail-91199.html。

② 《卢敏捷真情演绎奥迪》，http://auto.sina.com.cn/news/2010-08-06/1701635914.shtml。

律的应用进行了深入观察，并基于理论和现实观察发现提出了虚拟品牌社区的精细化情感营销策略体系。相关研究及结论如下：

首先，本部分通过收集虚拟品牌社区内容管理制度和管理者的经验性言论发现，文本情感线索的效用没有在社区管理规则中得到充分体现，但已被一些有经验的社区管理者发现。且他们对自身发现的阐述与本研究理论成果一致。

其次，本部分收集了六个不同品类案例虚拟品牌社区的共约 1200 个主题帖进行观察，分析其管理方、用户方双方策略。数据分析发现，社区管理者所发现的文本情感线索效用规律呈现差异，个别社区看到的是其负面效用，更多的社区看到的是其正面效用，以致所执行的策略呈现两种分歧——强化文本情感线索策略和弱化文本情感线索策略，且这些策略对用户方的发帖策略也有直接的影响。形成了两类不同的文本情感线索管理模式——强化模式和弱化模式。

最后，根据理论发现和实践策略观察，本研究提出了针对消费者主导虚拟品牌社区管理方的精细化情感营销策略体系。这一体系规划了信息扩散、关系聚集、价值拓展三个阶段的文本情感线索效用规律利用策略。如信息扩散阶段可以通过对发帖文本情感线索设计的精确引导、对社区精华信息的选择推送，充分发挥文本情感线索的氛围营造、印象管理正面效用，规避其负面效用；关系聚集阶段，通过基于文本情感线索的权限管理、增值服务，促成成员的转化、沉淀和情感忠诚；价值拓展阶段，通过构建深入参与平台、引进品牌专家，使文本情感凝结为社区情感，提供品牌方高效参与渠道、使品牌情感与社区情感相互促进，促成社区情感品牌的形成。

第八章　结论与讨论

第一节　研究结果总体讨论

本研究以线索理论为理论基础，以虚拟品牌社区情境下的文本情感线索及其效用为研究对象，分别展开了四个阶段的研究。第一阶段，利用扎根理论方法，对虚拟品牌社区情境下的文本情感线索范畴进行了分析，形成了其对帖参与行为影响的效用模型；第二阶段，采用文本分析方法对虚拟品牌社区情境下文本情感线索对帖绩效这一直接效用进行了验证；第三阶段，分别以线索利用理论、情绪启动理论为基础展开了三次实验研究，对虚拟品牌社区情境下文本情感线索对感知社区价值的间接价值进行了建模和验证。分别验证了帖标题、精华帖两种文本情感线索对感知社区价值的作用及其机理；第四阶段，对虚拟品牌社区进行了嵌入式案例研究，分析其策略应用情况及其与理论的吻合度，并基于理论研究和案例研究构建了虚拟品牌社区基于文本情感线索的精细化情感营销策略体系。

以上各阶段研究均取得了丰富的研究成果和一些重要研究结论。以下是本研究的主要结论：

1. 文本情感线索测量方面，可以通过文本情感表达丰裕度来测量文本情感线索强度

研究发现，虚拟品牌社区帖标题和帖内容文本情感线索均涉及多种表达方式范畴，对这些方式的应用形成文本情感丰裕度（包括情感表达多样性和情感表达充裕度）的不同表现，并提供了文本情感线索的

观察、测量路径。

本书第三章基于扎根理论，采集了来自四个虚拟品牌社区的帖标题及帖内容样本，围绕这些样本的文本情感线索的具体表现形式，在开放编码、轴心编码基础上形成文本情感表达方式的范畴，通过选择编码提出虚拟品牌社区文本情感表达丰裕度对用户参与作用的理论模型，并进行了理论饱和度验证。

通过扎根理论研究发现，帖标题文本情感线索所涉及的表达方式主要包括语气强化、修辞强化、情境强化、词汇强化四个范畴，而帖内容文本情感线索所涉及的表达方式主要包括语篇强化、语句强化、词汇强化、语气强化四个范畴。

通过扎根理论的运用提出，文本情感线索强度与文本情感表达丰裕度相对应，指帖文本（标题或内容）中运用情感表达方式的语言资源之丰富程度。它主要由情感表达多样性和情感表达充裕度两个维度构成。其中情感表达多样性指帖文本中运用多种类型表达方式进行情感表达的程度。而情感表达充裕度指利用各种情感表达方式的具体程度。

2. 文本情感线索直接效用方面，虚拟品牌社区文本情感线索强度正向作用于浏览者的帖参与行为（包括浏览行为和回帖行为）

研究在扎根理论阶段，通过各类现象的观察、分析，并结合理论调查，认为虚拟品牌社区帖标题情感线索强度（包括情感表达多样性和情感表达充裕度）不但会影响浏览量，而且可能影响回帖量，帖内容文本情感线索强度会影响回帖量。并构建虚拟品牌社区文本情感线索对浏览者帖参与行为的影响模型。研究采集两个社区 300 条主题帖数据的文本分析对以上模型进行了证明，其中多数假设得到证实。研究发现：

（1）相对于不具有情感线索而言，帖标题具有情感线索能获得更多用户帖参与行为（浏览量和回帖量）。帖内容具有情感线索比之无情感线索能获得更多回帖量；

（2）帖标题情感表达多样性既正向影响浏览量，又正向影响回帖量；

（3）帖标题情感表达充裕度正向影响浏览量，特别是对那些以实用性价值为主要目标的社区而言，帖标题情感表达充裕度也会正向影响回帖量；

（4）浏览量部分中介了帖标题情感表达对回帖量的影响；

（5）帖内容情感表达特征（情感表达多样性和充裕度）显著作用于回帖量；

（6）帖标题、帖内容的情感效价对浏览量和回帖量并没有显著影响。

同时，为了更准确地对虚拟品牌社区文本情感线索强度进行度量，本书还构造了帖标题情感线索充裕度算法和帖内容情感线索充裕度算法，并对这些算法的效度进行了验证。

3. 帖标题文本情感线索间接效用方面，虚拟品牌社区帖标题的强文本情感线索对浏览者社区价值感知既有正面促进作用又有负面阻碍作用：它一方面会提高浏览者的社区娱乐价值感知；另一方面又会干扰浏览者的社区财务价值感知

本书应用线索利用理论构造了帖标题列表强文本情感线索对浏览者感知社区价值作用模型。然后设计了单因素准实验研究对其进行了验证。数据分析证实了以下发现：

（1）强情感线索帖标题列表与弱情感线索帖标题列表情境下浏览者对社区价值感知有显著不同，且强情感线索帖标题列表会增进浏览者的预测信心。

（2）帖标题列表情感强度对感知社区价值各维度作用方向有所不同：它将提高对娱乐价值的感知，却降低对财务价值的感知。

4. 帖标题文本情感线索对感知社区价值作用的机理在于：它通过促进浏览者的情感卷入程度进而提升其社区娱乐价值感知，通过干扰浏览者对其他帖标题内容的注意来降低其社区财务价值感知

本书以线索利用二阶段模型为思维框架，不但探索了虚拟品牌社区帖标题文本情感线索效用，而且探索了其效用产生的机理。其中，首先在效用实验中将情感卷入作为中介因素，但发现其仅中介了帖标题文本情感线索强度对感知社区娱乐价值的影响。

为进一步探索帖标题列表情感线索强度对感知财务价值的影响，研究以知觉负载理论为基础，提出如果知觉负载过高可能导致认知控制的减弱，从而导致高情感线索帖标题即使不包含焦点信息，也会被自动捕获和自动加工，而同时导致浏览者对其他弱情感线索帖标题的忽略。也

即注意力向强情感线索信息的转移导致弱情感线索信息加工的可能性降低，并导致与之相关的财务价值评价的降低。

本书设计了一个分心实验对以上推理进行了验证，由于假设得到验证，表明帖标题文本情感线索对社区财务价值感知的负面影响主要是因为强情感线索帖标题的注意力吸引效应使之占有了更多认知加工资源，而使其他信息有更少的信息加工资源。

5. 精华帖文本情感线索的间接效用方面，强情感线索精华帖的情绪启动将引起浏览者更高的感知社区功能价值

研究根据情绪启动理论提出，文本信息具有情绪启动效应，且情绪的诱发与刺激强度有关。而个体情绪状态作为一种准备状态，会使人们把某一情境中的情绪反应推广到其他情境中去。因而，本书认为，虚拟品牌社区文本性情感帖的情绪启动作用可能带来访问者对社区的更多关注和更深入感受，通过更深入的信息加工而形成社区价值的感知。

本书采取双因素组间实验设计对以上假设进行验证，并得出以下结论：

（1）强情感线索精华帖的情绪启动比之弱情感线索精华帖会引起浏览者更高的感知社区功能价值。

（2）强情感线索精华帖的情绪启动对感知社区娱乐价值没有显著影响。

6. 精华帖文本情感线索的作用机理在于，强文本情感线索精华帖将通过促进后续信息加工来提升浏览者感知社区功能价值

根据情绪的信息加工作用理论，情绪涉及感知、语义激活、态度激活等，因而本书提出，由于情感信息的情绪唤起将提高阅读者对信息精细加工的可能性，从而产生对信息内容的更深刻印象。同时，当先行阅读情感信息者阅读后续社区信息时，其对后续信息的加工将被嵌入先行的情感评估值。而正性的情感评估值导致对信息更可能产生积极评价。因而认为信息加工程度中介了精华帖所导致的情绪唤起对浏览者感知社区价值的正向影响。

针对该假设本书采取实验研究进行了验证，数据证实，情绪启动对感知社区功能价值的影响过程中信息加工起到了完全中介作用。精华帖情感线索效应的作用机制是通过强情感线索的情绪唤起影响信息加工效

率，进而影响感知社区价值。

7. 文本情感线索的作用情境方面，性别、任务复杂度、品牌熟悉度、品牌知识等将协调文本情感线索对感知社区价值的作用

首先，对帖标题列表情感线索对感知社区价值影响的实验研究发现：①帖标题列表情感线索对男性和女性均有作用，但作用方向有所不同：对女性而言，它对社区价值感知起促进作用，尤其是促进社区娱乐价值感知；但对男性而言，它对社区价值感知主要起破坏作用，包括会降低功能价值和财务价值感知；②品牌熟悉度对帖标题列表情感线索的作用有影响。帖标题列表情感线索强度仅影响熟悉品牌的浏览者，而不影响不熟悉品牌的浏览者。

其次，对帖标题情感线索对浏览者注意力转移影响的实验研究发现：任务情境将协调虚拟品牌社区帖标题文本情感线索对浏览者注意力转移的作用。

本书以知觉负载理论为基础，提出如果知觉负载过高可能导致认知控制的减弱，从而导致高负载条件下可能出现负启动效用。因而提出，在复杂任务情境下比之在简单任务情境下，浏览者更可能被非目标强情感线索帖标题所吸引，并更可能导致其他非目标弱情感线索帖标题被忽略。本书采取分心设计的双因素组间实验设计方法对该假设进行了验证。数据显示，任务复杂度对帖标题情感线索强度对注意力的吸引作用确实将起协调作用，高任务复杂度情况下，强情感目标帖标题的被注意程度显著高于弱情感线索目标帖标题；而低任务复杂度情况下，强弱帖标题情感线索间注意情况差异不显著。

最后，对精华帖情感线索对感知社区价值影响的实验研究显示，品牌知识对精华帖情感线索的线索效应有协调作用：对于品牌知识较低的浏览者而言，有情感线索精华帖对感知社区功能价值的正向影响显著，但对于品牌知识较高的浏览者而言，这一影响并不显著。

8. 管理者对文本情感线索效用应用方面，当前虚拟品牌社区管理者采用两种不同文本情感线索管理模式——强化情感线索模式和弱化情感线索模式

本书还采用案例研究方法对虚拟品牌社区的文本情感线索效用规律的应用进行了深入观察，从社区管理方和用户方两个角度，对六个虚拟

品牌社区的资源配置、管理策略、1200 个主题帖的分析和比较，得出以下结论：

（1）文本情感线索的效用没有在社区管理规则中得到充分体现，但已被一些有经验的社区管理者发现。且他们对自身发现的经验性阐述与本书重要理论成果保持一致。

（2）社区管理者所发现的文本情感线索效用规律呈现差异，个别社区看到的是其负面效用，更多的社区看到的是其正面效用。

（3）由于对文本强感线索效用的观点不同，以致各虚拟品牌社区执行了两种不同的管理策略模式——强化文本情感线索模式和弱化文本情感线索模式。而管理模式的区别对社区成员的发帖策略也带来了直接影响。

9. 虚拟品牌社区可以将文本情感线索用于情感营销策略制定，在发挥文本情感线索正面作用的同时规避文本情感线索负面作用

本书最后基于虚拟品牌社区文本情感线索管理规律和既有虚拟品牌社区管理经验，提出虚拟品牌社区精细化情感营销策略体系。该体系通过建立信息扩散、关系聚集、价值拓展的三步骤路线图，避免文本情感线索负面作用，充分发挥文本情感线索对帖绩效和社区绩效的正面促进作用，双向推动社区成长。

第二节　本书的学术价值

一　构建虚拟品牌社区文本情感线索效用理论体系

当前将线索理论运用于服务管理的研究虽然已有开展，但侧重于对物理线索价值研究，对各类人文线索价值探讨较少。其中，尤其文本线索对消费者行为的研究鲜见。

本研究过程中，首先利用扎根理论对虚拟品牌社区文本情感线索的形态进行了识别，澄清了文本情感线索所对应的度量指标，提炼出相关度量方法。然后系统整合了当前认知心理学、营销科学的前沿成果，探测了文本情感表达的线索效用及其效用产生机理，并发现文本情感线索在虚拟品牌社区情境下的正面、负面作用情境，从而构建了一个较为完

整的理论体系。并采用实验研究方法进行了实证检验，获得了观察数据的支持。

由于本书对虚拟品牌社区文本情感线索效应现象和本质进行了深入追寻，所构建理论体系也较为系统、完整，理清了文本情感线索通往社区绩效和帖绩效的双向通道，从而为虚拟品牌社区培育竞争优势提供了可靠的理论支持。

二 拓展虚拟品牌社区研究框架

当前虚拟品牌社区研究主要以官方主导虚拟品牌社区为研究对象，以品牌方为利益视角，以消费者品牌认知、产品购买意向等作为绩效指标。然而，当前更具影响力的是消费者主导虚拟品牌社区，而且消费者主导虚拟品牌社区已成长为一种服务业态。但辅助其管理决策的研究却非常缺乏。本书以消费者主导虚拟品社区为研究对象，扩展了当前虚拟品牌社区的研究版图。

同时，当前对虚拟品牌社区前因的研究主要是将感知社区价值作为自变量展开研究，涉及感知社区价值如何达成的研究鲜见。本书虽然研究的是营销领域的新命题——文本情感线索，但聚焦于文本情感线索对成员参与行为和感知社区价值的作用研究，与当前虚拟品牌社区研究领域相联系，成为虚拟品牌社区研究领域研究的纵深发展。

三 发现虚拟品牌社区情境下文本情感线索的作用路径

本书的理论创新主要集中在对文本情感线索作用机理的研究部分。

研究运用线索理论的各分支理论（线索利用理论、情绪启动理论等）对不同层次的文本情感线索作用本质进行了深入剖析，并提出模型和验证了模型。如本书应用情绪启动理论提出虚拟品牌社区精华帖文本情感线索通过唤醒情绪、促进信息加工以提高感知社区价值的观点；应用知觉负载理论提出帖标题文本情感线索将吸引浏览者的注意力转移，且在复杂任务情境下，更可能造成对其他信息内容加工的干扰。

这些理论发现不但有助于深入解释虚拟品牌在线社区情境下的文本情感线索效用，而且也拓展了情绪启动理论、知觉负载理论等理论的应用范畴。

四　提出文本情感表达丰裕度这一信息分析指标

为了实现对文本情感线索的科学观察，本书采用扎根理论方法进行了文本情感表达及其作用的观察，并发现了文本情感表达的具体方法范畴、形成两个观察维度——文本情感表达多样性和充裕度，建构了对应于文本情感线索强度的度量指标——文本情感丰裕度。

这一研究方法不但夯实了本研究的概念基础，而且所提出的文本情感丰裕度这一观察路径有别于现有文本情感计算方法。它强调以文本情感表达丰裕度为对象、以浏览者行为为效用对象展开分析。作为一个新的文本情感分析视角也将推动文本情感技术领域的研究创新。

五　深化线索理论的营销学应用

虚拟社区环境下，由于消费者对服务方、信息提供方的判断更加困难，因而更倾向于通过各种线索来进行推理。线索理论的运用对解释这一环境下消费者的行为规律也更为适用。但当前虚拟社区研究领域尚无线索理论的运用。而本书利用线索利用理论和情绪启动理论，实现了对网络服务情境下文本情感线索效用规律的提炼，也使研究模型对虚拟社区管理实践更具直接指导性。

同时，本书不仅在扩展线索理论应用范畴方面有所突破，而且在线索理论的运用深度方面更体现创新。

当前营销学领域对线索理论虽然有较多应用，但多数研究应用线索理论观察信息的营销效用，研究通常并未探索线索效用产生机理。而本书应用更多心理学理论来丰富、深化线索理论的应用。如本书不但首次以线索利用二阶段模型作为理论指引，而且在探索帖标题的负面效应时，引入了知觉负载理论、注意偏向理论等理论，进而发现了文本情感线索效应的更多潜在规律，深入解释了文本情感线索的正负效应产生的特定情境。而且研究统合了现有营销学领域新成果，引入了情感卷入、信息加工等中介变量，性别和品牌知识等协调变量，进一步丰富、完善了理论研究。

以上努力使线索理论在营销学研究领域的应用得到了新的发展。

第三节　本研究对实践的启示

本研究以消费者主导虚拟品牌社区为主要研究对象，以社区管理者为主要绩效视角展开。经过理论探索和实践观察的反复互动研究产生了丰富的研究成果。这些研究成果不但为消费者主导虚拟品牌社区经营者提供了直接的决策参考，而且有助于品牌方、消费者等多方的营销策略设计。

一　对虚拟品牌社区服务供应方的营销启示

良好的文本性信息内容是影响虚拟社区用户参与并产生忠诚感的主要原因（Lin，2009）。社区管理者采取积极管理措施优化信息资源配置有助于用户接近优质信息，促进社区快速发展（Jin and Park，2010；Kim Porter and Donthu，2008）。而由于网络情感表达的日趋极端化以及“标题党”干扰社区秩序等现象的存在，社区管理者必须对文本情感表达进行一定的管理。但相关决策必须基于对信息特征及其作用的深刻了解。

本研究通过理论调查构建和验证了虚拟品牌社区情境下帖标题和精华帖两类文本信息的情感线索强度对浏览者感知社区价值的作用模型，并探索了其发生情境和发生机理。同时，研究还对当前虚拟品牌社区文本情感线索管理策略运用情况进行了案例研究，并构建针对文本情感线索的精确化情感营销策略体系。相关研究成果对社区服务供应方应有如下营销启示：

第一，社区的服务供应者需要认识到，管理社区信息除了将信息内容作为管控对象外，还应对其信息表达进行管理控制。

促进社区黏度需从提高社区信息质量开始。本研究证明信息质量不但包括知识量，也包括信息表达。研究发现先导性文本情感表达可能通过唤起浏览者情绪而促进其信息加工，并可能增进浏览者社区娱乐价值感知，从而验证了一些虚拟品牌社区倾向于选择富于情感表达发帖作为精华帖等现象的内在合理性。但同时，也发现了先导性文本情感表达也会干扰其他信息的注意，从而对社区财务价值感知等带来负面影响。并且也确有虚拟品牌社区关注到了这一负面效应，并采取了对文本情感线索的控制措施。

这些理论和实践研究均表明包括文本情感表达在内的虚拟品牌社区信息表达将影响社区绩效，因而必须关注信息表达，在对其作用充分掌握的情况下采取有针对性的精细化管理措施。

第二，社区服务供应者应将文本情感表达丰裕度纳入社区信息分析指标范畴。

如本研究的案例研究所展示，当前虚拟品牌社区管理者通常会采取各种激励手段对虚拟品牌信息进行积极管理。但有迹象表明社区主要以信息内容主题为分析对象（包括分区、标记等主要均以主题为依据）。

本研究不但证明了虚拟品牌社区情境下文本情感表达具有线索效用，而且通过扎根理论发现文本情感表达的两个观察角度（情感表达多样性和情感表达充裕度），并提出针对帖标题和帖内容两级信息的情感表达充裕度的算法，初步证明了该算法的有效性，可直接用于管理实践。

鉴于帖标题、精华帖中的文本情感表达均具有显著的线索效用，虚拟品牌社区管理者应将其作为社区信息分析的另一个重要指标对发帖进行监测，并作为帖推荐和其他正负激励的依据。

第三，社区服务供应者应针对社区成员的不同价值追求选择帖标题文本情感线索管理策略。

品牌在线社区管理的绩效指标主要是社区再访，而影响社区再访的前因主要在于感知社区价值（金立印，2007）。本研究发现，帖标题文本情感线索强度对感知娱乐价值有正向作用，对感知社区财务价值有负面作用。

由于帖标题文本情感线索对社区感知价值各维度影响不同，虚拟品牌社区应根据本社区浏览者价值追求的区别而选择文本情感线索管理的基本策略。如对于浏览者以追求娱乐价值为主的虚拟社区，可以通过鼓励强化帖标题情感线索的方法来促进浏览者对社区娱乐价值的感知。因而一些虚拟社区管理者甚至将修改帖标题作为积极管理的内容之一。对于浏览者以追求财务价值、功能价值为主的虚拟品牌社区，则需要对利用强情感帖标题吸引注意力的“标题党”行为进行严格管理。如一些虚拟社区管理者会在发帖规则里明确要求仅进行情感宣泄而无实质性内容的帖标题将被删帖。

第四，社区服务供应者应意识到，在文本情感线索管理方面用户与社区存在一定的利益矛盾，应通过显性规则和隐性规则设计来规避帖标题文本情感线索的负面作用。

本研究发现强情感线索帖标题更可能吸引浏览者注意力，导致更多的浏览量和回帖量。Wang 和 Fesenmaier（2004）研究发现了虚拟社区成员的五种贡献动机，包括工具性动机、效验动机、质量保证动机、地位提升动机、期望动机等。而浏览量和回帖量可以响应人们的工具性动机、效验动机、地位提升动机等各类动机，因而成为社区成员发帖的主要驱动力。文本情感线索对两者的积极作用当然会引导社区成员进行相关的策略应用，即采取强化文本情感线索设计。标题党的存在是这一选择的突出体现。

然而，文本情感线索在满足社区成员贡献动机的同时，也可能损害社区的整体利益。本研究发现了强情感线索帖标题将降低感知财务价值。因而，社区管理者必须采取措施遏制情感线索滥用现象。通过案例研究发现一些社区不但通过显性规则（如管理制度）来明令禁止标题党行为，而且通过自身发帖示范、精华帖选择等方法进行引导，在不影响社区消费者中心性的前提下，向社区成员传递一种隐性规则，而核心社区成员往往也能够领会这种管理策略，采取适应性策略。

第五，社区服务供应者选择精华帖时应将强文本情感线索作为选择标准之一，并通过精华区设计、精华帖标题突出等方式提高精华帖的显现度。

本研究通过实验研究证明，虚拟品牌社区中强情感线索精华帖将唤醒浏览者情绪，使其更加投入地进行后续阅读信息内容加工，从而提高社区功能价值感知。也就是说，强情感线索精华帖对虚拟品牌社区价值感知主要起正向作用。

本研究通过案例研究也发现，一些虚拟品牌社区在选择精华帖时，会刻意选择标题和内容均具更强情感线索的发帖，显示他们已经对精华帖的情绪启动价值有所领悟。但更多社区并没有发现这一规律，甚至仅给精华区分配边缘性的空间位置。浏览者很难第一时间接触到精华帖，强文本情感线索精华帖的信息加工促进作用也就无从谈起。

因而，虚拟品牌管理者一方面需要更加关注精华帖选择条件的科学化，其选择条件中可以通过强调优秀发帖的条件是“文情并茂”，引导优质发帖的情感线索强化。另一方面，应提高精华帖的显现度。比如，予以精华帖更重要的位置资源（如将精华区置于全部帖标题之前）、更大尺度的空间分配、对精华区进行动态设计、将精华帖标题进行加亮处理等。

第六，社区服务供应者可以根据消费者特征与文本情感线索效应间关系对社区成员进行分区管理。

本研究对帖标题文本情感线索效用的研究和精华帖文本情感线索效用的研究均发现品牌知识对文本情感线索效用的协调作用。因而，本研究建议对社区可按品牌知识分区为“新人区”和“老友区”。新访客进入社区的功能性价值追求更明确，且更易被精华帖启动情绪和促进信息加工能力，因此，新访客区应重点推荐强情感线索精华帖，而配置帖标题情感线索较弱的发帖，一方面唤起其情绪，另一方面凸显帖标题中的功能性信息。老友区则一定要强调发帖帖标题须兼顾情感线索和实质性内容，避免“标题党”的负面作用。

本研究对帖标题文本情感线索效用的研究发现性别对文本情感线索效用起协调作用。其中，对女性有正面作用而无负面作用，而由于男性被强情感线索信息所吸引后对其他信息更加不敏感，文本情感线索对其社区价值感知主要起负面作用。根据这一规律，男女消费者兼有的品类其虚拟品牌社区可以分为“男迷专区”和“女迷专区”，分别配置文本情感线索管理策略。男迷专区特别强调对标题党相关行为的禁止，以避免文本情感线索的消极作用；而在女迷专区则可以通过多种策略来激励发帖的情感线索强化。

第七，社区服务供应者应当充分利用文本情感线索对消费者注意力的作用进行情感营销策划。

吴水龙等（2009）认为，品牌社区突破了传统“消费者—品牌”关系模型中的单一维度，而强调和更加注重以品牌为媒介的消费者之间的关系，社区成员间的相似体验和共享情感以及因交流而产生的共鸣，使他们获得的情感价值远远大于产品本身的功能价值。而本研究也发现更多虚拟品牌社区确实采取强化文本情感线索的管理策略。同时发现了文本情感线索的正、负效用的具体情境，使其作用具有了一定可控性。

鉴于这些研究发现，我们认为，虚拟品牌社区可以通过文本情感线索的科学管理彰显其正面作用，规避其负面作用，使虚拟品牌社区成长为一个情感性服务品牌。而其塑造可以经过信息扩散、关系聚集、价值扩展三步骤展开，每一个步骤均应充分发挥文本情感线索效应，使浏览者发现优质信息、被优质信息唤醒，并因优质信息的吸引力而转化为社区成员，在社区增值服务促进下成长为核心成员。而社区建立更具互动性的情感交流平台，使文本情感线索成为成员关系的纽带、社区与品牌关系的纽带，进而实现社区方、品牌方、社区成员的多赢。

二　对虚拟品牌社区成员的营销启示

本研究虽然以虚拟品牌社区服务供应者为主要研究主体，但也深入探讨了文本情感线索对帖绩效的影响，这些成果对社区成员的社区参与行为策略设计也应提供一定的借鉴。

网络环境下消费者所生成信息往往是对信息内容本身进行的二次生产后的传递，这种生产以“共享范式”为中心（Robert et al.，2010）。那么，虚拟品牌社区成员应当怎么进行二次生产，才能促进信息的传播，提升自身在社区中的影响力？本研究所发现的文本情感线索效用规律应对社区成员的以上思考带来启示。

第一，可通过强化文本情感线索方法促进信息扩散、进行个人营销。

社区成员在虚拟品牌社区中的信息发布行为以赢得更多关注、获取反馈信息为首要目标。而本研究发现，信息情感表达设计将促进浏览者注意力吸引、提升回帖量，而且，本研究归纳了情感表达方式的多种范畴，并证明情感表达方式多样化有助于提高发帖的浏览量和回帖量。因此，为了使信息被更广泛的浏览者所感知，获得更多的反馈性信息，虚拟品牌社区成员在设计发帖时有必要从帖标题和帖内容两方面展开文本情感表达设计，使信息在广泛的信息海洋中脱颖而出，快速扩散。

同时，社区成员在虚拟品牌社区中不但可以收获功能价值、娱乐价值、财务价值等方面，还可以收获形象价值。金立印（2007）认为，虚拟世界中的人们依然会希望获得他人的尊重，而那些无法在现实中得到尊重的人们更希望能在网络世界中树立自身地位，以寻求一种代理满足感。而虚拟品牌社区帮助消费者在网络世界获得认可和尊重、塑造形象的这种作用属于形象价值。随着网络传播力的日益强大，越来越多的个体开始利用社交媒体来进行个人营销。

本研究发现帖标题情感表达丰裕度越高会带来越大的浏览量和回帖量，帖内容情感表达丰裕度越高，会带来越大的回帖量。因而，社区成员可以借助文本情感线索的强化来进行个人营销。即通过综合运用多种情感表达方式来提高发帖吸引力，并间接提升自身影响力，逐步成长为意见领袖。

第二，关注社区管理者的文本情感线索管理取向，进行与其方向一致的文本情感线索设计。

社区成员也应注意到，自身的利益可能与社区的利益产生矛盾。在一个积极管理的虚拟品牌社区中，只有自身行为与社区利益相一致，才能够借力成长。因为当前积极管理的虚拟品牌社区有大量的激励手段。如加精华帖等方法能够使自身发帖的被关注度大幅度提升，这种作用远大于自身帖标题设计。因而，需要顺应社区利益，文本情感线索设计策略与社区策略保持一致。

我们的研究发现了文本情感线索在某些情况下会削弱社区财务价值感知，因而一些社区通过隐性管理手段实施弱化文本情感线索的管理策略。对于社区成员而言，应当关注社区管理者这些倾向，并加以顺应。

第三，参与强文本情感线索帖的互动，也会提高自身在社区中的知名度。

社交关系是内容的放大器，因而，社区成员除了要对自身发帖的文本情感线索进行针对性设计外，也需要通过参与其他高情感线索帖互动。因为强文本情感线索帖会吸引更多眼球，其回帖也可能被更多的浏览者阅读。因而，对强文本情感线索的回帖不但有助于与社区核心成员结下深厚友谊，也有助于自身的回帖被更多人所阅读。

因而，文本情感线索的力量随处可见，如果社区成员能够掌握这种力量，并随时借助这种力量，就可能会获得更多的成长机会。

三　对品牌方的营销启示

即便虚拟品牌社区由消费者主导，品牌也是其中核心要素，而品牌方也有必要参与其中。事实上，几乎每个虚拟品牌社区都有品牌方的身影，因而，品牌方是虚拟品牌社区的特殊成员。

作为虚拟品牌社区的成员构成，文本情感线索效用规律对社区成员的营销启示也同样适用于品牌方。除此之外，由于品牌方利益视角的特殊性，其对文本情感线索效用规律的应用又有着更大的空间。我们认为，文本情感线索效用规律对品牌方的营销活动应有以下诸方面启示。

第一，品牌方营销人员可利用文本情感线索淡化身份特征，融入社区关系。

由于文本情感线索往往会提升信息的感性成分，使人们通过情感反应而不是通过对信息的逻辑分析作出判断（Gerrig，1994；Green and Brock，2000）。这种效力往往能够将消费者的注意力吸引到信息内容上，而非信息的真伪判断上，对于品牌方营销人员是一个很大优势。由于品牌方营销人员具有更多的品牌知识和其他品牌信息资源，其信息发布的理性效用往往更大。但是鉴于其身份的特殊性，过于理性的表达可能会引起消费者对感知可信度的质疑，因而，强化文本情感线索应成为一个品牌方参与社区信息交流、培养社区公信力的重要手段。

第二，可根据发帖情感表达情况预测其影响力，并对各发帖进行有重点的针对性响应。

本研究发现，虚拟品牌社区的帖情感线索会提升其关注度和回帖量。也就是说，相关帖对传达品牌信息方面会更具有效力。如一些国外品牌社区的消费者依赖“更快捷、更明显和更具杀伤力”的激情文字对品牌提出负面指控，说服其他人抵制某种品牌，以致“劫持”社区，使品牌被动受害（如雀巢公司在 Facebook 上的网页即被劫持）（麦肯锡，2010）。[①] 因而，此类发帖就需要品牌方特别关注，进行更高效的

---

① 《超越付费媒介：营销新词汇》，《麦肯锡》（季刊），https：//china. mckinseyquarterly. com/Beyond_ paid_ media_ Marketings_ new_ vocabulary_ 2697？ pagenum = 2，2011 - 07 - 21。

品牌营销预警，并及时采取应对措施。

第三，利用文本情感线索进行重点信息的包装和传递。

Nielsen 等（2010）对语义广告的情感性标题所进行的研究发现，情感性语义标题使阅读者产生对广告对应品牌的更显著品牌认知。也就是说，情感性信息会促进阅读者对信息内容中品牌信息的认知加工。而本研究也发现，强文本情感线索发帖的回帖量往往更高。说明阅读者对其进行了更精细的信息加工。鉴于此，当品牌方有重要信息需要传播时，可以强化其文本情感线索，赢得更高注意力，并与社区管理方合作，赢得更多的加精机会，使相关信息在社区成员中快速、高效传播。

第四，深入参与社区信息发布，优化消费者品牌情感体验。

品牌与社区之间存在依存关系。对品牌的认知将影响对品牌社区的心理感受，而对品牌社区的心理感受又将作用于品牌承诺（Carlson et al.，2008）。Bagozzi（2006）从消费者参与品牌社区的社会和心理角度出发，认为社区认同能够影响消费者的品牌认同，进而影响品牌的相关购买行为。从这一意义上，品牌方应积极支持虚拟品牌社区成长。

同时，品牌体验研究显示，对品牌而言，消费者积极效价的评价性判断并不是预测导致积极结果的必要条件，但体验的强度却是（Phillips and Mcquarrie，2010）。消费者在虚拟品牌社区中的积极体验同样也会促进其品牌情感。因而，即便品牌方非虚拟品牌社区主导者，也应通过积极参与来优化消费者的社区体验。由于虚拟品牌社区可利用文本情感线索效用规律来塑造情感化的服务品牌，在此过程中，品牌方主要应通过积极的、优质的信息发布和互动参与加以推动。使品牌情感转化为社区热情，使社区情感“反哺”品牌情感。实现品牌和社区的共同成长。

四　研究局限与研究展望

（一）研究局限

由于研究资源和能力所限，本研究仍存在一定局限性。

首先，研究重点讨论的是情感线索强度，而没有对其他情感线索属性进行深入探讨。此次研究并没有涉及相关研究所提及的一些情感线索属性（如情感色彩等），同时，对一些情感线索因素（如情感效度）虽有涉及，但未深入探讨。前者是因为篇幅有限、精力有限，加之实验研究方法本身的特性，研究主要侧重于对情感线索的强度属性进行了探讨。后者主要是因为对相关属性的探测未发现明显的规律。对这些情感线索属性研究的缺失使本研究的应用领域有一定局限性。

其次，尽管文本情感表达对浏览者感知和行为有线索效用，但虚拟品牌社区中知识性信息内容的作用更为重要。本研究聚焦于文本情感线索的效用，为了达成这一目的，在实证研究中专门对信息主题进行了一定控制。但实际上，由于语义内容自身的丰富性和多样性，对其进行完全控制非常困难，因而，本研究探索文本情感线索效用的各项实验研究对知识性信息内容并未实现完全控制。这对研究的数据表现和信度水平会有一定的影响。

再次，本研究所研究的虚拟品牌社区对象和消费者样本仍不够广泛。本研究仅以高认知卷入的品类之虚拟品牌社区为数据来源，且没有囊括所有品类。这种选择虽然有助于发现规律，但无法透视品类差异所带来的文本情感线索效用差异。同时，本研究以大学生为主要研究对象，这一选择也将影响理论发现的推广价值。

最后，研究以消费者主导虚拟品牌社区为研究对象，虽然有助于提高研究的信度和效度，但影响了研究成果的推广价值。

（二）未来研究方向

基于本研究目前存在的局限性，未来的研究可以从以下几方面进行：

第一，领域扩展方面，在更广阔的虚拟社区类型，以及微博等新型社会媒体情境下对文本情感线索效用规律进行验证。如官方主导虚拟品牌社区、其他非消费类虚拟社区、品牌微博等。

第二，纵向扩展方面，进一步探讨虚拟品牌社区文本情感线索对品牌评价的影响。虚拟品牌社区参与行为及其体验对品牌认知的影响已得到证明，后续可以进一步研究虚拟品牌社区的文本情感线索对品牌认知的间接影响。

第三，概念扩展方面，对文本情感色彩对社区消费者社区感知和行为的影响进行探索。虽然本研究对该命题进行了初步探索，但并未对其展开具体的实验研究。

第四，深度扩展方面，对信息的知识性内容与文本情感线索间的交互作用关系进行深入研究。虚拟品牌社区信息的知识性内容可能对浏览者认知发挥主导作用，那么，文本情感线索会协调其作用吗？两者有无交互作用关系？这一问题的解答将进一步推动文本情感线索效用规律的管理实践应用，值得进一步探讨。

第五，效度、信度优化方面，可以通过增加数据来源提高研究结论的外在效度，如除了学生样本外，用非学生样本对研究结论进行重复验证和比较研究；并通过对信息的知识性内容进行更严格的实验控制，来进一步提高研究结果的信度水平。

参考文献

[1] Abdelmajid, A., Lionel, L., "How does a Virtual Brand Community Emerge, Some Implications for Marketing Research", Research Paper, University Paris, 2004.

[2] Algesheimer, Dholakia, U. M., Herrmann, A., "The Social Influence of Brand Community: Evidence from European Car Clubs", *The Journal of Marketing*, 2005, 69 (3).

[3] Anderson, N. H., Jacobson, A., "Effect of Stimulus Inconsistency and Discounting Instructions in Personality Impression Formation", *Journal of Personality & Social Psychology*, 1965, 2.

[4] Anderson, N. H., *Foundations of Information Integration theory*, New York: Academic Press, 1981.

[5] Andersen, P. H., "Relationship Marketing and Brand Involvement of Professionals through Web – enhanced Brand Communities: The Case of Coloplast", *Industrial Marketing Management*, 2005, 34.

[6] Andrews, J. C., Durvasula, S., Akhter, S. H., "A Framework for Conceptualizing and Measuring the Involvement Construct in Advertising Research", *Journal of Advertising*, 1990, 19 (4).

[7] Armstrong, A., Hagel, J., "The Real Value of Online Communities", *Harvard Business Review*, 1996, 23.

[8] Asch, S. E., "Forming Impressions of Personality", *Journal of Abnormal & Social Psychology*, 1946, 41.

[9] Aylesworth, A., Mackenzie, S. B., "Context is Key: The Effect of

Program – induced Mood on Thoughts about the Ad", *Journal of Advertising*, *1998*, *27* (2).

[10] Bagozzi, R., Dholakia, B. U. M., "Intentional Social Action in Virtual Communities", *Journal of Interactive Marketing*, 2002, 16 (2).

[11] Baker, J., Parasuraman, A., Grewal, D., Voss, G. B., "The Influence of Multiple Store Environment Cues on Perceived Merchandise Value and Patronage Intentions", *Journal of Marketing*, 2002, 66.

[12] Balasubramanian, S., Mahajan, "The Economic Leverage of the Virtual Community", *International Journal of Electronic Commerce*, 2001, 5 (3).

[13] Bargh, J. A., "Automatic and Conscious Processing of Social Information", in Wyer, R. S., Srull, T. K. (eds.), *Handbook of Social Cognition* (Vol. 3), Hillsdale, NJ: Erlbaum, 1984.

[14] Koltuv, B., "Some Characteristics of Intrajudge Trait Intercorrelations", *Psychological Monographs*, 1962, 76.

[15] Baron, R. M., Kenny, D. A., "The Moderator – mediator Distinction in Social Psychological Research: Conceptual, Strategic, and Statistical Considerations", *Journal of Personality and Social Psychology*, 1986 (6): 1173 – 1182.

[16] Bagozzi, R. P., "The Role of Arousal in the Creation and Control of the Halo Effect in Attitude Models", *Psychology and Marketing*, 1998, 13 (3).

[17] Bagozzi, R. P., Dholakia, U. M., "Antecedents and Purchase Consequences of Customer Participation in Small Group Brand Communities", *International Journal of Research in Marketing*, 2006, 23 (1).

[18] Bazerman, M. H., Tenbrunsel, A. E., Wade – Benzoni, K. A., "Negotiating with Yourself and Losing: Understanding and Managing Conflicting Internal Preferences", *Academy of Management Review*, 1998, 23.

[19] Bearden, W. O., Shimp, T. A., "The Use of Extrinsic Cues to Facilitate Product Adoption", *Journal of Marketing Research*, 1982, 19 (2).

[20] Beckwith, N. E., "Halo Effects in Multiattribute Attitude Models: An Appraisal of Some Unresolved Issues", *Journal of Marketing Research*, 1976, 13.

[21] Beckwith, N. E., Kassarjian, H. H., Lehmann, D. R., "Halo Effects in Marketing Research: Review and Prognosis", in Hunt, K., Abor, A. (eds.), *Advances in Consumer Research*, Association for Consumer Research, 1978, 5.

[22] Beckwith, N. E., Lehmann, D. R., "The Importance of Halo Effects in Multi – attribute Attitude Models", *Journal of Marketing Research*, 1975, 12.

[23] Berry, L. L., "Cultivating Service Brand Equity", *Journal of the Academy of Marketing Science*, 2000, 28 (1).

[24] Bevir, M., "What is Text? A Pragmatic Theory", *International Philosophical Quarterly*, 2002, 42 (4).

[25] Boonthanom, R., "Computer – mediated Communication of Emotions: A Lens Model Approach", The Florida State University, 2004.

[26] Bower, G. H., Forgas, J. P., "Affect, Memory, and Social Cognition", in Eich, E et al. (eds.), *Cognition & Emotion*, New York: Oxford University Press, 2000.

[27] Bozman, Mueling, D., Pettit – O'Malley, K. L., "The Directional Influence of Music Backgrounds in Television Advertising", *Journal of Applied Business Research*, 1994, 10 (1).

[28] Bradley, B. P., Mogg, K., Lee, Stacey, C., "Attentional Biases for Negative Information in Induced and Naturally Occurring Dysphoria", *Behaviour Research and Therapy*, 1997, 35 (10).

[29] Brannon, L. A., Brock, T. C., "Limiting Time for Responding Enhances Behavior Corresponding to the Merits of Compliance Appeals: Refutations of Heuristic – Cue Theory in Service and Consumer Set-

tings", *Journal of Consumer Psychology*, 2001, 10 (3).

[30] Budd, J. M., "Discourse Analysis and the Study of Communication in LIS", *Library Trends*, 2006, 55 (1).

[31] Bystrom, K., Jarvelin, K., "Task Complexity Affects Information Seeking and Use", *Information Processing & Management*, 1995, 31 (2).

[32] Carlson, B. D., Suter, T. A., Brown, T. J., "Social Versus Psychological Brand Commomunity", *Journal of Business Research*, 2008, 61 (4).

[33] Casaló, L. V., Flavián, C., Guinalíu, M., "Promoting Consumer's Participation in Virtual Brand Communities: A New Paradigm in Branding Strategy", *Journal of Marketing Communications*, 2008, 14 (1).

[34] Chang, "Country of Origin as a Heuristic Cue: The Effects of Message Ambiguity and Product Involvement", *Media Psychology*, 2004, 6 (2).

[35] Constance, E. P, "A Typology of Virtual Communities: A Multi-disciplinary Foundation for Future Research", *Journal of Computer Mediated Communication*, 2004, 10 (1).

[36] Charmaz, K, *Constructing Grounded Theory: A Practical Guide through Qualitative Analysis*, London: Sage, 2006.

[37] Clore, G. L., Schwarz, N., Conway, M., Affective Causes and Consequences of Social Information Processing, in Wyer, R., Srul, T., *Handbook of Social Cognition*, 2nd ed. Hillsdale, NJ: Erlbaum, 1994.

[38] Collins, A. M., Loftus, E. F., "A Spreading Activation Theory of Semantic Processing", *Psychological Review*, 1974, 82.

[39] Commons, J. R., *Commons Selected Essays*, London: Routledge, 1996.

[40] Cox, D. F., "The Sorting Rule Model of the Consumer Product Evaluation Process", in Cox, D. F., *Risk Taking and Information Han-*

dling in Consumer Behavior, Division of Research, Graguate School of Business Administration, Boston: Harvard University, 1967.

[41] Crane, F. G., Clarke, T. K., "The Identification of Evaluative Criteria and Cues Used in Selecting Services", *Journal of Services Marketing*, 1988, 2 (2).

[42] Chang, A. M., Kannan, P. K., Whinston, A. B., "The Economics of Freebies in Exchange for Consumer Information on the Internet: An Exploratory Study", *International Journal of Electronic Commerce*, 1999, 4 (1).

[43] Daft, R. L., Lengel, R. H., "Organizational Information Requirements, Media Richness and Structural Design", *Management Science*, 1986, 32 (5).

[44] Davis, J., Zhu, H., Brantley, B., "Sex Appeals That Appeal: Negative Sexual Self – schema as a Moderator of the Priming Effects of Sexual Ads on Accessibility", *Journal of Current Issues and Research in Advertising*, 2007, 29 (2).

[45] Dilevko, J., Gottlieb, L., "The Relevance of Classification Theory to Textual Analysis", *Library & Information Science Research*, 2009, 31.

[46] Eisenhardt, K. M., "Building Theories from Case Study Research", *Academy of Management Review*, 1989, 14 (4).

[47] Ekman, P., "An Argument for Basic Emotion", *Cognition and Emotion*, 1992, 6.

[48] Epley, N., Gilovich, T., "Putting Adjustment Back in the Anchoring and Adjustment Heuristic: Differential Processing of Self – generated and Experimenter – provided Anchors", *Psychological Science*, 2001, 12 (5).

[49] Epstein, S., "Integration of the Cognitive and Psychodynamic Unconscious", *American Psychologist*, 1994, 49.

[50] Eroglu, S. A., Machleit, K. A., Davis, L. M., "Empirical Testing of a Model of Online Store Atmospherics and Shopper Responses",

Psychology and Marketing, 2003, 20 (2) .

[51] Eysenck, *Attention and Arousal*, *Cognition and Performance*, Berlin, New York: Springer – Verlag, 1982.

[52] Fiske, S. T. , "Schema – Triggered Affect: Applications to Social Perception", in Clark, M. , Fiske, S. T. (eds.), *Affect and Cognition: The* 17th *Annual Carnegie Symposium on Cognition*, 2nd ed. Hillsdale, NJ: Erlbaum, 1982.

[53] Fox, E. , Russo, R. , Bowles, R. , Dutton, K. , "Do Threatening Stimuli Draw or Hold Visual Attention in Subclinical Anxiety?", *Journal of Experimental Psychology: General*, 2001, 130 (4) .

[54] Franke, N. , Shah, S. , "How Communities Support Innovative Activities: An Exploration of Assistance and Sharing among End – users", *Research Policy*, 2003, 32 (1) .

[55] Fredrickson, B. L. , "The Role of Positive Emotion in Positive Psychology: The Broaden – and – build Theory of Positive Emotions", *American Psychologist*, 2001, 56 (3) .

[56] Fredrickson, B. L. , Branigan, C. , "Positive Emotions Broaden the Scope of Attention and Thought – action Repertoires", *Cognition & Emotion*, 2005, 19.

[57] Gibson, J. J. , *The Ecological Approach to Visual Perception*, Boston: Houghton – Mifflin, 1979.

[58] Glaser, B. , Strauss, A. L. , *The Discovery of Grounded Theory: Strategies for Qualitative Research*, New York: Aldine de Gruyter, 1967.

[59] Goulielmos, M. , "Systems Development Approach: Transcending Methodology", *Information Systems Journal*, 2004, 14.

[60] Hagel, J. H. , Armstrong, A. G. , *Net Gain: Expanding Markets through Virtual Communities*, Massachusetts, Boston: Harvard Business School Press, 1998.

[61] Hasson, O. , "Knowledge, Information, Biases and Signal Assemblages", in Espmark, Y. , Amundsen, T. , Rosenqvist, G. (eds.),

Animal Signals, Trondheim, Norway: Tapir Academic Press, 2000.

[62] Helm, R., Mark, A., "Implications from Cue Utilisation Theory and Signalling Theory for Firm Reputation and the Marketing of New Products", *International Journal of Product Development*, 2007, 4.

[63] Hendrick, C., Costantini, A. F., "Effects of Varying Trait Inconsistency and Response Requirements on the Primacy Effect in Impression Formation", *Journal of Personality & Social Psychology*, 1970, 15.

[64] Henson, R., "Neuroimaging Studies of Priming", *Progress in Neurobiology*, 2003, 70.

[65] Hermans, D., Houwer, D. J., Eelen, P., "A Time Course Analysis of the Affective Priming Effect", *Cognition & Emotion*, 2001, 15 (2).

[66] Herr, P. M., Kardes, F. R., Kim, J., "Attribute Information on Persuasion: An Accessibility – diagnosticity Perspective", *Journal of Consumer Research*, 1991, 17 (4).

[67] Holbrook, M., "Aims, Concepts, and Methods for the Representation of Individual Differences in Esthetics Responses to Design Features", *Journal of Consumer Research*, 1986, 13 (December).

[68] Homer, P. M., Yoon, S. G., "Message Framing and the Interrelationships among Ad – based Feelings, Affect, and Cognition", *Journal of Advertising*, 1992, 21 (1).

[69] Hong, J., Sternthal, B., "The Effects of Consumer Prior Knowledge and Processing Strategies on Judgments", *Journal of Marketing Research*, 2010, April.

[70] Hu, M., Liu, B., "Mining and Summarizing Customer Reviews", Proceedings of the 10th ACM SIGKDD International Conference on Knowledge Discovery and DataMining (KDD), New York, NY, USA: ACM, 2004.

[71] Huber, J., McCann, J., "The Impact of Inferential Beliefs on Product Evaluations", *Journal of Marketing Research*, 1982, 19 (3).

[72] Izard, C. E. , *Human Emotions*, New York: Plenum, 1977.

[73] Izard, C. E. , "The Structure and Functions of Emotions: Implications for Cognition, Motivation, and Personality", in Cohen, I. S. (ed.), *The G. Stanley Hall Lecture Series*, Washington, D. C.: American Psychological Association, 1989, 9.

[74] James, W. L. , Carter, F. G. , "Halo Effects and Location Preferences", *Advances in Consumer Research*, 1978, 5.

[75] Jang, H. , Olfman, L. , Ko, I. , Koh, J. , Kim, K. , "The Influence of On line Brand Community Characteristics on Community Commitment and Brand Loyalty", *International Journal of Electronic Commerce*, 2008, 12 (3).

[76] Jin, B. , Park, J. Y. , Kim, H. S. , "What Makes Online Community Members Commit? A Social Exchange Perspective", *Behaviour & Information Technology*, 2010, 29 (6).

[77] Jorg, R. , Ulrich, H. , "When do People Use Simple Heuristics, and How can We Tell? Simple Heuristics That Make Us Smart", in Gigerenzer, G. , Todd, P. M. , and the ABC Research Group. , Evolution and Cognition, New York, NY, US: Oxford Universtiy Press, 1999.

[78] Kahneman, D. , "A Perspective on Judgment and Choice", *American Psychologist*, 2003, 58 (9).

[79] Kalaignanam, K. , Varadarajan R. , "Customers as Co – producers: Implications for Marketing Strategy Effectiveness and Marketing Operations Efficiency", in Lusch, R. F. , Vargo, S. L. (eds.), *The Service – dominant Logic of Marketing: Dialog, Debate, and Directions*, 2006.

[80] Kannan, P. K. , Chang, A. , Whinston, A. B. , "Electronic Communities in E – business: Their Role and Issues", *Information Systems Frontiers*, 2000, 1 (4).

[81] Kirmani, A. , Rao, A. R. , "No Pain, No Gain: A Critical Review of the Literature on Signaling Unobservable Product Quality", *The*

Journal of Marketing, 2000, 64 (2) .

[82] Kisielius, J. , Sternthal, B. , "Examining the Vividness Controversy: An Availability - valence Interpretation", *Journal of Consumer Research*, 1986, 12 (4) .

[83] Kolbe, R. H. , Burnett, M. S. , "Content - analysis Research: An Examination of Applications with Directives for Improving Research Reliability and Objectivity", *Journal of Consumer Research*, 1991, 18 (2) .

[84] Korganonkar, P. K. and Wolin, L. D. , "A Multivariate Analysis of Web Usage", *The Journal of Advertising Research*, 1999, 39 (2) .

[85] Kozinets, R. V. , "The Field behind the Screen: Using Netnography for Marketing Research in Online Communities", *Journal of Marketing Research*, 2002, 39 (1) .

[86] Krugman, Herbert E. , "The Measurement of Advertising Involvement", *Public Opinion Quarterly*, 1966, 30 (Winter) .

[87] Laibson, D. , "A Cue - theory of Consumption", *Journal of Economics*, 2001, 116 (1) .

[88] Lamy, D. , Tsal, Y. , "A Salient Distractor does not Disrupt Conjuction Search", *Psychonomic Bulletin & Review*, 1999, 6.

[89] Lang, P. J. , "The Emotion Probe: Studies of Motivation and Attention", *American Psychologist*, 1995, 50 (5) .

[90] Lavie, N. , "Distracted and Confused? Selective Attention under Load", *Trends in Cognitive Sciences*, 2005, 9 (2) .

[91] Lavie, N. , Cox, S. , "On the Efficiency of Visual Selective Attention: Efficient Visual Search Leads to Inefficient Distractor Rejection", *Psychological Science*, 1997, 8 (5) .

[92] LeDoux, J. , *The Emotional Brain*, New York: Simon, Schuster, 1996.

[93] Leuthesser, L. , Kohli, C. S. , Harich, K. R. , "Brand Equity: The Halo Effect Measure", *European Journal of Marketing*, 1995, 29 (4) .

[94] Lewandowsky, S., Kirsner, K., "Knowledge Partitioning: Context - dependent Use of Expertise", *Memory & Cognition*, 2000, 28 (2).

[95] Lin, H. F., "Examination of Cognitive Absorption Influencing the Intention to Use a Virtual Community", *Behavior & Information Technology*, 2009, 28 (5).

[96] Liu, B., Hu, M., Cheng, J., "Opinion Observer: Analyzing and Comparing Opinions on the Web", Proceedings of the 14th International World Wide Web Conference (WWW), New York, NY, USA: ACM, 2005.

[97] Longstreet, P, "Evaluating Website Quality: Applying Cue Utilization Theory to Web Qual", 43rd Hawaii International Conference on System Sciences, 2010.

[98] Lynch, J. G., Marmorstein, H., Weigold, M. F., "Choices from Sets Including Remembered Brands: Use of Recalled Attributes and Prior Overall Evaluations", *Journal of Consumer Research*, 1988, 15 (2).

[99] Mahajan, V., Muller, E., Kerin, R., "Introduction Strategy for New Products with Positive and Negative Word - of - mouth", *Management Science*, 1984, 30.

[100] Masson, M. E. J., "A Distributed Memory Model of Semantic Priming", *Journal of Experiment Psychology: Learning, Memory and Cognition*, 1995, 21.

[101] Mathwick, C., Wiertz, C., Ruyter, K., "Social Capital Production in a Virtual P3 Community", *Journal of Consumer Research*, 2008, 34 (6).

[102] Mattler, U., "Inverse Target - and Cue - priming Effects of Masked Stimuli", *Journal of Experimental Psychology: Human Perception and Performance*, 2007, 33 (1).

[103] Diane, M., Pribram, K. H., "The Origins of Sensory Bias in the Development of Gender Differences in Perception and Cognition", in

Bortner, M. (ed.), *Cognitive Growth and Development*, New York: Bruner/Maze Publishers, 1979.

[104] Mayer, J. D., "Mood – congruent Judgment is a General Effect", *Journal of Personality and Social Psychology*, 1992, 63 (1).

[105] McAlexander, J. H., Schouten, J. W., Koening, H. F., "Building Brand Community", *Journal of Marketing*, 2002, 66.

[106] Mckoon, G., Ratcliff, R., "Spreading Activation Versus Compound Cues Accounts of Priming Revisited", *Journal of Experiment Psychology: Learning, Memory and Cognition*, 1992, 18.

[107] McQuail, D., *Mass Communication Theory: An Introduction*, Sage, London, 1983.

[108] Meyers – Levy, J., "Factors Affecting the Use of Conceptually Driven and Data Driven Processing", in Houston, M. J. (ed.), *Advances in Consumer Research*, Provo, UT: Association for Consumer Research, 1988, 25.

[109] Menon, S., Soman, D., "Managing the Power of Curiosity for Effective Web Advertising Strategies", *Journal of Advertising*, 2002, 31 (3).

[110] Meyers – Levy, J., Sternthal, B., "Gender Differences in the Use of Message Cues and Judgments", *Journal of Marketing Research*, 1991, 28 (1).

[111] Moran, Gossieaux F., "Marketing in a Hyper – social World: The Tribalization of Business Study and Characteristics of Successful Online Communities", *Journal of Advertising Research*, 2010, 50 (3).

[112] Muniz, A. M., O'Guinn, "Brand Community", *Journal of Consumer Research*, 2001, 27 (4).

[113] Muniz, Schau, H. J., "Religiosity in the Abandoned Apple Newton Brand Community", *Journal of Consumer Research*, 2005, 31 (4).

[114] Murphy, S. T., Zajonc, R. B., "Affect, Cognition, and Aware-

ness: Affective Priming with Optimal and Suboptimal Stimulus Exposures", *Journal of Personality and Social Psychology*, 1993, 64 (5) .

[115] Musch, J., *Affective Priming*, http: //www. pschlologie. uni - bonn. de/ sozial /forsch /thesis. htm.

[116] Museaveiler, T., Strack, F., "Hypothesis - consistent Testing and Semantic Priming in the Anchoring Paradign: A Selective Accessibility Model", *Journal of Experimental Social Psychology*, 1999, 35.

[117] Mojoe, *Frameworks are the Future of Design*, http: // www. slideshare. Net /mojoe /rameworks - are - the - future - of - sesign - presentation? type = powerpoint.

[118] Nielsen, J. H., Shapiro, S. A., Mason, C. H., "Emotionality and Semantic Onsets: Exploring Orienting Attention Responses in Advertising", *Journal of Marketing Research*, 2010, December.

[119] Nisbett, Ross, *Human Inference: Strategies and Shortcomings of Social Judgement*, Englewood Cliffs, NJ: Prentice - Hall, 1980.

[120] Norris, C. E., Colman, A. M., "Context Effects of Radio Programming on Cognitive Processing of Embedded Advertisements", *Applied Cognitive Psychology*, 1996, 10.

[121] Nowaczyk, Ronald, "Sex - Related Differences in the Color Lexicon", *Language and Speech*, 1982, 25 (July - September) .

[122] Ohman, A., Soares, J., "Emotional Conditioning to Masked Stimuli: Expectancies for Aversive Outcomes Following Nonrecognized Fear - relevant Stimuli", *Journal of Experimental Psychology General*, 1998, 127 (1) .

[123] O' Cass, A., Grace, D., "An Exploratory Perspective of Service Brand Associations", *Journal of Services Marketing*, 2003, (5) .

[124] Olson, J. C., Jacoby, J., "Cues Utilization in the Quality Perception Process", in Venkatesan, M. (ed.), *Proceedings of the Third Annual Conference of the Association for Consumer Research*, Iowa City: Association for Consumer Research, 1972.

[125] Olson, J. C. , "Cue Utilization in the Quality Perception Process: A Cognitive Model and an Empirical Test", Purdue University, 1972.

[126] Otte, D. , "Effects and Functions in the Evolution of Signalling Systems", *Annual Review of Ecology and Systematics*, 1974, 5.

[127] Palanisamy, R. , Wong, S. A. , "Impact of Online Consumer Characteristics on Web – based Banner Advertising Effectiveness", *Global Journal of Flexible Systems Management*, 2003, 4 (1/2) .

[128] Parasuraman, A. , Zeithaml, r. A. , Bery, L. L. "A Conceptual Model of Service Quality and Its Implications for Future Research", *The Journal of Marketing*, 1985, 49 (4) .

[129] Piaget, J. , *Intelligence and Affectivity: Their Relationship During Child Development*, Oxford, England: Annual Reviews, 1981.

[130] Pelsmacker, P. D. , "Emotional Appeals and Information Cues in Belgian Magazine Advertisements", *International Journal of Advertising*, 1997, 16.

[131] Peng, D. L. , Hu, Z. G. , Liu, H. Y. , Liu, C. H. , Ding, G. S. , "Neuro – cognitive Mechanisms Underlying the Emotional Modulation of Word Reading", *Chinese Science Bulletin*, 2006, 51 (4) .

[132] Pham, M. T. , "Cue Representation and Selection Effects of Arousal on Persuasion", *Journal of Consumer Research*, 1996, 22.

[133] Planalp, S. , "Communicating Emotion in Everyday Life: Cues, Channel, and Process", *Handbook of Communication and Emotion: Research, Theory, Applications, and Contexts*, in Andersen, P. A. , Guerrero, L. K. (eds.), San Diego, CA: Academic Press, 1998.

[134] Porter, C. E. , *A Typology of Virtual Communities: A Multi – disciplinary Foundation for Future Research*, JCMC, 2004, 3. http: //jcmc. indiana. edu/vol10/issue1/porter. html.

[135] Porter, C. E. , "Donthu, N. . Cultivating Trust and Harvesting Value in Virtual Communities", *Management Science*, 2008, 54 (1) .

[136] Posner, M. I. , Snyder, C. R. R. , "Attention and Cognitive Con-

trol", in Solso, R. L. (ed.), *Information Processing and Cognition: The Loyola Symposium*, Hillsdale, NJ: Erlbaum, 1975.

[137] Plaut, D. C., Booth, J. R., "Individual and Developmental Differences in Semantic Priming: Empirical and Computational for a Single Mechanism Account of Lexical Processing", *Psychological Review*, 2000, 107 (4).

[138] Prahalad, C. K., Ramaswamy, V., "Co – opting Customer Competence", *Harvard Business Review*, 2000, 78 (1).

[139] Rao, A. R., Monroe, K. B., "The Effect of Price, Brand Name, and Store Name on Buyers' Perceptions of Product Quality: An Integrative Review", *Journal of Marketing Research*, 1989, 26 (3).

[140] Rheingold, H., *The Virtual Community: Finding Commection in a Computerized World*, Boston, USA: Addison – Wesley Longman, 1993.

[141] Richardson, Paul S., "Extrinsic and Intrinsic Cue Effects on Perceptions of Store Brand Quality", *Journal of Marketing*, 1994, 58 (4).

[142] Russell, J. A., "A Circumplex Model of Affect", *Journal of Personality and Social Psychology*, 1980, 39.

[143] Ridings, C. M., Gefen, D., "Virtual Community Attraction: Why People Hang out Online", *Journal of Computer – Mediated Communication*, 2004, 10 (1).

[144] Russell, J. A., "Core Affect and the Psychological Construction of Emotion", *Psychological Review*, 2003, 110 (1).

[145] Saariluoma P., Kuuva S., Laitinen T., Parkkisenniemi J., Rimppi A., "An Ontology for Description of Emotional Cues", 8th European Academy of Design Conference, 2009.

[146] Schau, H. J., Muñiz, A. M., Arnould, E. J., "How Brand Community Practices Create Value", *Journal of Marketing*, 2009, 73.

[147] Schloberg, H., "Three Dimensions of Emotions", *Psychological Review*, 1954, 61.

[148] Sistrunk, F., McDavid, J. W., "Sex Variable in Conforming Behavior", *Journal of Personality and Social Psychology*, 1971, 17.

[149] Scott, M., Lutz, R., "An Empirical Examination of the Structural Antecedents of Attitude toward the Ad in an Advertising Pretesting Context", *Journal of Marketing*, 1989, 53.

[150] Sherman, E., Mathur, A., Smith, R. B., "Store Environment and Consumer Purchase Behavior: Mediating Role of Consumer Emotions", *Psychology and Marketing*, 1997, 14 (4).

[151] Slovic, P., Finucane, M. L., Peters, E., "The Affect Heuristic", *European Journal of Operational Research*, 2007, 177.

[152] Storbeck, J., Clore, G. L., "On the Interdependence of Cognition and Emotion", *Cognition and Emotion*, 2007, 21.

[153] Thaler, R. H., "Mental Accounting and Consumer Choice", *Marketing Science*, 1985, 4.

[154] Thayer, R. E., "Toward a Psychological Theory of Multidimensional Activation (Arousal)", *Motivation and Emotion*, 1978, 2 (1).

[155] Theeuwes, J., Godijn, R., "Irrelevant Singletons Capture Attention: Evidence from Inhibition of Return", *Perception & Psychophysics*, 2002, 64 (5).

[156] Theeuwes, J., Atchley, P., Kramer, A. F., "On the Time Course of Top - down and Bottom - up Control of Visual Attention", in Monsell. Driver (ed.), *Control of Cognitive Process: Attention and Performance XV* Ⅲ, Cambridge, MA, US: The MIT Press, 2000.

[157] Thompson, S. A., Sinha R., K., "Brand Communities and New Product Adoption: The Influence and Limits of Oppositional Loyalty", *Journal of Marketing*, 2008, 72 (6).

[158] Tiffin, J., McCormick, E. J., *Industrial Psychology* (fifth edition), Englewood Cliffs: Prentice Hall, 1965.

[159] Toncar, M., Munch, J., "Consumer Responses to Tropes in Print Advertising", *Journal of Advertising*, 2001, 30 (1).

[160] Wang, Y., Fesenmaier, "Towards Understanding Members' General Participation in and Active Contribution to an Online Travel Community", *Tourism Management*, 2004, 25 (6).

[161] Wilke, A., "The Rationality of Emotion", Doctoral Dessertation, Freie Universitat Berlin, 2001.

[162] Wood, Marion M., "The Influence of Sex and Knowledge of Communication Effectiveness of Spontaneous Speech", *Word*, 1966, 22.

[163] Wundt, W., *Grundriss der Psychologie* (*Outlines of Psychology*), Leibzig: Entgelmann, 1896.

[164] Yantis, S., Jonides, J., "Abrupt Visual Onsets and Selective Attention: Voluntary Versus Automatic Allocation", *Journal of Experimental Psychology: Human Perception and Performance*, 1990, 16.

[165] Yaveroglu, I. S., "A Comparison of Cue Utilization in Online and Offline Environments and the Moderating Role of Web Expertise", Doctor Paper, Georgia State University, 2002.

[166] Yiend, J., "The Effects of Emotion on Attention: A Review of Attentional Processing of Emotional Information", *Cognition & Emotion*, 2010, 24 (1).

[167] Yin, R. K., *Case Study Research: Design and Methods*, Sage, 2009.

[168] Yi, Y., "Cognitive and Affective Priming Effects of the Context for Print Advertisements", *Journal of Advertising*, 1990, 19 (2).

[169] Zajonc, R. B., "Feeling and Thinking: Preferences Need no Inference", *American Psychologist*, 1980, 35.

[170] Zeitham, L., Valarie, A., "Consumer Perception of Price, Quality, and Value: A Means - end Model and Synthesis Ofevidence ", *Journal of Marketing*, 1988, 52 (7).

[171] 边勋:《新闻话语中的情感因子——简评〈大河报〉都市倾诉版的定位》,《新闻爱好者》2008 年第 9 期。

[172] 畅榕:《虚拟品牌社区研究》,中国传媒大学出版社 2007 年版。

[173] 陈琦鹂:《网络符号情绪效价的初步评定》,硕士学位论文,湖

南师范大学，2008 年。
[174] 陈莉萍：《〈学术语篇：全球背景下的英语〉述评》，《中国英语教育》2010 年第 4 期。
[175] 陈雨思：《复杂性研究的文本分析方法》，http：// www. 360doc. com /content/10/1007/14/1919377_ 59057835. shtml。
[176] 侯玉波：《社会心理学》，北京大学出版社 2007 年版。
[177] 陈锦禾等：《基于情感词识别的 BBS 情感分类研究》，《计算机技术与发展》2009 年第 7 期。
[178] 储衡清、周晓林：《注意捕获与自上而下的加工过程》，《心理科学进展》2004 年第 5 期。
[179] 范晓屏：《基于虚拟社区的网络互动对网络购买行为的影响研究》，博士学位论文，浙江大学，2007 年。
[180] 范晓屏：《非交易类虚拟社区成员参与动机：实证研究与管理启示》，《管理工程学报》2009 年第 1 期。
[181] 符国群：《消费者行为学》，北京大学出版社 2000 年版。
[182] 高淑青：《主体情绪状态和材料情绪模式对加工过程的影响》，硕士学位论文，辽宁师范大学，2010 年。
[183] 郭晶晶、杜彦鹏、陈玉霞、彭珚龄：《情绪词对新异刺激喜好度变化的调节机制》，《心理学报》2011 年第 4 期。
[184] 黄晓红：《叙事中的悬念形成机制》，《理论与创作》2004 年第 4 期。
[185] 蒋重清、杨丽珠：《情绪启动研究》，《心理科学》2005 年第 2 期。
[186] 库利：《人类本性和社会秩序》，包凡一等译，华夏出版社 1999 年版。
[187] 梁华、陈湘川、张达人：《不同注意负载条件下刺激驱动的注意捕获》，《心理学报》2004 年第 1 期。
[188] 李元厚：《论情感语义属性》，《长春大学学报》2000 年第 5 期。
[189] 李兴国、余跃：《在悬念中叙事——论电视节目中的悬念意识》，《现代传播》2003 年第 5 期。
[190] 李东进、孙春风、秦勇：《消费者产品知识度信息搜寻努力影响

的实证研究：以手机消费者为例》，《营销科学学报》2007 年第 1 期。

[191] 李宏：《基于启动效应的网页背景对网络购物行为的影响》，《统计与决策》2008 年第 23 期。

[192] [英] 杰弗里·N·利奇：《语义学》，李瑞华译，上海外语教育出版社 1987 年版。

[193] 刘少杰：《社会学的语言学转向》，《社会学研究》1999 年第 4 期。

[194] 刘宏艳、胡治国、彭聃龄：《情绪与语言加工的相互作用》，《心理科学进展》2009 年第 4 期。

[195] 卢莹：《情感形容词研究》，硕士学位论文，天津师范大学，2002 年。

[196] 罗志野：《语言的力量：语言力学探索》，东南大学出版社 2009 年版。

[197] 毛波、尤雯雯：《虚拟社区成员分类模型》，《清华大学学报》（自然科学版）2006 年第 46 期。

[198] 孟昭兰：《情绪心理学》，北京大学出版社 2005 年版。

[199] 潘震：《情感潜义表达的分类与情感文化》，《重庆社会科学》2010 年第 8 期。

[200] 彭晓哲、周晓林：《情绪信息与注意偏向》，《心理科学进展》2005 年第 4 期。

[201] 邱凌云：《网上口碑的信息效价与情感线索对说服效果的影响机制研究》，《营销科学学报》2008 年第 4 期。

[202] 乔恩·埃尔斯特：《心灵的炼金术：理性与情感》，中国人民大学出版社 2009 年版。

[203] 邱均平、邹菲：《我国内容分析法的研究进展》，《图书馆杂志》2003 年第 4 期。

[204] 任绍曾：《语篇的多维分析》，《外国语》2003 年第 3 期。

[205] 史铁强、安利：《论语篇的主观情态性》，《解放军外国语学院学报》2009 年第 1 期。

[206] 申雯：《网络符号的情绪启动效应研究》，硕士学位论文，湖南

师范大学，2008 年。
[207] 苏振东：《网络情境下的符号互动理论》，《新闻传播》2011 年第 4 期。
[208] 唐孝威：《人类行为的刺激—心理活动—反应的数学公式》，《应用心理学》2002 年第 2 期。
[209] 田阳、王海忠、王静：《虚拟品牌社群如何创造品牌依恋：基于顾客体验视角》，JMS 会议博士论坛，2010 年。
[210] 特纳：《社会理论指南》，上海人民出版社 2003 年版。
[211] 闻彬、何婷婷、罗乐、宋乐、王倩：《基于语义理解的文本情感分类方法研究》，《计算机科学》2010 年第 6 期。
[212] 王新新、杨德锋：《基于线索利用理论的感知质量研究》，《经济研究》（导刊）2007 年第 4 期。
[213] 王波：《基于线索利用理论和感知价值的购买意向研究：以学生手机市场为例》，硕士学位论文，浙江大学，2008 年。
[214] 王怀明：《理性广告和情感广告对消费者品牌态度的影响》，《心理学动态》1999 年第 1 期。
[215] 王洪伟等：《Web 文本情感分类研究综述》，《情报学报》2010 年第 5 期。
[216] 魏屹东等：《认知科学哲学问题研究》，科学出版社 2008 年版。
[217] 伍海燕、傅根跃、臧燕红：《幽默加工的脑机制》，《心理科学进展》2009 年第 1 期。
[218] 吴水龙、刘长琳、卢泰宏：《品牌体验对品牌忠诚的影响：品牌社区的中介作用》，《商业经济与管理》2009 年第 7 期。
[219] 徐琳宏、林鸿飞：《认知视角下的文本情感计算》，《计算机科学》2010 年第 12 期。
[220] 徐小龙、黄丹：《消费者在虚拟社区中的互动行为分析：以天涯社区的“手机数码”论坛为例》，《营销科学学报》2010 年第 2 期。
[221] 杨阳、张新民：《基于觅食理论的网络信息环境实证分析》，《情报学报》2010 年第 1 期。
[222] 杨伟文、刘新：《虚拟品牌社群价值对品牌忠诚的影响实证研

究》,《系统工程》2010 年第 3 期。

[223] 姚欣:《锚定效应的内在机制及其在上市公司治理中的应用研究》,硕士学位论文,华东师范大学,2010 年。

[224] 张达人、张鹏远、陈湘川:《感知负载对干扰效应和负启动效应的影响》,《心理学报》1998 年第 1 期。

[225] 叶顺祥、罗媛:《情感品牌——让你的品牌色香味俱全》,《中国品牌》2006 年第 4 期。

[226] 张春河、方芳、杨洁、王震、王海燕:《论顾客线索感知规律与营销传播方法》,《经济问题》2005 年第 8 期。

[227] 张辉松:《语言的强调功能及其心理机制》,《武汉理工大学学报》(社会科学版)2005 年第 4 期。

[228] 张紫琼、叶强、李一军:《互联网商品评论情感分析研究综述》,《管理科学学报》2010 年第 6 期。

[229] 杨伟文、刘新:《虚拟品牌社群价值对品牌忠诚的影响实证研究》,《系统工程》2010 年第 3 期。

[230] 赵爱萍:《矛盾修饰法的语用功能及美学意义》,《齐齐哈尔医学院学报》2006 年第 4 期。

[231] 邹菲:《内容分析法的理论与实践研究》,《评价与管理》2006 年第 4 期。

[232] 周象贤:《广告情感诉求探微》,厦门大学出版社 2009 年版。

[233] 周志民:《基于品牌社群的消费价值研究》,《中国工业经济》2005 年第 2 期。

[234] 张辉松:《语言的强调功能及其心理机制》,《武汉理工大学学报》2005 年第 4 期。

[235] 庄锦英:《情绪影响决策内隐认知机制的实验研究》,博士学位论文,华东师范大学,2003 年。